教育部高职高专计算机教指委规划教材

数据结构与算法

主　编　田　晶　金　鑫
副主编　陈显刚　陈　锐　王　品
主　审　姜惠民

中国人民大学出版社
·北京·

总 序

近年来，我国高等教育取得了跨越式发展，毛入学率由 1998 年的 8%迅速增长到 2010 年的 25%，已经进入到大众的发展阶段，这其中，高等职业教育对实现“形成全民学习、终身学习的学习型社会”、“构建终身教育体系”的宏伟目标，发挥着其他教育形式不可替代的作用。

质量是职业教育的生命，社会需求是职业教育发展的终极动力。新颁布的《国家中长期教育改革和发展规划纲要》特别强调通过推进教育教学改革来提高质量。《纲要》要求通过课程、教材、教学模式和评价方式的创新，推进就业创业教育，实现人才培养方式转变，着力提高学生的职业道德、职业技能和就业创业能力。

实际上，为了适应我国高等职业教育的发展，全面提高教育教学质量，教育部主管部门先后启动了“国家精品课程建设”和“国家示范性高等职业院校建设计划”，经过四年的建设，无论是办学条件、人才培养模式，还是学生的就业质量都取得了显著进步；同时，也涌现出了一批高水平的优秀课程和优秀教材，为传播优秀教学理念、教学方法和教学内容起到了重要作用，为提高教学质量奠定了坚实基础。

为进一步深化教育教学改革和精品课程建设，进一步挖掘优秀的课程和教材，推广优秀的教育成果，扩大精品课程的受益面，在教育部高等学校高职高专计算机类专业教学指导委员会的指导下，中国人民大学出版社组织召开了计算机类专业的教材研讨会，并成立了教材编审委员会，计划在未来两三年内陆续推出百种高职高专计算机系列精品教材。

此套教材的作者大都是有着丰富的职业教育教学经验和较高专业学术水平的专家和教

授。教材内容的选择克服了追求理论“大而全”的不足，做到了少而精，有针对性，突出了能力的训练和培养；教材体例的安排突出了学习的弹性和灵活性，形成文字教材和多媒体教程相结合的立体化教材，加强了教师对学生学习过程的指导和帮助，形象生动、灵活方便，更能适应学员在职、业余自学，或配合教师讲授时使用，相信会起到很好的教学效果。为满足教师在实际教学中的需求，本套教材在编写体例形式上不拘一格，具备“任务引领型”、“案例型”、“项目实训型”等写作特点，其目的是让学生在学中练、练中学，在实际动手练习中掌握理论知识和专业技能。

我们期待，这套高职高专计算机精品教材能够为促进我国高校IT职业教育的教学质量做出积极的贡献；我们也相信，这套教材必将在实践中日臻完善、追求卓越！

教育部高等学校高职高专计算机类专业教学指导委员会 主任委员

大连东软信息学院院长　温涛教授

二〇一〇年六月

前言

“数据结构”是一门讨论非数值性程序设计的学科，它为设计系统软件和应用软件提供必要的基础知识和方法。因此，它不仅是大专院校计算机专业和计算机应用专业的一门主要课程，也是工程界众多从事计算机应用工作的、非计算机专业技术人员自修的一门课程。从课程性质上讲，“数据结构”是一门专业技术基础课。

算法是程序设计的灵魂，所谓算法设计就是将解决问题所需要的操作步骤用合适的方法表达出来。

本书是数据结构与算法的有机结合，全面论述了数据结构和算法的内容，从一定深度上涵盖了算法的诸多方面，同时其讲授和分析方法又兼顾了各个层次读者的接受能力。各章内容自成体系，可作为独立单元学习。

考虑到多数院校的前期课程是C语言及C程序，故全书采用类C语言编写的伪代码作为数据结构和算法的描述语言。本书可作为高职高专院校计算机类专业的教材，也可以作为信息类相关专业的选修教材，建议开设学期为第二学期，96学时。

编写本书时，通过对多年从事软件开发、设计的企业人员的调研，分析软件设计工作任务、提取典型工作任务，进而分析得出软件企业常用的数据结构及算法，结合多年的讲义，由经验丰富的教师编写而成。

考虑到读者层次，编者在语言组织上尽量简单明了，除明确学生必须掌握的知识点外，更强调利用算法解决实际问题的思想；在内容组织上，有针对性地增加了以下几项内容：

◇ 教学重点——将本章重点内容提炼成关键字，简单明了，使读者印象深刻。

◇ 项目实训——综合本章重点算法，设计一个程序，深入理解算法含义。

◇ 专项练习

✓ 基本题——精心选取典型试题，有针对地进行练习，增加自主学习能力；

✓ 国家计算机等级考试试题——历年国家二级考试真题；

✓ 专升本试题——全国各省招收专升本考生（包括自学考试）院校的历年真题。

除此之外，本书有配套的习题答案和源程序文件，可登录 http：//www.crup.com.cn/jiaoyu 获取。

本书由长春职业技术学院的田晶、金鑫任主编，陈显刚、陈锐、王品任副主编；齐志、丁磊、佟彤、尹茜茜、信建杰、丛路卫、于艳波、曹丽英（吉林农业大学）、刘孝国（吉林农业大学）、赵晓丹（吉林省经济管理干部学院）、任凤娟、乔丹参与了本书的编写工作。姜惠民担任本书的主审工作，给予了指导性的建议。同时，长春职业技术学院嵌入式系统工程教研室主任宋海兰对本书的编写也提出了许多宝贵的意见，在此一并表示感谢！

由于时间仓促以及编者水平有限，本书肯定会有不少缺点和不足，热切期望得到专家和读者的批评指正。

编　者

2011 年 4 月

目 录

第1章 绪论

教学重点

- 基本概念：数据、数据结构、数据元素、数据对象、数据项、算法；
- 数据结构的分类；
- 抽象数据类型描述；
- 算法的特点及算法分析。

在计算机科学中，数据结构是一门研究非数值计算的程序设计问题中计算机的操作对象（数据元素）以及它们之间的关系和运算等的学科，而且确保经过这些运算后所得到的新结构仍然是原来的结构类型。

“数据结构”作为一门独立的课程在国外是从1968年才开始设立的。1968年美国唐·欧·克努特教授开创了数据结构的最初体系，他所著的《计算机程序设计技巧》第一卷《基本算法》是第一本较系统地阐述数据的逻辑结构和存储结构及其操作的著作。

“数据结构”在计算机学科中是一门综合性的专业基础课。数据结构是介于数学、计算机硬件和计算机软件三者之间的一门核心课程。数据结构这门课的内容不仅是一般程序设计（特别是非数值性程序设计）的基础，而且是设计和实现编译程序、操作系统、数据库系统及其他系统程序的重要基础。

1.1 什么是数据结构

1.1.1 数据结构的定义

数据结构是计算机存储、组织数据的方式。**数据结构**是指相互之间存在一种或多种特定关系的数据元素的集合。通常情况下，精心选择的数据结构可以带来更高的运行或者存储效率。数据结构往往同高效的检索算法和索引技术有关。

数据结构在计算机科学界至今没有标准的定义，个人根据各自理解的不同而有不同的表述：

Sartaj Sahni在他的《数据结构、算法与应用》一书中称：“数据结构是数据对象，以及存在于该对象的实例和组成实例的数据元素之间的各种联系。这些联系可以通过定义相关的函数来给出。”他将数据对象（Data Object）定义为“一个数据对象是实例或值的集合”。

Clifford A. Shaffer在《数据结构与算法分析》一书中的定义是：“数据结构是ADT(抽

象数据类型，Abstract Data Type）的物理实现。”

Robert L. Kruse 在《数据结构与程序设计》一书中，将一个数据结构的设计过程分成抽象层、数据结构层和实现层。其中，抽象层是指抽象数据类型层，它讨论数据的逻辑结构及其运算，数据结构层和实现层讨论一个数据结构的表示和在计算机内的存储细节以及运算的实现。

数据结构包括如下三个方面：

(1) 数据元素之间的逻辑关系，即数据的逻辑结构。

(2) 数据元素及其关系在计算机存储器中的存储方式，即数据的存储结构，也称为数据的物理结构。

(3) 施加在该数据上的操作，即数据的运算。

1.1.2 逻辑结构及存储结构类型

1. 逻辑结构类型

(1) 集合结构。

(2) 线性结构。结点之间关系：一对一。

特点：开始结点和终端结点都是唯一的，除了开始结点和终端结点以外，其余结点都有且仅有一个前驱结点，有且仅有一个后继结点。顺序表就是典型的线性结构，如图 1.1 所示。

例如：点名册上顺序排列的学生名单等。

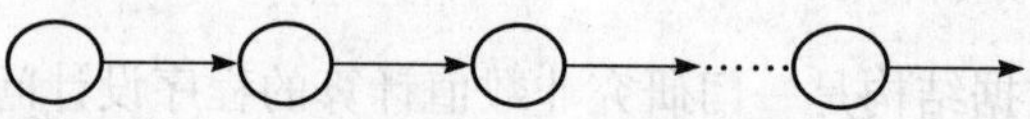

图 1.1 线性表的顺序结构

(3) 树形结构。结点之间关系：一对多。

特点：开始结点唯一，终端结点不唯一。除终端结点以外，每个结点有一个或多个后续结点；除开始结点外，每个结点有且仅有一个前驱结点，如图 1.2 所示。

例如：各单位的组织结构图、族谱等。

(4) 网状结构。结点之间关系：多对多。

特点：没有开始结点和终端结点，所有结点都可能有多个前驱结点和多个后继结点，如图 1.3 所示。

常用来研究生产流程、施工计划、各种网络建设等问题。

图 1.2 线性表的树形结构

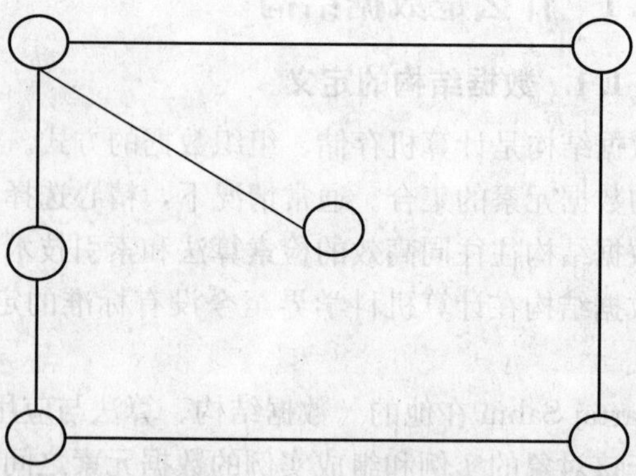

图 1.3 线性表的网状结构

2. 存储结构类型

(1) 顺序存储方法。

(2) 链式存储方法。

(3) 索引存储方法。

(4) 散列存储方法。

1.1.3 基本概念和术语

数据：是所有能被输入到计算机中，且能被计算机处理的符号的集合。它是计算机操作的对象的总称，也是计算机处理的信息的某种特定的符号表示形式。

数据元素：是数据（集合）中的一个“个体”，是数据的基本单位。

数据对象：是具有相同性质的若干个数据元素的集合。

数据项：一个数据元素由若干个数据项组成。数据项是数据的不可分割的最小单位。

1.2 抽象数据类型的表示与实现

抽象数据类型指的是用户进行软件系统设计时从问题的数学模型中抽象出来的逻辑数据结构和逻辑数据结构上的运算，而不考虑计算机的具体存储结构和运算的具体实现算法。

抽象数据类型＝数据元素集合＋抽象运算

例如，抽象数据类型复数的定义：

```
ADT Complex
{
数据对象(即上面所说的数据元素集合):
D = {e1,e2|e1,e2 均为实数}
数据关系:
R1 = {< e1,e2 >| e1 是复数的实数部分,e2 是复数的虚数部分 }
基本操作(即上面所说的抽象运算):
        AssignComplex(&Z,v1,v2):构造复数 Z。
        DestroyComplex(&Z):复数 Z 被销毁。
        GetReal(Z,&real):返回复数 Z 的实部值。
        GetImag(Z,&Imag):返回复数 Z 的虚部值。
        Add(z1,z2,&sum):返回两个复数 z1,z2 的和。
} ADT Complex
```

1.3 算法和算法分析

1.3.1 什么是算法

数据元素之间的关系有逻辑关系和物理关系，对应的操作有逻辑结构上的操作功能和具体存储结构上的操作实现。

通常把具体存储结构上的操作实现步骤或过程称为算法。

程序＝算法＋数据结构

算法的五个重要特性如下：

(1) 有穷性：在有穷步之后结束。

(2) 确定性：无二义性。

(3) 可行性：可通过基本运算有限次执行来实现。

(4) 有输入：可有零个或多个。

(5) 有输出：至少有一个输出。

例：考虑下列两段描述：

● 描述一

```
void exam1( )
{
    n = 2;
    while (n % 2 == 0)
        n = n + 2;
    printf(" % d\n",n);
}
```

● 描述二

```
void exam2()
{
    y = 0;
    x = 5/y;
    printf(" % d, % d\n",x,y);
}
```

这两段描述均不能满足算法的特征，试问它们违反了哪些特征？

解：(1) 描述一算法是一个死循环，违反了算法的有穷性特征。

(2) 描述二算法包含除零错误，违反了算法的可行性特征。

1.3.2 算法描述

本书采用C/C++语言描述算法。

说明：C++语言中提供了一种引用运算符“&”，可以把引用理解成一个变量的别名，当建立引用时，程序用另一个已定义的变量或对象（目标）的名字初始化它，从那时起，引用作为目标的别名而使用，对引用的改动实际上就是对目标的改动。

注意：Turbo C不支持引用类型。

编写一个函数swap1(x, y)，当执行语句swap1(a, b)时，交换a和b的值。

```
void swap1(int x, int y)
{
     int temp;
     temp = x; x = y; y = temp;
}
```

注意：a和b的值不会发生交换。

为此，采用指针的方式来回传形参的值，需将上述函数改为：

```
void swap2(int * x, int * y)
{
    int temp;
    temp = * x;              /* 将 x 的值放在 temp 中 */
    * x = * y;               /* 将 x 所指的值改为 * y */
```

```
    * y = temp;              /* 将 y 所指的值改为 temp */
}
```

上述函数的调用改为 swap2（&a，&b），显然远不如采用引用方式简洁。所以本书后面很多算法都采用引用形参。

例如：

```
int a = 6;            /* a 为普通的整型变量 */
int &b = a;           /* b 是 a 的引用变量 */
```

这里说明 b 变量是变量 a 的引用，b 也等于 6，之后这两个变量同步改变。当 a 改变时 b 也同步改变，同样，当 b 改变时 a 也同步改变。

引用常用于函数形参中，采用引用形参时，在函数调用时将形参的改变回传给实参，例如，有如下函数（其中的形参均为引用形参）：

```
void swap(int &x, int &y)
/* 形参前的"&"符号不是指针运算符 */
{
    int temp;
    temp = x;
    x = y;
    y = temp;
}
```

当用执行语句 swap(a，b) 时，a 和 b 的值发生了交换。

1.3.3 算法分析

1. 算法时间复杂度分析

一个算法是由控制结构（顺序、分支和循环三种）和原操作（指固有数据类型的操作）构成的，算法的执行时间取决于两者的综合效果。

同一问题可以采用多种算法实现。由于算法的描述语言不同（即所用的编程语言不同），算法执行的环境不同（操作系统不同或不同的计算机）及其他因素，所以不能用绝对执行时间单纯进行比较。

算法执行时间大致为基本运算所需的时间与其运算次数（也称为频度）的乘积。

被视为算法基本运算的一般是最深层循环内的语句。

在一个算法中，进行基本运算的次数越少，其运行时间也就相对越少；基本运算次数越多，其运行时间也就相对越多。

所以，通常把算法中包含基本运算次数的多少称为算法的时间复杂度，也就是说，一个算法的时间复杂度是指该算法的基本运算次数。

算法中基本运算次数 T(n) 是问题规模 n 的某个函数 f(n)，记做：

$$T(n)=O(f(n))$$

记号"O"读做"大 O"，它表示随问题规模 n 的增大算法执行时间的增长率和 f(n) 的增长率相同。"O"的形式定义为：

若 f(n) 是正整数 n 的一个函数，则 T(n)＝O(f(n)) 表示存在一个正的常数 M，使得当 $n \geqslant n_0$ 时都满足：

$$|T(n)| \leqslant M|f(n)|$$

也就是只求出 T(n) 的最高阶，忽略其低阶项和常系数，这样既可简化 T(n) 的计算，又能比较客观地反映出当 n 很大时，算法的时间性能。

例如，$T(n)=3n^2-5n+10000=O(n^2)$　/ * 这里忽略了低阶项 5n 和常数项 10000 * /

一个没有循环的算法的基本运算次数与问题规模 n 无关，记做 O(1)，也称为常数阶。

一个只有一层循环的算法基本运算次数与问题规模 n 的增长呈线性增大关系，记做 O(n)，也称为线性阶。

其余常用的还有平方阶 $O(n^2)$、立方阶 $O(n^3)$、对数阶 $O(\log_2 n)$、指数阶 $O(2^n)$ 等。

各种不同数量级对应的值存在着如下关系：

$O(1)<O(\log_2 n)<O(n)<O(n*\log_2 n)<O(n^2)<O(n^3)<O(2^n)<O(n!)$

2. 算法空间复杂度分析

类似于算法的时间复杂度，本书以空间复杂度作为算法所需存储空间的量度，记做：

$S(n)=O(g(n))$

其中 n 为问题的规模或大小。一个上机执行的程序除了需要存储空间来存储本身所用的指令、常数、变量和输入数据外，还需要一些对数据进行操作的地址单元和存储一些为实现计算所需信息的辅助空间。若输入数据所占空间只取决于问题本身，与算法无关，则只需要分析除输入和程序之外的额外空间，否则应同时考虑输入本身所需空间（与输入数据的表示形式有关)。若额外空间相对于输入数据量来说是常数，则称此算法为原地工作。

总之，一个好的算法应同时兼顾时间和空间效率，高效但占用超大空间的算法是不可取的，同样，占用空间少但效率低的算法也不是一个优秀的算法。

专项练习 1

一、基本题

1. 填空题

(1) 数据的逻辑结构有________、________、________、________四种。

(2) 数据的存储结构分为________、________、________、________四种。

(3) 数据结构中评价算法的两个重要指标是________和________。

(4) 数据结构是研讨数据的________和________，以及它们之间的相互关系，并对与这种结构定义相应的________，设计出相应的________。

(5) 线性结构元素之间是________对________的关系；树形结构元素之间的关系是________；图形结构元素之间的关系是________。

2. 选择题

(1) 设有如下遗产继承规则：丈夫和妻子可以互相继承遗产；子女可以继承父亲或母亲的遗产；子女间不能相互继承。表示该遗产继承关系最合适的数据结构应该是(　　)。

A. 树　　B. 图　　C. 数组　　D. 二叉树

(2) 在数据结构中，从逻辑上可以把数据结构分成(　　)。

A. 动态结构和静态结构　　B. 紧凑结构和非紧凑结构

C. 线性结构和非线性结构　　D. 内部结构和外部结构

(3) 计算机算法是指(　　)。

A. 计算方法　　B. 排序方法

C. 解决问题的有限运算序列　　D. 调度方法

(4) 以下说法正确的是(　　)。
A. 数据元素是数据的最小单位
B. 数据项是数据的基本单位
C. 数据结构是带结构的数据项的集合
D. 一些表面上很不相同的数据可以有相同的逻辑结构
(5) 在决定选取何种存储结构时，一般不考虑(　　)。
A. 各结点的值如何　　B. 结点个数的多少
C. 对数据有哪些运算　　D. 所用编程语言实现这种结构是否方便

二、国家计算机等级考试试题

1. 填空题
(1) 数据结构包括数据的________结构和数据的存储结构。
(2) 实现算法所需的存储单元多少和算法的工作量大小分别称为算法的________。
(3) 数据结构包括数据的逻辑结构、数据的 ________以及对数据的操作运算。
(4) 算法的基本特征是有穷性、可行性、确定性、________和________。
2. 选择题
(1) 下面叙述正确的是________。
A. 算法的执行效率与数据的存储结构无关
B. 算法的空间复杂度是指算法程序中指令（或语句）的条数
C. 算法的有穷性是指算法必须能在执行有限个步骤之后终止
D. 以上三种描述都不对
(2) 以下数据结构中不属于线性数据结构的是________。
A. 队列　　B. 线性表
C. 二叉树　　D. 栈
(3) 算法的时间复杂度是指________。
A. 执行算法程序所需要的时间　　B. 算法程序的长度
C. 算法执行过程中所需要的基本运算次数　　D. 算法程序中的指令条数
(4) 下列叙述中正确的是________。
A. 线性表是线性结构　　B. 栈与队列是非线性结构
C. 线性链表是非线性结构　　D. 二叉树是线性结构
(5) 算法的空间复杂度是指________。
A. 算法程序的长度　　B. 算法程序中的指令条数
C. 算法程序所占的存储空间　　D. 算法执行过程中所需要的存储空间
(6) 算法一般可以由哪几种控制结构组合而成________。
A. 循环、分支、递归　　B. 顺序、循环、嵌套
C. 循环、递归、选择　　D. 顺序、选择、循环
(7) 数据的存储结构是指________。
A. 数据所占的存储空间量　　B. 数据的逻辑结构在计算机中的表示
C. 数据在计算机中的顺序存储方式　　D. 存储在外存中的数据
(8) 数据结构中，与所使用的计算机无关的是数据的________。
A. 存储结构　　B. 物理结构

C. 逻辑结构　　　　　　　　　　　　　　D. 物理和存储结构

三、专升本试题

1. 填空题

(1) 数据的物理结构包括________的表示和________的表示。

(2) 对于给定的 n 个元素，可以构造出的逻辑结构有________、________、________、________四种。

(3) 数据的逻辑结构是指________。

(4) 一个数据结构在计算机中________称为存储结构。

(5) 抽象数据类型的定义仅取决于它的一组________，而与________无关，即不论其内部结构如何变化，只要它的________不变，都不影响其外部使用。

2. 选择题

(1) 算法的计算量的大小称为计算的(　　)。

A. 效率　　　　　　　　　　　　　　　　B. 复杂性

C. 现实性　　　　　　　　　　　　　　　D. 难度

(2) 算法的时间复杂度取决于(　　)。

A. 问题的规模　　　　B. 待处理数据的初态　　　　C. A 和 B

(3) 计算机算法指的是(　　)，它必须具备(　　)这三个特性。

① A. 计算方法　　　　　　　　　　　　B. 排序方法

C. 解决问题的步骤序列　　　　　　　D. 调度方法

② A. 可执行性、可移植性、可扩充性　　B. 可执行性、确定性、有穷性

C. 确定性、有穷性、稳定性　　　　　D. 易读性、稳定性、安全性

(4) 一个算法应该是(　　)。

A. 程序　　　　　　　　　　　　　　　　B. 问题求解步骤的描述

C. 要满足五个基本特性　　　　　　　　　D. A 和 C

(5) 下面关于算法说法错误的是(　　)。

A. 算法最终必须由计算机程序实现

B. 为解决某问题的算法与为该问题编写的程序含义是相同的

C. 算法的可行性是指指令不能有二义性

D. 以上几个都是错误的

第 2 章　线　性　表

教学重点

- 基本概念：线性表、单链表、单循环链表、双向链表、双向循环链表；
- 单链表的定义及运算；
- 单循环链表的定义及运算；
- 双向链表的定义及运算；
- 双向循环链表的定义及运算。

线性表是最基本、最简单，也是最常用的一种数据结构。线性表中数据元素之间的关系是一对一的关系，即除了第一个和最后一个数据元素之外，其他数据元素都是首尾相接的。线性表的逻辑结构简单，便于实现和操作。因此，线性表这种数据结构在实际应用中被广泛采用。本章主要介绍顺序表、单链表、双向链表的定义、操作及其操作的代码实现。

2.1　线性表的基本概念

线性表是具有相同特性的数据元素的一个有限序列。该序列中所含元素的个数叫做线性表的长度，用 n 表示，$n \geqslant 0$。

当 $n=0$ 时，表示线性表是一个空表，即表中不包含任何元素。设序列中第 i（i 表示位序）个元素为 $a_i(1 \leqslant i \leqslant n)$。

线性表的一般表示为：

$$(a_1, a_2, \cdots, a_i, a_{i+1}, \cdots, a_n)$$

线性结构的基本特征为：

(1) 集合中必存在唯一的一个“第一元素”；

(2) 集合中必存在唯一的一个“最后元素”；

(3) 除最后一个元素之外，均有唯一的后继（后件）；

(4) 除第一个元素之外，均有唯一的前驱（前件）。

数据元素的个数 n 定义为表的长度。当 $n=0$ 时称为空表。

常将非空的线性表（$n>0$）记做：

$$(a_1, a_2, \cdots, a_n)$$

数据元素 a_i（1≤i≤n）只是一个抽象的符号，其具体含义在不同的情况下可以不同。

线性表的基本操作如下：

（1）Setnull(L)：置空表。

（2）Length(L)：求表长度，求表中元素个数。

（3）Get(L，i)：取表中第 i 个元素（1≤i≤n）。

（4）Prior(L，i)：取 i 的前驱元素。

（5）Next(L，i)：取 i 的后继元素。

（6）Locate(L，x)：返回指定元素在表中的位置。

（7）Insert(L，i，x)：插入元素。

（8）Delete(L，x)：删除元素。

（9）Empty(L)：判断表是否为空。

2.2 线性表的顺序存储——顺序表

2.2.1 定义顺序表

线性表的顺序存储结构就是：把线性表中的所有元素按照其逻辑顺序依次存储到从计算机存储器中指定存储位置开始的一块连续的存储空间中。

这样，线性表中第一个元素的存储位置就是指定的存储位置，第 i+1 个元素（1≤i≤n−1）的存储位置紧接在第 i 个元素的存储位置的后面。

线性表←→逻辑结构

顺序表←→存储结构

假定线性表的元素类型为 ElemType，则每个元素所占用存储空间的大小（即字节数）为 sizeof(ElemType)，整个线性表所占用存储空间的大小为：

n * sizeof(ElemType)

其中，n 表示线性表的长度。具体存储情况如图 2.1 所示。

下标位置	线性表存储空间	存储地址
0	a_1	LOC(A)
1	a_2	LOC(A)+sizeof(ElemType)
⋮	⋮	LOC(A)+(i−1) * sizeof(ElemType)
i−1	a_i	
⋮	⋮	
n−1	a_n	LOC(A)+(n−1) * sizeof(ElemType)
⋮	⋮	
MaxSize−1	⋮	LOC(A)+(MaxSize−1) * sizeof(ElemType)

图 2.1 线性表的存储

在定义一个线性表的顺序存储类型时，需要定义一个数组来存储线性表中的所有元素和定义一个整型变量来存储线性表的长度。

假定数组用 data[MaxSize] 表示，长度整型变量用 length 表示，并采用结构体类型表示，则元素类型为 ElemType 的线性表的顺序存储类型可描述如下：

```
typedef struct
{
    ElemType data[MaxSize];
    int length;
}SqList; /*顺序表类型*/
```

其中，data 成员为存放顺序表元素的数组名，length 成员为存放线性表的实际长度。ElemType 为元素类型的代词，读者在应用中可根据实际情况把 ElemType 改成具体的数据类型。

说明：由于 C/C++中数组的下标从 0 开始，因此线性表的第 i 个元素 a_i 存放在顺序表的第 i－1 位置上。为了清楚，将 a_i 在逻辑序列中的位置称为逻辑位序，在顺序表中的位置称为物理位序（即存储位序）。

2.2.2 顺序表上的运算及其实现

一旦采用顺序表存储结构，我们就可以用 C/C++语言实现线性表的各种基本运算。为了方便，假设 ElemType 为 char 类型，使用如下自定义类型语句：

```
typedef char ElemType;
```

即结构体中定义的 data 数组为 char 类型。用户也可根据自己的需要把 char 改成其他基本类型。

1. 建立顺序表

其方法是将给定的含有 n 个元素的数组的每个元素依次放到顺序表中，并将 n 赋给顺序表的长度成员。算法如下：

```
void CreateList(SqList *&L,ElemType a[ ],int n)
/*建立顺序表*/
{
    int i;
    L=(SqList *)malloc(sizeof(SqList));
    for (i=0;i<n;i++)
    L->data[i]=a[i];
    L->length=n;
}
```

说明：本书在各章节中的算法实现代码并不是完全可执行代码，有的可能是伪代码，完全正确的可运行代码在每章后的实训项目中。

2. 顺序表上基本运算的实现

(1) 初始化线性表 InitList(L)。该运算的结果是构造一个空的线性表 L。实际上只需将 length 成员设置为 0 即可。

```
void InitList(SqList *&L) //引用型指针
{
    L=(SqList *)malloc(sizeof(SqList));/*分配存放线性表的空间*/
    L->length=0;
}
```

本算法的时间复杂度为 O(1)。

(2) 销毁线性表 DestroyList(L)。该运算的结果是释放线性表 L 占用的内存空间。

```
void DestroyList(SqList *&L)
{
    free(L);
}
```

本算法的时间复杂度为 O(1)。

(3) 判定是否为空表 ListEmpty(L)。该运算返回一个值表示 L 是否为空表。若 L 为空表，则返回 1，否则返回 0。

```
int ListEmpty(SqList *L)
{
    return(L->length == 0);
}
```

本算法的时间复杂度为 O(1)。

(4) 求线性表的长度 ListLength(L)。该运算返回顺序表 L 的长度。实际上只需返回 length 成员的值即可。

```
int ListLength(SqList *L)
{
    return(L->length);
}
```

本算法的时间复杂度为 O(1)。

(5) 输出线性表 DispList(L)。当线性表 L 不为空时，该运算顺序显示 L 中各元素的值。

```
void DispList(SqList *L)
{
    int i;
    if (ListEmpty(L)) return;
    for (i = 0; i < L->length; i++)
    printf(" %c", L->data[i]);
    printf("\n");
}
```

本算法中的基本运算为 for 循环中的 printf 语句，故时间复杂度为 O(L->length)或 O(n)。

(6) 求某个数据元素值 GetElem(L，i，e)。该运算返回 L 中第 i 个元素的值（1≤i≤ListLength(L)），存放在 e 中。

```
int GetElem(SqList *L, int i, ElemType &e)
{
    if (i < 1 || i > L->length) return 0;
    e = L->data[i-1];
    return 1;
}
```

本算法的时间复杂度为 O(1)。

(7) 按元素值查找 LocateElem(L，e)。该运算顺序查找第 1 个值域与 e 相等的元素的位序。若这样的元素不存在，则返回的值为 0。

```
int LocateElem(SqList * L, ElemType e)
{
    int i = 0;
    while (< L-> length && L-> data[i]! = e) i ++ ;
    if (i > = L-> length)return 0;
    else return i + 1;
}
```

本算法中基本运算为 while 循环中的 i++语句，故时间复杂度为 O(L-> length)或 O(n)。

(8) 插入数据元素 ListInsert(L，i，e)。该运算在顺序表 L 的第 i 个位置（1≤i≤ListLength(L) +1）上插入新的元素 e。

思路：如果 i 值不正确，则显示相应错误信息；否则将顺序表原来第 i 个元素及以后元素均后移一个位置，腾出一个空位置插入新元素，顺序表长度增 1。

```
int ListInsert(SqList * &L, int i, ElemType e)
{
    int j;
    if (i < 1 || i > L-> length + 1)  return 0;
    i--;                              /* 将顺序表逻辑位序转化为 elem 下标即物理位序 */
    for (j = L-> length; j > i; j--)
    L-> data[j] = L-> data[j - 1];    /* 将 data[i]及后面元素后移一个位置 */
    L-> data[i] = e;
    L-> length ++ ;                   /* 顺序表长度增 1 */
    return 1;
}
```

图 2.2 中最上方箭头的方向，表示在顺序表中插入元素的操作中，给要插入的元素腾出空位时应该从最后一个元素开始，顺次向后移动，而不是应该从要插入位置处的元素开始移动。

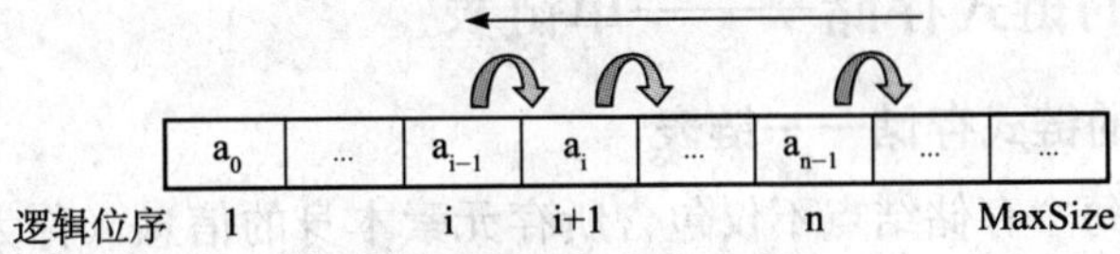

图 2.2　顺序表的插入运算

对于本算法来说，元素移动的次数不仅与表长 L. length=n 有关，而且与插入位置 i 有关：当 i=n+1 时，移动次数为 0；当 i=1 时，移动次数为 n，达到最大值。在线性表 sq 中共有 n+1 个可以插入元素的地方。假设 p_i（n−i+1）是在第 i 个位置上插入一个元素的概率，则在长度为 n 的线性表中插入一个元素时所需移动元素的平均次数为：n/2，故

$$\sum_{i=1}^{n+1} p_i(n-i+1) = \sum_{i=1}^{n+1} \frac{1}{n+1}(n-i+1) = \frac{n}{2} = O(n)$$

因此插入算法的平均时间复杂度为 O(n)。

(9) 删除数据元素 ListDelete(L，i，e)。该运算删除顺序表 L 中的第 i 个元素（1≤i≤ListLength(L)）。

思路：如果 i 值不正确，则显示相应错误信息；否则将线性表第 i 个元素以后的元素均向前移动一个位置，这样覆盖了原来的第 i 个元素，达到删除该元素的目的，最后顺序表长度减 1。顺序表的删除运算如图 2.3 所示。

```
int ListDelete(SqList *&L,int i,ElemType &e)
{
    int j;
    if (i<1 || i>L->length)return 0;
    i--;                              /*将顺序表逻辑位序转化为elem下标即物理位序*/
    e=L->data[i];
    for (j=i;j<L->length-1;j++)
    L->data[j]=L->data[j+1];          /*将data[i]之后的元素向前移一个位置*/
    L->length--;                      /*顺序表长度减1*/
    return 1;
}
```

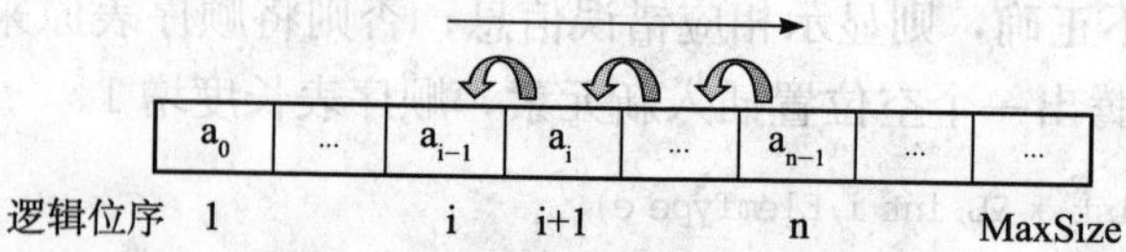

图 2.3 顺序表的删除运算

对于本算法来说，元素移动的次数也与表长 n 和删除元素的位置 i 有关：当 i=n 时，移动次数为 0；当 i=1 时，移动次数为 n－1。在线性表 sq 中共有 n 个元素可以被删除。假设 p_i（= 1/n）是删除第 i 个位置上元素的概率，则在长度为 n 的线性表中删除一个元素时所需移动元素的平均次数为：$\frac{n-1}{2}$，故

$$\sum_{i=1}^{n} p_i(n-i) = \sum_{i=1}^{n} \frac{1}{n}(n-i) = \frac{n-1}{2} = O(n)$$

因此删除算法的平均时间复杂度为 O(n)。

2.3 线性表的链式存储——单链表

2.3.1 线性表的链式存储——链表

在链式存储中，每个存储结点不仅包含所存元素本身的信息（称为数据域），而且包含元素之间逻辑关系的信息，即前驱结点包含后继结点的地址信息，这称为指针域，这样可以通过前驱结点的指针域方便地找到后继结点的位置，提高数据查找速度。

一般地，每个结点有一个或多个这样的指针域。若一个结点中的某个指针域不需要任何结点，则它的值为空，用常量 NULL 表示。

由于顺序表中的每个元素至多只有一个前驱元素和一个后继元素，即数据元素之间是一对一的逻辑关系，所以当进行链式存储时，一种最简单也最常用的方法是：在每个结点中除包含数据域外，只设置一个指针域，用以指向其后继结点，这样构成的链接表称为线性单向链接表，简称单链表。

在线性表的链式存储中，为了便于插入和删除算法的实现，每个链表带有一个头结点，并通过头结点的指针唯一标识该链表。带头结点的单链表示意图如图 2.4 所示。

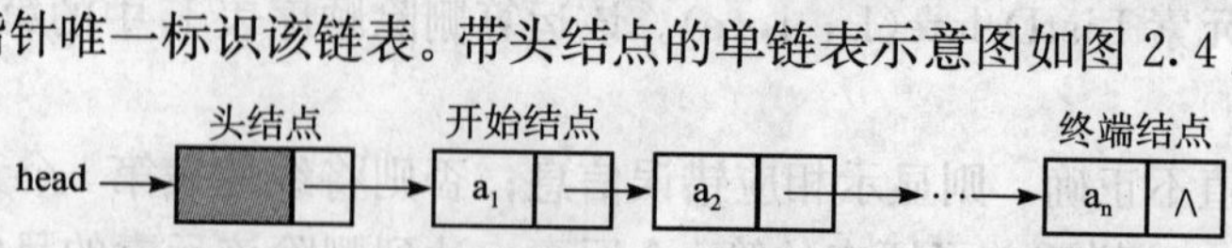

图 2.4 单链表示意图

在单链表中，由于每个结点只包含一个指向后继结点的指针，所以当访问一个结点后，只能接着访问它的后继结点，而无法访问它的前驱结点。

另一种可以采用的方法是：在每个结点中除包含数值域外，还设置了两个指针域，分别用以指向其前驱结点和后继结点，这样构成的链接表称为线性双向链接表，简称双链表。双链表示意图如图 2.5 所示。

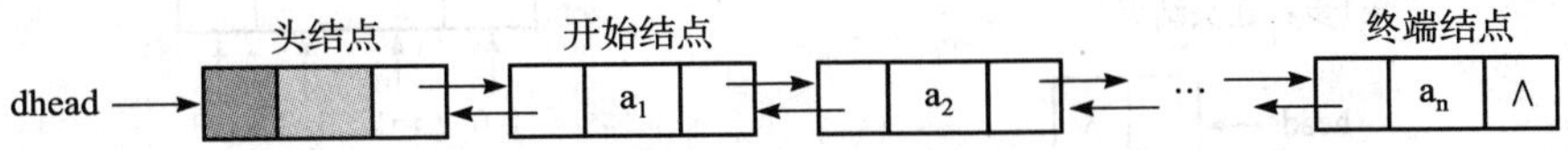

图 2.5　双链表示意图

在双链表中，由于每个结点既包含一个指向后继结点的指针，又包含一个指向前驱结点的指针，所以当访问过一个结点后，既可以依次向后访问每一个结点，也可以依次向前访问每一个结点。

2.3.2　单链表的定义

在单链表中，假定每个结点类型用 LinkList 表示，它应包括存储元素的数据域，这里用 data 表示，其类型用通用类型标识符 ElemType 表示，还包括存储后继元素位置的指针域，这里用 next 表示。

LinkList 类型的定义如下：

```
typedef struct LNode                          /*定义单链表结点类型*/
{
    ElemType data;
    struct LNode *next;                       /*指向后继结点*/
}LinkList;
```

2.3.3　单链表上的基本运算及其实现

1. 建立单链表

先考虑如何建立单链表。假设我们通过一个含有 n 个数据的数组来建立单链表，建立单链表的常用方法有如下两种：

(1) 头插法建表。该方法从一个空表开始，读取字符数组 a 中的字符，生成新结点，将读取的数据存放到新结点的数据域中，然后将新结点插入到当前链表的表头上，直到结束为止。采用头插法建表的算法如下：

```
void CreateListF(LinkList *&L,ElemType a[ ],int n)
{
    LinkList *s;int i;
    L=(LinkList *)malloc(sizeof(LinkList));     /*创建头结点*/
    L->next=NULL;
    for (i=0;i<n;i++)
    {
        s=(LinkList *)malloc(sizeof(LinkList));
        /*创建新结点*/
        s->data=a[i];
        s->next=L->next;
        /*将*s插在原开始结点之前,头结点之后*/
```

```
        L-> next = s;S
    }
}
```

采用头插法建立单链表的过程如图 2.6 所示。

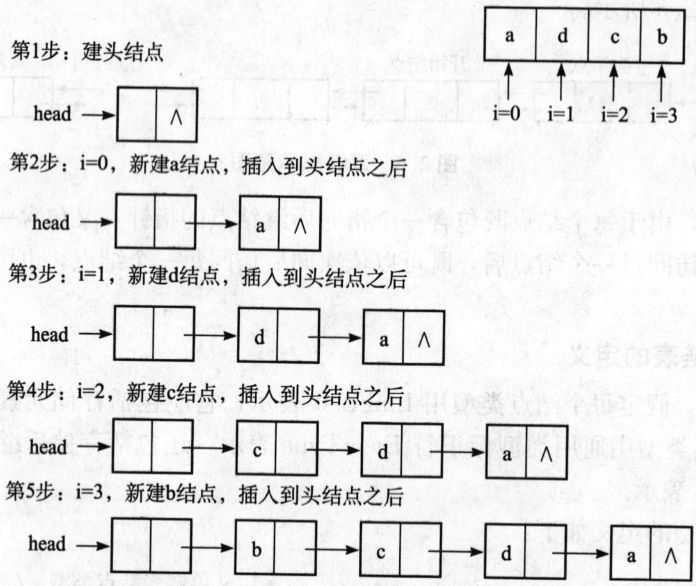

图 2.6　用头插法建立单链表

可见，使用头插法建立单链表时，由于每输入一个元素都插入到单链表的表头，所以输入的顺序与最终成表的顺序是完全相反的。用户应根据实际需要确定输入数据的顺序。

(2) 尾插法建表。

头插法建立链表虽然算法简单，但生成的链表中结点的次序和原数组元素的顺序相反。若希望两者次序一致，可采用尾插法建立。该方法是将新结点插入到当前链表的表尾上，为此必须增加一个尾指针 r，使其始终指向当前链表的尾结点。采用尾插法建表的算法如下：

```
void CreateListR(LinkList *&L,ElemType a[ ],int n)
{
    LinkList *s, *r;int i;
    L = (LinkList *)malloc(sizeof(LinkList));       /*创建头结点*/
    r = L;                                          /*r始终指向终端结点,开始时指向头结点*/
    for (i = 0;i < n;i ++ )
    {
        s = (LinkList *)malloc(sizeof(LinkList));   /*创建新结点*/
        s-> data = a[i];r-> next = s;               /*将*s插入*r之后*/
        r = s;
    }
    r-> next = NULL;                                /*终端结点 next 域置为 NULL*/
}
```

采用尾插法建立单链表的过程如图 2.7 所示。

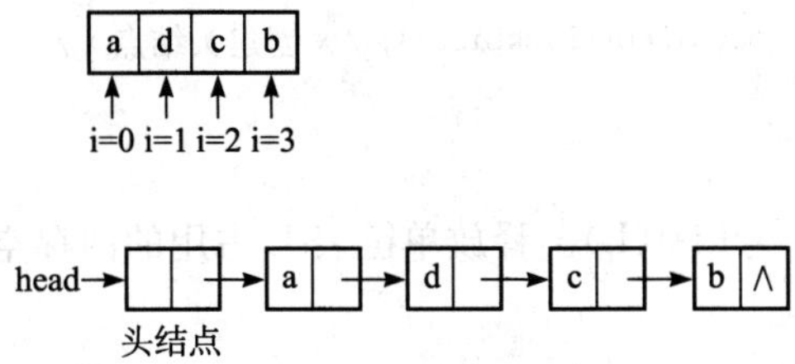

图 2.7　用尾插法建立单链表

2. 插入结点运算

插入运算是指将值为 x 的新结点插入到单链表的第 i 个结点的位置上。先在单链表中找到第 i－1 个结点，再在其后插入新结点。单链表插入结点的过程如图 2.8 所示。

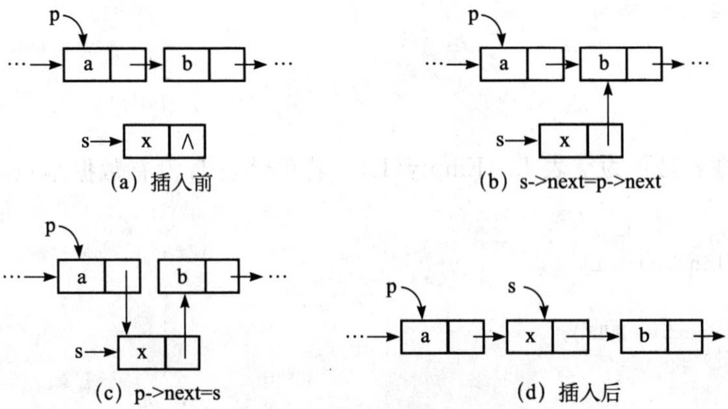

图 2.8　单链表的插入运算

3. 删除结点运算

删除运算是将单链表的第 i 个结点删去。先在单链表中找到第 i－1 个结点 p，再删除其后的结点。删除单链表结点的过程如图 2.9 所示。

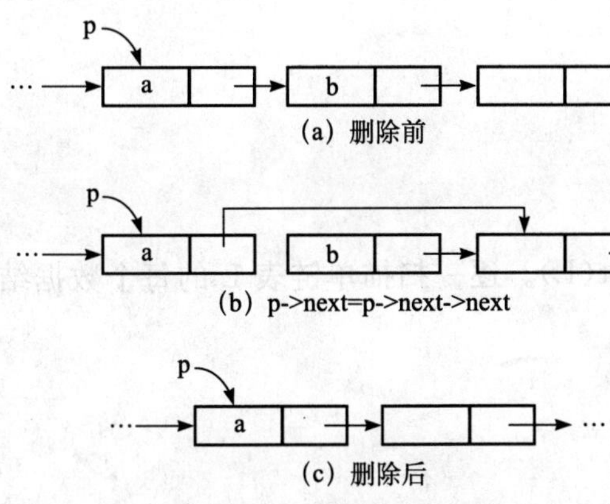

图 2.9　单链表的删除运算

4. 单链表上基本运算的实现

(1) 初始化单链表 InitList(L)。该运算建立一个空的单链表，即创建一个头结点。

```
void InitList(LinkList * &L)
{
```

```
    L = (LinkList * )malloc(sizeof(LinkList)); /* 创建头结点 */
    L-> next = NULL;
}
```

（2）销毁单链表 DestroyList(L)。释放单链表 L 占用的内存空间，即逐一释放全部结点的空间。

```
void DestroyList(LinkList * &L)
{
    LinkList * p = L, * q = p-> next;
    while (q! = NULL)
    {
        free(p);
        p = q;q = p-> next;
    }
    free(p);
}
```

（3）判断线性表是否为空表 ListEmpty(L)。若单链表 L 没有数据结点，则返回真，否则返回假。

```
int ListEmpty(LinkList * L)
{
    return(L-> next == NULL);
}
```

（4）求线性表的长度 ListLength(L)。返回单链表 L 中数据结点的个数。

```
int ListLength(LinkList * L)
{
    LinkList * p = L;int i = 0;
    while (p-> next! = NULL)
    {
        i ++ ;
        p = p-> next;
    }
    return(i);
}
```

（5）输出线性表 DispList(L)。逐一扫描单链表 L 的每个数据结点，并显示各结点的 data 域值。

```
void DispList(LinkList * L)
{
    LinkList * p = L-> next;
    while (p! = NULL)
    {
        printf(" %c",p-> data);
        p = p-> next;
    }
    printf("\n");
}
```

(6) 求线性表 L 中指定位置的某个数据元素 GetElem(L，i，&e)。

思路：在单链表 L 中从头开始找第 i 个结点，若存在第 i 个数据结点，则将其 data 域值赋给变量 e。

```
int GetElem(LinkList *L,int i,ElemType &e)
{
    int j=0;
    LinkList *p=L;
    while (j<i && p!=NULL)
    {
        j++;
        p=p->next;
    }
    if (p==NULL) return 0;                    /*不存在第 i 个数据结点*/
    else                                      /*存在第 i 个数据结点*/
    {
        e=p->data;
        return 1;
    }
}
```

(7) 按元素值查找 LocateElem(L，e)。

思路：在单链表 L 中从头开始找第 1 个值域与 e 相等的结点，若存在这样的结点，则返回位置，否则返回 0。

```
int LocateElem(LinkList *L,ElemType e)
{
    LinkList *p=L->next;int n=1;
    while (p!=NULL && p->data!=e)
    {
        p=p->next;
        n++;
    }
    if (p==NULL) return(0);
    else return(n);
}
```

(8) 插入数据元素 ListInsert(&L，i，e)。

思路：先在单链表 L 中找第 i—1 个结点 *p，若存在这样的结点，则将值为 e 的结点 *s 插入到其后。

```
int ListInsert(LinkList *&L,int i,ElemType e)
{
        int j=0;
        LinkList *p=L,*s;
        while (j<i-1 && p!=NULL)          /*查找第 i-1 个结点*/
          {
              j++;
              p=p->next;
          }
```

```
        if (p == NULL) return 0;                          /* 未找到位序为 i-1 的结点 */
        else                                              /* 找到位序为 i-1 的结点 * p */
        {
            s = (LinkList *)malloc(sizeof(LinkList));     /* 创建新结点 * s */
            s-> data = e;
            s-> next = p-> next;                          /* 将 * s 插入到 * p 之后 */
            p-> next = s;
            return 1;
        }
}
```

(9) 删除数据元素 ListDelete（&L，i，&e）。

思路：先在单链表 L 中找第 i−1 个结点 * p，若存在这样的结点，且存在后继结点，则删除该后继结点。

```
int ListDelete(LinkList * &L, int i, ElemType &e)
{
        int j = 0;
        LinkList * p = L, * q;
        while (j < i - 1 && p! = NULL)                    /* 查找第 i-1 个结点 */
        {
            j ++ ;
            p = p-> next;
        }
        if (p == NULL) return 0;                          /* 未找到位序为 i-1 的结点 */
        else                                              /* 找到位序为 i-1 的结点 * p */
        {
            q = p-> next;                                 /* q 指向要删除的结点 */
            if (q == NULL) return 0;                      /* 若不存在第 i 个结点,返回 0 */
            p-> next = q-> next;                          /* 从单链表中删除 * q 结点 */
            free(q);                                      /* 释放 * q 结点 */
            return 1;
        }
}
```

2.4 线性表的链式存储二——双链表

对于双链表，采用类似于单链表的类型定义，其 DLinkList 类型的定义如下：

```
typedef struct DNode                                      /* 定义双链表结点类型 */
{
        ElemType data;
        struct DNode * prior;                             /* 指向前驱结点 */
        struct DNode * next;                              /* 指向后继结点 */
} DLinkList;
```

在双链表中，有些操作如求长度、取元素值和查找元素等操作算法与单链表的相应算法是相同的，这里不多讨论。但在单链表中，进行结点插入和删除时涉及前后结点的一个指针域的变化。而在双链表中，结点的插入和删除操作涉及前后结点的两个指针域的变化。插入操作的具体过程如图 2.10 所示。

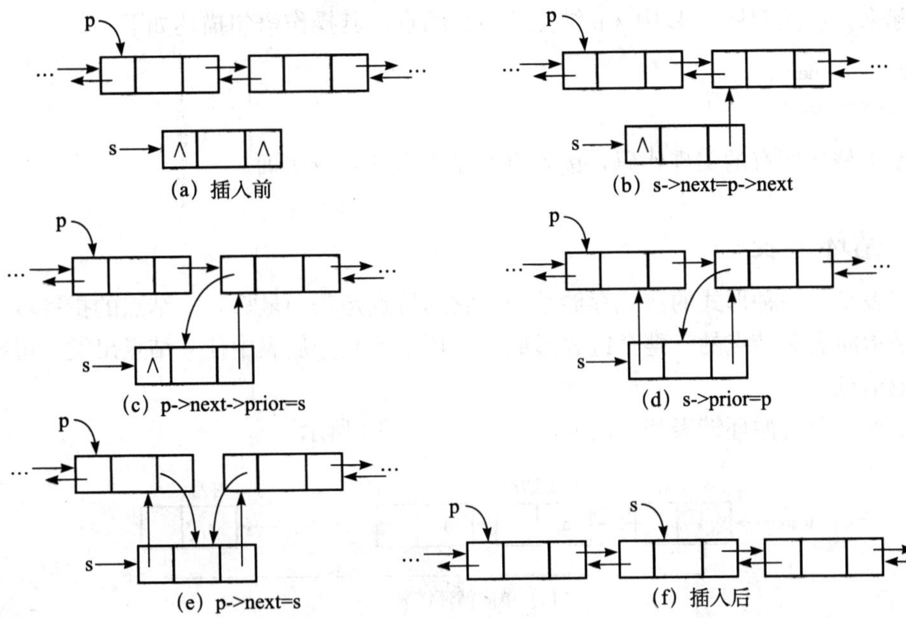

图 2.10　双链表的插入运算

归纳起来，在双链表中 p 所指的结点之后插入一个 * s 结点，其操作语句描述如下：

```
s-> next = p-> next;        /* 将 s 插入到 p 之后 */
p-> next-> prior = s;
s-> prior = p;
p-> next = s;
```

双链表中的删除操作过程如图 2.11 所示。

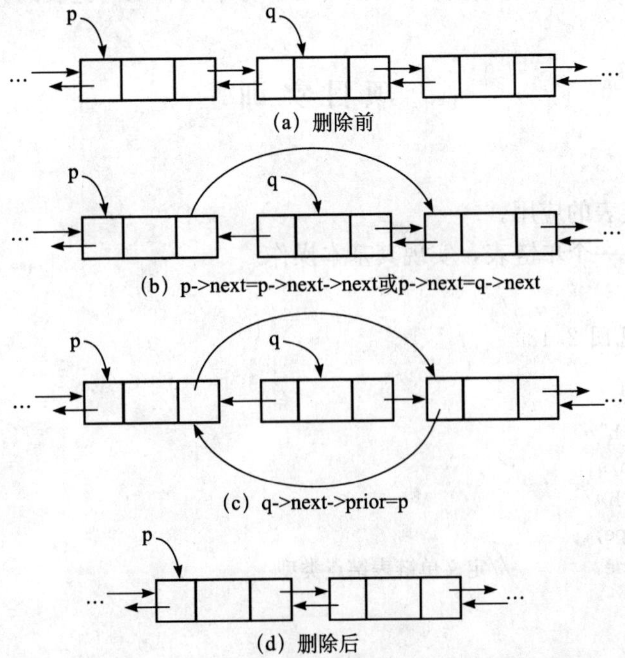

图 2.11　双链表的删除运算

归纳起来，删除双链表 L 中 * p 结点的后续结点，其操作语句描述如下：

```
p-> next = q-> next;
q-> next-> prior = p;
```

这里不再赘述所有的实现代码，读者可参见本章的项目实训。

2.5　循环链表

循环链表是另一种形式的链式存储结构。它的特点是表中最后一个结点的指针域不再是空的，而是指向表头结点的，整个链表形成一个环。由此，从表中任一结点出发均可找到链表中的其他结点。

带头结点的单向循环链表和双向循环链表如图 2.12 所示。

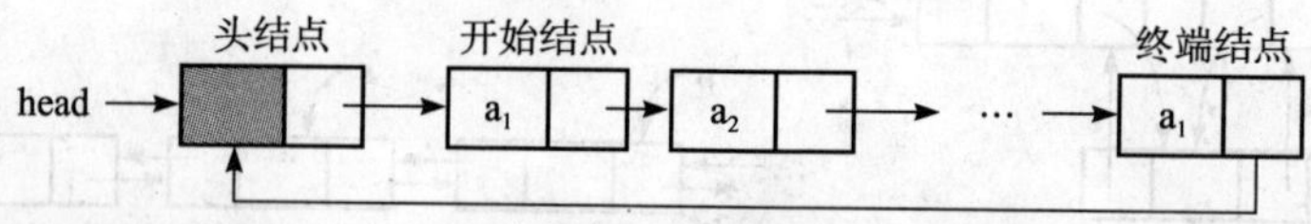

(a) 单向循环链表

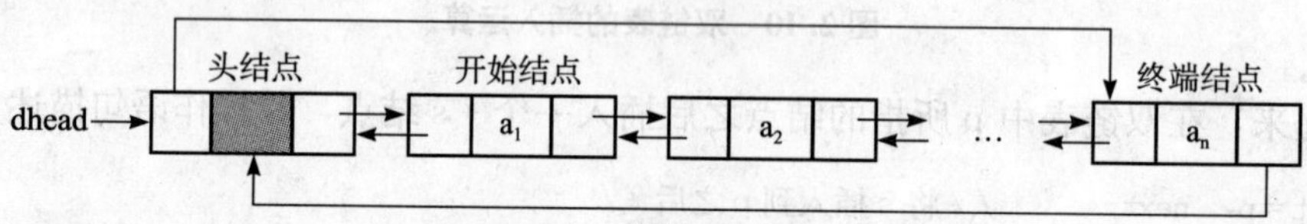

(b) 双向循环链表

图 2.12　循环链表

无论单向循环链表还是双向循环链表，都是把原有的单链表和双链表做首尾相接的处理，这里不再赘述循环链表的其他操作，读者可参考单向和双向链表的算法，只需稍加改动即可。

项目实训

一、单链表

实训题目：单链表的应用。

实训目的：建立一个单链表，实现其基本操作。

实训内容：

1. 界面设计（见图 2.13）

2. 代码编写

```
#include "stdafx.h"
#include <stdio.h>
#include <malloc.h>
typedef int ElemType;
typedef struct LNode            //定义单链表结点类型
{
    ElemType data;
    struct LNode *next;         //指向后继结点
}LinkList;
```

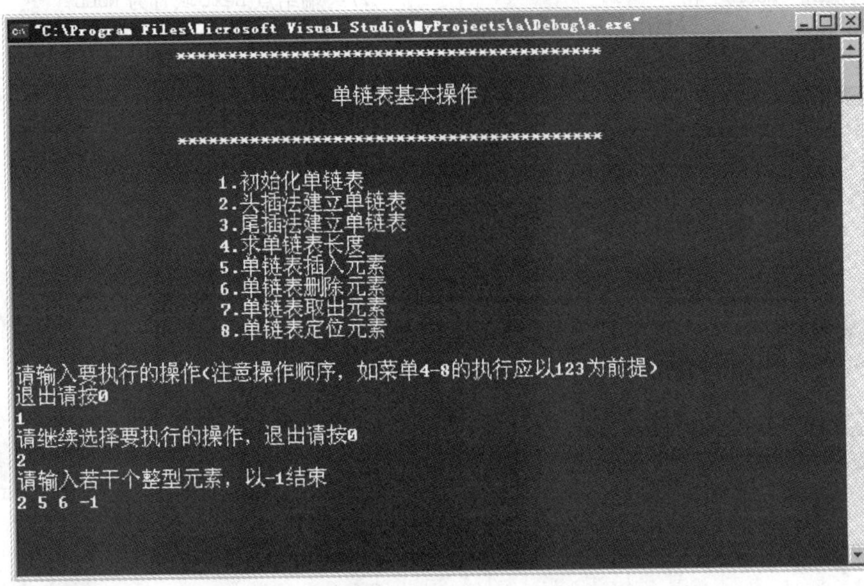

图 2.13

```
/*头插法建立单链表*/
void CreateListF(LinkList *&L,ElemType a[ ],int n)
{
    LinkList *s;int i;
    L=(LinkList *)malloc(sizeof(LinkList));        //创建头结点
    L->next=NULL;
    for (i=0;i<n;i++)
    {
        s=(LinkList *)malloc(sizeof(LinkList)); //创建新结点
        s->data=a[i];
        s->next=L->next;                        //将s插在原开始结点之前,头结点之后
        L->next=s;
    }
}

/*尾插法建立单链表*/
void CreateListR(LinkList *&L,ElemType a[ ],int n)
{
    LinkList *s,*r;int i;
    L=(LinkList *)malloc(sizeof(LinkList));        //创建头结点
    L->next=NULL;
    r=L;                                           //r始终指向终端结点,开始时指向头结点
    for (i=0;i<n;i++)
    {
        s=(LinkList *)malloc(sizeof(LinkList)); //创建新结点
        s->data=a[i];
        r->next=s;                              //将*s插入*r之后
        r=s;
    }
```

```
    r->next = NULL;                                   //终端结点 next 域置为 NULL
}

/*单链表的初始化*/
void InitList(LinkList *&L)
{
    L = (LinkList *)malloc(sizeof(LinkList));     //创建头结点
    L->next = NULL;
}

/*单链表的销毁*/
void DestroyList(LinkList *&L)
{
    LinkList *p = L, *q = p->next;
    while (q! = NULL)
    {
        free(p);
        p = q;
        q = p->next;
    }
    free(p);                                          //此时 q 为 NULL,p 指向尾结点,释放它
}

/*判断单链表是否为空*/
int ListEmpty(LinkList *L)
{
    return(L->next == NULL);
}

/*求单链表的长度*/
int ListLength(LinkList *L)
{
    LinkList *p = L;int i = 0;
    while (p->next! = NULL)
    {
        i++;
        p = p->next;
    }
    return(i);
}

/*输出单链表*/
void DispList(LinkList *L)
{
    LinkList *p = L->next;
    while (p! = NULL)
    {
        printf("%d ",p->data);
        p = p->next;
    }
```

```
    printf("\n");
}

/*取单链表元素*/
int GetElem(LinkList *L,int i)
{
    int j=0;
    LinkList *p=L;
    while (j<i && p!=NULL)
    {
        j++;
        p=p->next;
    }
    if (p==NULL)                                //不存在第 i 个数据结点
    return -1000;
    else                                        //存在第 i 个数据结点
    {
        return p->data;
    }
}

/*单链表定位元素*/
int LocateElem(LinkList *L,ElemType e)
{
    LinkList *p=L->next;
    int n=1;
    while (p!=NULL && p->data!=e)
    {
        p=p->next;
        n++;
    }
    if (p==NULL)
        return(0);
    else
        return(n);
}
/*单链表的插入算法*/
int ListInsert(LinkList *&L,int i,ElemType e)
{
    int j=0;
    LinkList *p=L,*s;
    while (j<i-1 && p!=NULL)                    //查找第 i-1 个结点
    {
        j++;
        p=p->next;
    }
    if (p==NULL)                                //未找到位序为 i-1 的结点
        return 0;
    else                                        //找到位序为 i-1 的结点*p
    {
```

```
        s = (LinkList * )malloc(sizeof(LinkList)); //创建新结点 * s
        s-> data = e;
        s-> next = p-> next;                       //将 * s 插入到 * p 之后
        p-> next = s;
        return 1;
    }
}

/ * 单链表的删除算法 * /
int ListDelete(LinkList * &L, int i)
{
    int j = 0;
    LinkList * p = L, * q;
    while (j < i - 1 && p! = NULL)             //查找第 i - 1 个结点
    {
        j ++ ;
        p = p-> next;
    }
    if (p == NULL)                             //未找到位序为 i - 1 的结点
        return 0;
    else                                       //找到位序为 i - 1 的结点 * p
    {
        q = p-> next;                          //q 指向要删除的结点
        if (q == NULL) return 0;               //若不存在第 i 个结点,返回 0
        p-> next = q-> next;                   //从单链表中删除 * q 结点
        free(q);                               //释放 * q 结点
        return 1;
    }
}

/ * 以下为主函数,其他单向循环链表、双链表、双向循环链表的主函数参考单链表主函数 * /
void main ( )
{
    int sel, a[100], i = 0, x, pos, pos1;
    //x 表示要插入的元素,pos 表示要插入的位置,pos 表示要删除的位置
    int x2, pos2;//x2 表示要定位的元素,pos2 表示要取得哪个位置的元素
    LinkList * L;
    printf("\t\t\t\t****************************************\n");
    printf("\n");
    printf("\t\t\t\t 单链表基本操作\n");
    printf("\n");
    printf("\t\t\t\t ****************************************\n");
    printf("\n");
    printf("\t\t\t\t 1. 初始化单链表\n");
    printf("\t\t\t\t 2. 头插法建立单链表\n");
    printf("\t\t\t\t 3. 尾插法建立单链表\n");
    printf("\t\t\t\t 4. 求单链表长度\n");
    printf("\t\t\t\t 5. 单链表插入元素\n");
    printf("\t\t\t\t 6. 单链表删除元素\n");
    printf("\t\t\t\t 7. 单链表取出元素\n");
```

```
printf("\t\t\t\t 8. 单链表定位元素\n\n");
printf("请输入要执行的操作(注意操作顺序,如菜单 4 - 8 的执行应以 123 为前提)\n");
printf("退出请按 0\n");
scanf(" % d",&sel);
while(sel! = 0)
{
    switch(sel)
    {
    case 1:
        InitList(L);
        break;
    case 2:
        printf("请输入若干个整型元素,以 - 1 结束\n");
        scanf(" % d",&a[i]);
    while(a[i]! = - 1)
    {
        i ++ ;
        scanf(" % d",&a[i]);
    }
      CreateListF(L, a,i);
        break;
    case 3:
        printf("请输入若干个整型元素,以 - 1 结束\n");
        scanf(" % d",&a[i]);
        while(a[i]! = - 1)
        {
            i ++ ;
            scanf(" % d",&a[i]);
        }
        CreateListR (L, a,i);
        break;
    case 4:
        printf("单链表的长度是: % d\n",ListLength(L));
        break;
    case 5:
        printf("请输入要插入的元素:\n");
        scanf(" % d",&x);
        printf("请输入要插入的位置:\n");
        scanf(" % d",&pos);
        ListInsert(L,pos,x);
        printf("插入之后的单链表为:\n");
        DispList(L);
        break;
    case 6:
        printf("请输入要删除的位置:\n");
        scanf(" % d",&pos1);
        ListDelete(L,pos1);
        printf("删除之后的单链表为:\n");
        DispList(L);
        break;
```

```
            case 7:
                printf("请输入要取出哪个位置的元素:\n");
                scanf(" %d",&pos2);
                if(GetElem(L,pos2) == - 1000)
                    printf("没有该位置!\n");
                else
                    printf("第%d个位置上的元素为%d\n",pos2, GetElem(L,pos2));
                break;
            case 8:
                printf("请输入要定位的元素:\n");
                scanf(" %d",&x2);
                printf(" %d在第%d个位置\n",x2,LocateElem(L,x2));
                break;
            default:
                printf("选择有误,请重新输入!\n");
            }
        printf("请继续选择要执行的操作,退出请按 0\n");
        scanf(" %d",&sel);
        }
}
```

二、单向循环链表

实训题目：单向循环链表各算法综合实训。

实训目的：建立一个单链表，实现其基本操作。

实训内容：代码编写。

```
//单向循环链表基本运算函数
#include <stdio.h>
#include <malloc.h>
typedef char ElemType;
typedef struct LNode                                          //定义单链表结点类型
{
    ElemType data;
    struct LNode * next;
}LinkList;

/* 头插法建立单向循环链表 */
void CreateListF(LinkList * &L,ElemType a[ ],int n)
{
    LinkList * s;int i;
    L = (LinkList * )malloc(sizeof(LinkList));                //创建头结点
    L-> next = NULL;
    for (i = 0;i < n;i ++ )
    {
        s = (LinkList * )malloc(sizeof(LinkList));            //创建新结点
        s-> data = a[i];
        s-> next = L-> next;                                  //将*s插在原开始结点之前,头结点之后
        L-> next = s;
    }
```

```
    s = L-> next;
    while (s-> next! = NULL)                          //查找尾结点,由 s 指向它
    s = s-> next;
    s-> next = L;                                     //尾结点 next 域指向头结点
}

/ * 尾插法建立单向循环链表 * /
void CreateListR(LinkList  * &L,ElemType a[ ],int n)
{
    LinkList  * s, * r;int i;
    L = (LinkList  * )malloc(sizeof(LinkList));       //创建头结点
    L-> next = NULL;
    r = L;                                            //r 始终指向终端结点,开始时指向头结点
    for (i = 0;i < n;i ++ )
    {
        s = (LinkList  * )malloc(sizeof(LinkList));   //创建新结点
        s-> data = a[i];
        r-> next = s;                                 //将 * s 插入 * r 之后
        r = s;
    }
    r-> next = L;                                     //尾结点 next 域指向头结点
}

/ * 初始化单向循环链表 * /
void InitList(LinkList  * &L)
{
    L = (LinkList  * )malloc(sizeof(LinkList));       //创建头结点
    L-> next = L;
}

/ * 销毁单向循环链表 * /
void DestroyList(LinkList  * &L)
{
    LinkList  * p = L, * q = p-> next;
    while (q! = L)
    {
        free(p);
        p = q;
        q = p-> next;
    }
    free(p);
}

/ * 判断单向循环链表是否为空 * /
int ListEmpty(LinkList  * L)
{
    return(L-> next == L);
}

/ * 求单循环链表长度 * /
```

```
int ListLength(LinkList *L)
{
    LinkList *p = L; int i = 0;
    while (p-> next! = L)
    {
        i ++ ;
        p = p-> next;
    }
    return(i);
}
```

```
/ * 显示单向循环链表 * /
void DispList(LinkList *L)
{
    LinkList *p = L-> next;
    while (p! = L)
    {
        printf(" %c ",p-> data);
        p = p-> next;
    }
    printf("\n");
}
```

```
/ * 获得单向循环链表元素 * /
int GetElem(LinkList *L, int i, ElemType &e)
{
    int j = 0;
    LinkList *p;
    if (L-> next! = L)                          //单链表不为空表时
    {
        if (i == 1)
        {
            e = L-> next-> data;
            return 1;
        }
        else                                     //i 不为 1 时
        {
            p = L-> next;
            while (j < i - 1 && p! = L)
            {
                j ++ ;
                p = p-> next;
            }
        if (p == L)
            return 0;
        else
        {
            e = p-> data;
            return 1;
        }
```

```
        }
    }
    else                                                //单链表为空表时
        return 0;
}

/ * 定位单向循环链表元素 * /
int LocateElem(LinkList * L,ElemType e)
{
    LinkList * p = L-> next;
    int n = 1;
    while (p! = L && p-> data! = e)
    {
        p = p-> next;
        n++ ;
    }
    if (p == L)
        return(0);
    else
        return(n);
}

/ * 单向循环链表的插入 * /
int ListInsert(LinkList * &L,int i,ElemType e)
{
    int j = 0;
    LinkList * p = L, * s;
    if (p-> next == L || i == 1)                        //原单链表为空表或 i == 1 时
    {
        s = (LinkList * )malloc(sizeof(LinkList));      //创建新结点 * s
        s-> data = e;
        s-> next = p-> next;                            //将 * s 插入到 * p 之后
        p-> next = s;
        return 1;
    }
    else
    {
        p = L-> next;
        while (j < i - 2 && p! = L)
        {
            j++ ;
            p = p-> next;
        }
    if (p == L)                                         //未找到第 i - 1 个结点
        return 0;
    else                                                //找到第 i - 1 个结点 * p
    {
        s = (LinkList * )malloc(sizeof(LinkList));      //创建新结点 * s
        s-> data = e;
        s-> next = p-> next;                            //将 * s 插入到 * p 之后
```

```
            p-> next = s;
            return 1;
        }
    }
}

/ * 单向循环链表的删除 * /
int ListDelete(LinkList * &L, int i, ElemType &e)
{
    int j = 0;
    LinkList * p = L, * q;
    if (p-> next! = L)                                  //原单链表不为空表时
    {
        if (i == 1)//i == 1 时
        {
            q = L-> next;                               //删除第 1 个结点
            e = q-> data;
            L-> next = q-> next;
            free(q);
            return 1;
        }
        else//i 不为 1 时
        {
            p = L-> next;
            while (j < i - 2 && p! = L)
            {
                j++ ;
                p = p-> next;
            }
            if (p == L)                                 //未找到第 i - 1 个结点
                return 0;
            else                                        //找到第 i - 1 个结点 * p
            {
                q = p-> next;                           //q 指向要删除的结点
                e = q-> data;
                p-> next = q-> next;                    //从单链表中删除 * q 结点
                free(q);                                //释放 * q 结点
                return 1;
            }
        }
    }
    else return 0;
}
```

三、双链表

实训题目：双链表各算法综合实训。

实训目的：建立一个双链表，实现其基本操作。

实训内容：代码编写。

```
#include <stdio.h>
#include <malloc.h>
typedef char ElemType;
typedef struct DNode                                        //定义双链表结点类型
{
    ElemType data;
    struct DNode *prior;                                    //指向前驱结点
    struct DNode *next;                                     //指向后继结点
}DLinkList;

/*头插法建立双链表*/
void CreateListF(DLinkList *&L,ElemType a[ ],int n)
{
    DLinkList *s;int i;
    L=(DLinkList *)malloc(sizeof(DLinkList));               //创建头结点
    L->prior=L->next=NULL;
    for (i=0;i<n;i++)
    {
        s=(DLinkList *)malloc(sizeof(DLinkList));           //创建新结点
        s->data=a[i];
        s->next=L->next;         //将*s插在原开始结点之前,头结点之后
        if (L->next!=NULL)
            L->next->prior=s;
            L->next=s;s->prior=L;
    }
}

void CreateListR(DLinkList *&L,ElemType a[ ],int n)
//尾插法建立双链表
{
    DLinkList *s,*r;int i;
    L=(DLinkList *)malloc(sizeof(DLinkList));               //创建头结点
    L->prior=L->next=NULL;
    r=L;                              //r始终指向终端结点,开始时指向头结点
    for (i=0;i<n;i++)
    {
        s=(DLinkList *)malloc(sizeof(DLinkList));           //创建新结点
        s->data=a[i];
        r->next=s;
        s->prior=r;                                         //将*s插入*r之后
        r=s;
    }
    r->next=NULL;                                           //终端结点next域置为NULL
}

/*双链表的初始化*/
void InitList(DLinkList *&L)
{
    L=(DLinkList *)malloc(sizeof(DLinkList));               //创建头结点
    L->prior=L->next=NULL;
```

```
}

/*销毁双链表*/
void DestroyList(DLinkList *&L)
{
    DLinkList *p=L, *q=p->next;
    while (q!=NULL)
    {
        free(p);
        p=q;
        q=p->next;
    }
    free(p);
}

/*判断双链表是否为空*/
int ListEmpty(DLinkList *L)
{
    return(L->next==NULL);
}

/*求双链表的长度*/
int ListLength(DLinkList *L)
{
    DLinkList *p=L;int i=0;
    while (p->next!=NULL)
    {
        i++;
        p=p->next;
    }
    return(i);
}

/*显示双链表*/
void DispList(DLinkList *L)
{
    DLinkList *p=L->next;
    while (p!=NULL)
    {
        printf("%c ",p->data);
        p=p->next;
    }
    printf("\n");
}

/*获得双链表元素*/
int GetElem(DLinkList *L,int i,ElemType &e)
{
    int j=0;
    DLinkList *p=L;
```

```
    while (j < i && p! = NULL)
    {
        j ++ ;
        p = p-> next;
    }
    if (p == NULL)
        return 0;
    else
    {
        e = p-> data;
        return 1;
    }
}

/ * 定位双链表元素 * /
int LocateElem(DLinkList * L, ElemType e)
{
    int n = 1;
    DLinkList * p = L-> next;
    while (p! = NULL && p-> data! = e)
    {
        n ++ ;
        p = p-> next;
    }
    if (p == NULL)
        return(0);
    else
        return(n);
}

/ * 双链表的插入 * /
int ListInsert(DLinkList * &L, int i, ElemType e)
{
    int j = 0;
    DLinkList * p = L, * s;
    while (j < i - 1 && p! = NULL)
    {
        j ++ ;
        p = p-> next;
    }
    if (p == NULL)   //未找到第 i - 1 个结点
        return 0;
    else             //找到第 i - 1 个结点 * p
    {
        s = (DLinkList * )malloc(sizeof(DLinkList));      //创建新结点 * s
        s-> data = e;
        s-> next = p-> next;                               //将 * s 插入到 * p 之后
        if (p-> next! = NULL) p-> next-> prior = s;
        s-> prior = p;
        p-> next = s;
```

```
            return 1;
        }
}
```

```
/*双链表的删除*/
int ListDelete(DLinkList *&L, int i, ElemType &e)
{
    int j = 0;
    DLinkList *p = L, *q;
    while (j < i - 1 && p != NULL)
    {
        j++;
        p = p->next;
    }
    if (p == NULL)                          //未找到第 i-1 个结点
        return 0;
    else                                    //找到第 i-1 个结点 *p
    {
        q = p->next;                        //q 指向要删除的结点
        if (q == NULL) return 0;            //不存在第 i 个结点
        e = q->data;
        p->next = q->next;                  //从单链表中删除 *q 结点
        if (p->next != NULL)
            p->next->prior = p;
        free(q);                            //释放 *q 结点
        return 1;
    }
}
```

四、双向循环链表

实训题目：双向循环链表各算法综合实训。

实训目的：建立一个双向循环链表，实现其基本操作。

实训内容：代码编写。

```
//双向循环链表的基本运算函数
#include <stdio.h>
#include <malloc.h>
typedef char ElemType;
typedef struct DNode                        //定义双链表结点类型
{
    ElemType data;
    struct DNode *prior;                    //指向前驱结点
    struct DNode *next;                     //指向后继结点
}DLinkList;

/*头插法建立双向循环链表*/
void CreateListF(DLinkList *&L, ElemType a[ ], int n)
{
    DLinkList *s; int i;
```

```
    L = (DLinkList * )malloc(sizeof(DLinkList));          //创建头结点
    L-> next = NULL;
    for (i = 0;i < n;i ++ )
    {
        s = (DLinkList * )malloc(sizeof(DLinkList));      //创建新结点
        s-> data = a[i];
        s-> next = L-> next;          //将 * s 插在原开始结点之前,头结点之后
        if (L-> next! = NULL)
            L-> next-> prior = s;
        L-> next = s;s-> prior = L;
    }
    s = L-> next;
    while (s-> next! = NULL)          //查找尾结点,由 s 指向它
        s = s-> next;
    s-> next = L;                     //尾结点 next 域指向头结点
    L-> prior = s;                    //头结点的 prior 域指向尾结点
}

/ * 尾插法建立双向循环链表 * /
void CreateListR(DLinkList * &L,ElemType a[ ],int n)
{
    DLinkList * s, * r;int i;
    L = (DLinkList * )malloc(sizeof(DLinkList));          //创建头结点
    L-> next = NULL;
    r = L;                            //r 始终指向尾结点,开始时指向头结点
    for (i = 0;i < n;i ++ )
    {
        s = (DLinkList * )malloc(sizeof(DLinkList));      //创建新结点
        s-> data = a[i];
        r-> next = s;
        s-> prior = r;                //将 * s 插入 * r 之后
        r = s;
    }
    r-> next = L;                     //尾结点 next 域指向头结点
    L-> prior = r;                    //头结点的 prior 域指向尾结点
}

/ * 初始化双向循环链表 * /
void InitList(DLinkList * &L)
{
    L = (DLinkList * )malloc(sizeof(DLinkList));          //创建头结点
    L-> prior = L-> next = L;
}

/ * 销毁双向循环链表 * /
void DestroyList(DLinkList * &L)
{
    DLinkList * p = L, * q = p-> next;
    while (q! = L)
    {
```

```
        free(p);
        p = q;
        q = p-> next;
    }
    free(p);
}

/ * 判断双向循环链表是否为空 * /
int ListEmpty(DLinkList  * L)
{
    return(L-> next == L);
}

/ * 求双向循环链表的长度 * /
int ListLength(DLinkList  * L)
{
    DLinkList  * p = L; int i = 0;
    while (p-> next! = L)
    {
        i ++ ;
        p = p-> next;
    }
    return(i);
}

/ * 显示双向循环链表 * /
void DispList(DLinkList  * L)
{
    DLinkList  * p = L-> next;
    while (p! = L)
    {
        printf(" %c ",p-> data);
        p = p-> next;
    }
    printf("\n");
}

/ * 获得双向循环链表元素 * /
int GetElem(DLinkList  * L, int i, ElemType &e)
{
    int j = 0;
    DLinkList  * p;
    if (L-> next! = L)              //双链表不为空表时
    {
        if (i == 1)
        {
            e = L-> next-> data;
            return 1;
        }
        else          //i 不为 1 时
```

```
        {
            p = L-> next;
            while (j < i - 1 && p! = L)
            {
                j ++ ;
                p = p-> next;
            }
            if (p == L)
                return 0;
            else
            {
                e = p-> data;
                return 1;
            }
        }
    }
    else//双链表为空表时
        return 0;
}

/ * 定位双向循环链表元素 * /
int LocateElem(DLinkList * L, ElemType e)
{
    int n = 1;
    DLinkList * p = L-> next;
    while (p! = NULL && p-> data! = e)
    {
        n ++ ;
        p = p-> next;
    }
    if (p == NULL)
        return(0);
    else
        return(n);
}

/ * 双向循环链表插入元素 * /
int ListInsert(DLinkList * &L, int i, ElemType e)
{
    int j = 0;
    DLinkList * p = L, * s;
    if (p-> next == L)                  //原双链表为空表时
    {
        s = (DLinkList * )malloc(sizeof(DLinkList));//创建新结点 * s
        s-> data = e;
        p-> next = s;s-> next = p;
        p-> prior = s;s-> prior = p;
        return 1;
    }
    else if (i == 1)                    //原双链表不为空表但 i = 1 时
```

```
    {
        s = (DLinkList  * )malloc(sizeof(DLinkList));//创建新结点 * s
        s-> data = e;
        s-> next = p-> next;p-> next = s;              //将 * s 插入到 * p 之后
        s-> next-> prior = s;
        s-> prior = p;
        return 1;
    }
    else
    {
        p = L-> next;
        while (j < i - 2 && p! = L)
        {
            j ++ ;
            p = p-> next;
        }
        if (p == L)                                   //未找到第 i - 1 个结点
            return 0;
        else                                          //找到第 i - 1 个结点 * p
        {
            s = (DLinkList  * )malloc(sizeof(DLinkList));//创建新结点 * s
            s-> data = e;
            s-> next = p-> next;                      //将 * s 插入到 * p 之后
            if (p-> next! = NULL)
                p-> next-> prior = s;
            s-> prior = p;
            p-> next = s;
            return 1;
        }
    }
}

/ * 双向循环链表的删除 * /
int ListDelete(DLinkList  * &L, int i, ElemType &e)
{
    int j = 0;
    DLinkList  * p = L, * q;
    if (p-> next! = L                                 //原双链表不为空表时
    {
        if (i == 1)                                   //i == 1 时
        {
            q = L-> next;                             //删除第 1 个结点
            e = q-> data;
            L-> next = q-> next;
            q-> next-> prior = L;
            free(q);
            return 1;
        }
        else                                          //i 不为 1 时
        {
```

```
            p = L-> next;
            while (j < i - 2 && p! = NULL)
            {
                j++;
                p = p-> next;
            }
            if (p == NULL)                          //未找到第 i-1 个结点
                return 0;
            else                                    //找到第 i-1 个结点 * p
            {
                q = p-> next;                       //q 指向要删除的结点
                if (q == NULL) return 0;            //不存在第 i 个结点
                e = q-> data;
                p-> next = q-> next;                //从单链表中删除 * q 结点
                if (p-> next! = NULL)
                        p-> next-> prior = p;
            free(q);                                //释放 * q 结点
            return 1;
            }
        }
    }
    else return 0;                                  //原双链表为空表时
}
```

专项练习 2

一、基本题

1. 填空题

(1) 单链表的结点空间包括两部分，即________域和________域。

(2) 带头结点的单链表 L 为空的条件是________。

(3) 单链表的________和________操作大多数情况下要优于顺序表。

(4) 在长度为 n 的顺序表中删除第 i 个元素时，假设 i 值合法，需向前移动________个元素。

(5) 在线性表的顺序存储中，若一个元素的下标为 i，则它的前驱元素的下标为________，后继元素的下标为________。

2. 选择题

(1) 与线性表的链接存储相符的特性是(　　)。

A. 插入和删除操作灵活　　　　B. 需要连续的存储空间

C. 便于随机访问　　　　　　　D. 存储密度大

(2) 在单向循环链表中，若头指针为 h，那么 p 所指结点为尾结点的条件是(　　)。

A. p=NULL　　　　　　B. p→next=NULL

C. p=h　　　　　　　　D. p→next=h

(3) 与线性表的链接存储不相符的特性是(　　)。

A. 插入和删除操作灵活　　　　B. 需要连续的存储空间

C. 存储空间动态分配　　　　　D. 需另外开辟空间来保存元素间的关系

(4) 以 h 为头指针的带头结点的单向循环链表为空的条件是(　　)。

A. h=NULL　　B. h→next=NULL

C. h→next=h　　D. h→next→next=h

(5) 与线性表的链式存储不相符的特性是(　　)。

A. 插入和删除操作灵活　　B. 需要连续的存储空间

C. 存储空间动态分配　　D. 非紧凑结构

(6) 链表不具备的特点是(　　)。

A. 可随机访问任一结点　　B. 插入、删除不需要移动元素

C. 不必事先估计存储空间　　D. 所需空间与其长度成正比

(7) 带头结点的单链表 head 为空的判定条件是(　　)。

A. head == NULL　　B. head-> next==NULL

C. head-> next == head　　D. head! =NULL

(8) 需要分配较大空间，插入和删除不需要移动元素的线性表，其存储结构为(　　)。

A. 单链表　　B. 静态链表

C. 线性链表　　D. 顺序存储结构

(9) 如果最常用的操作是取第 i 个结点及其前驱，则采用(　　)存储方式最节省时间。

A. 单链表　　B. 双链表

C. 单向循环链表　　D. 顺序表

(10) 在一个具有 n 个结点的有序单链表中插入一个新结点并仍然保持有序的时间复杂度是(　　)。

A. $O(1)$　　B. $O(n)$　　C. $O(n^2)$　　D. $O(n\log_2 n)$

(11) 与单链表相比，双链表的优点之一是(　　)。

A. 插入、删除操作更简单　　B. 可以进行随机访问

C. 可以省略表头指针或表尾指针　　D. 顺序访问相邻结点更灵活

(12) 一维数组和线性表的区别是(　　)。

A. 前者长度固定，后者长度可变　　B. 后者长度固定，前者长度可变

C. 两者长度均固定　　D. 两者长度均可变

3. 程序填空题

(1) 以下算法可实现在顺序表的第 i 个位置插入元素 e，请将程序补充完整。

```
int ListInsert(SqList * &L, int i, ElemType e)
{
int j;
if (i<1 || i>L->length+1)
    return 0;
i--;                          //将顺序表位序转化为 elem 下标
for (j=L->length-1; j>i; j--) //将 data[i]及后面元素后移一个位置
    L->data[____] = L->data[____];
L->data[____] = e;
L->length ________;           //顺序表长度增 1
return 1;
}
```

(2) 以下算法是用头插法建立长度为 n，元素值由数组 a 赋值的带头结点的单链表，请

将程序补充完整。

```
void CreateListF(LinkList *&L,ElemType a[ ],int n)
//头插法建立单链表
{
LinkList *s;
int i;
L=(LinkList *)malloc(sizeof(LinkList));      //创建头结点
L->next=NULL;
for (i=0;i<          ;i++)
{
    s=(LinkList *)malloc(sizeof(LinkList)); //创建新结点
    s->data=a[i];
    _________________;                       //将*s插在原开始结点之前,头结点之后
    _________________;
}
}
```

(3) 以下代码可实现在单链表L的第i个位置插入元素e，请将程序补充完整。

```
int ListInsert(LinkList *&L,int i,ElemType e)
{
int j=0;
LinkList *p=L,*s;
while (j<i-1 && p!=NULL)                     //查找第i-1个结点
{_________________;
 _________________;
}
if (p==NULL)                                 //未找到位序为i-1的结点
    return 0;
else                                         //找到位序为i-1的结点*p
{   s=(LinkList *)malloc(sizeof(LinkList));//创建新结点*s
    s->data=e;
    _________________;                       //将*s插入到*p之后
    _________________;
    return 1;
}
}
```

二、国家计算机等级考试试题

（本章内容在国家计算机二级考试中基本不涉及）

三、专升本试题

1. 填空题

(1) 在单链表中，删除指针p所指结点的后继结点的语句是：________。

(2) 线性表中______________________________称为表的长度。

(3) 设长度为n的线性表顺序存储，若在它的第i−1和第i个元素之间插入一个元素，共需移动 ________个元素。

2. 选择题

(1) 若线性表最常用的操作是存取第i个元素及其前驱元素的值，则采用(　　)存储方

式最节省运算时间。

A. 单链表　　B. 双链表　　C. 单向循环链表　　D. 顺序表

(2) 若对某线性表最常进行的操作是在最后一个元素之后插入和删除第一个元素，则采用(　　)存储方式最节省运算时间。

A. 单链表　　B. 双链表

C. 仅有头指针的单向循环链表　　D. 仅有尾指针的单向循环链表

(3) 在一个单链表 HL 中，若要在当前由指针 p 指向的结点后面插入一个由 q 指向的结点，则执行如下(　　)语句序列。

A. p=q; p->next=q;　　B. p->next=q; q->next=p;

C. p->next=q->next; p=q;　　D. q->next=p->next; p->next=q;

(4) 链表不具有的特点是(　　)。

A. 插入、删除不需要移动元素　　B. 可随机访问任一元素

C. 不必事先估计存储空间　　D. 所需空间与线性长度成正比

(5) 对于顺序存储的线性表，访问结点和增加、删除结点的时间复杂度为(　　)。

A. O(n)、O(n)　　B. O(n)、O(1)　　C. O(1)、O(n)　　D. O(1)、O(1)

3. 程序填空题

向单链表的末尾添加一个元素的算法：

```
Void InsertRear(LNode * & HL, const ElemType & item)
{
LNode *  newptr;
newptr = new LNode;
if (____________________)
{
Printf("Memory allocation failare!");
exit(1);
}
____________________ = item;
newptr-> next = NULL;
if (HL == NULL)
HL = ____________________;
else{
LNode  *  P = HL;
While (P-> next! = NULL)
  ____________________;
p-> next = newptr;
} }
```

4. 编写程序算法

(1) 编写从类型为 List 的线性表 L 中将第 i 个元素删除的算法（假定不需要对 i 的值进行有效性检查，也不用判断 L 是否为空表）。

```
void Delete(List& L, int i)
```

(2) HL 为单链表的表头指针，试写出在该单链表中查找具有给定的元素 item 的算法。

```
bool Find(LNode * HL, ElemType &item)
```

第3章 栈和队列

教学重点

- 基本概念：栈、顺序存储、链式存储、置空栈、取栈顶元素、入栈、出栈、链栈、链队列；
- 栈的顺序存储和链式存储；
- 队列的顺序存储和链式存储。

栈（Stack）和队列（Queue）是两类特殊的线性表，其逻辑结构仍然是线性结构，但栈和队列是运算受限的线性表。栈和队列结构被广泛用于各种程序设计中。

本章讨论栈和队列的定义、运算及其实现等。

3.1 栈的定义及基本运算

任一表达式都可看成是由操作数、运算符和界限符组成的一个串。其中，操作数可以是常数也可以是变量或常量的标识符，运算符可以是算术运算符、关系运算符和逻辑运算符等，界限符包括左右括号和表达式结束符等，例如表达式 7+4*(8-3)。计算机要完成表达式的求值，必须正确地解释表达式，将其翻译成正确的机器指令序列。要了解计算机的求值过程，必须先研究栈的性质。

栈是限定只能在表尾进行插入和删除的线性表，并将表尾称为栈顶，表头称为栈底。图3.1给出了非空栈 s=(A，B，C，D) 的示意图。

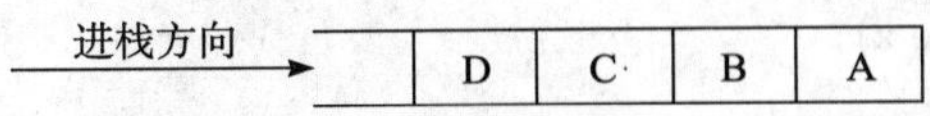

图3.1 栈s的示意图

由于限定只能在栈顶进行操作，所以栈中元素必须按 A，B，C，D 次序进栈，按 D，C，B，A 次序出栈，即按“后进先出”（或“先进后出”）的原则进行操作。这一特点可用生活中的实例形象地说明，例如每次只能容一个人进出的死胡同就相当一个栈，胡同口相当于栈顶，而胡同的另一端则为栈底。

栈的基本运算如下：

(1) 判断栈是否为空 Empty(s)。若栈为空则返回“真”，否则返回“假”。

(2) 入栈操作（压栈）Push(s，x)。将新元素压入栈中，使其成为栈顶元素。

（3）出栈操作（弹栈）Pop(s，x)。若栈不为空则返回栈顶元素，并从栈中删除栈顶元素，否则返回 NULL。

（4）取栈顶元素 Gettop(s，x)。若栈不为空则返回栈顶元素，否则返回 NULL。

（5）置空栈 Clear(s)。将当前栈设定为空栈。

（6）求元素个数 CurrenSize(s)。求当前栈中元素的个数。

3.2 顺序栈的存储结构及算法实现

3.2.1 顺序栈

顺序栈利用一组连续的存储单元存放从栈底到栈顶的诸元素，同时用一指针 top 指示当前栈顶元素的位置，C 语言中用一维数组来描述。

```
#define maxsize N
typedef struct
{
    Datatype data[maxsize+1];
    int top;
}Stack;
```

栈中元素和栈顶指针之间的关系如图 3.2 所示。

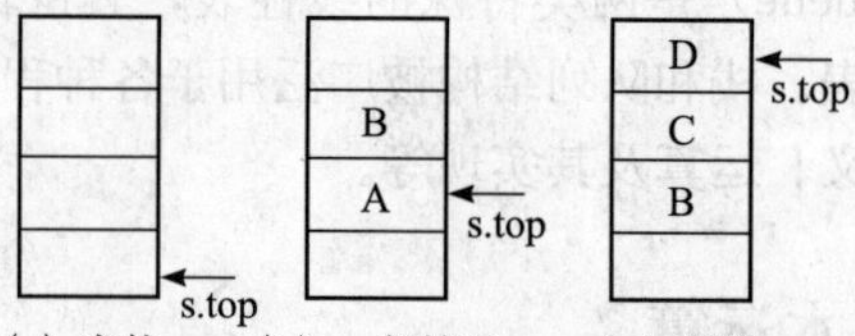

（a）空栈　（b）一般情况　（c）满栈

图 3.2　栈中元素和栈顶指针之间的关系

3.2.2 顺序栈的基本运算实现

判断栈是否为空，置空栈，求元素个数的算法容易实现，只要判断或改变 s.top 的值即可。下面仅给出进栈、出栈、取栈顶元素等函数的算法实现。

1. 入栈操作

顺序栈的入栈操作可表示为：

```
int Push(Stack s, Datatype x);
```

其中，参数 s 表示指定的栈，其类型为顺序栈类型 Stack，参数 x 表示入栈的元素，其类型为元素类型 Datatype。

操作的功能为，在指定的栈 s 中插入元素 x，并使 x 成为栈顶。若栈不满，则从栈顶插入 x 并返回函数值 1，否则栈的状态不变且返回函数值 0。

程序如下：

```
/*算法描述*/
int Push(Stack s, Datatype x)
{
    if (s.top==maxsize)
```

```
    {
        printf("overflow\n");
        return(0);
    }
S.data[ ++s.top] = x;
return(1);
}
```

2. 出栈操作

顺序栈的出栈操作可表示为：

```
int Pop(Stack s, Datatype x);
```

其中参数 s 表示指定的栈，其类型为顺序栈类型 Stack，该操作是一个函数，其返回值表示从栈中取出的元素。

操作的功能为，若指定的栈 s 非空，则从 s 中取出栈顶元素并返回该元素，否则返回空元素 NULL。

处理过程为，判断栈是否为空栈。若为空栈，则返回空元素 NULL；否则，栈顶指针减 1，并返回原栈顶元素。

程序如下：

```
/*算法描述*/
int Pop(Stack s, Datatype x)
{
if(s.top == 0)
{
    printf("nudertflow\n");
    return(0)
};
x = s.data[s.top];
s.top--;
return(1);
}
```

3. 取栈顶操作

顺序栈的取栈顶操作可表示为：

```
int Gettop(Stack s, Datatype x);
```

其中，参数 s 表示指定的栈，其类型为顺序栈类型 Stack，该操作是一个函数，其返回值表示从栈中取出的元素。

操作的功能为，若指定的栈 s 非空，则返回栈顶元素，否则返回空元素 NULL。

处理过程为，判断栈是否为空栈。若为空栈，则返回 NULL；否则，返回栈顶元素。

程序如下：

```
/*算法描述*/
int Gettop(Stack s, Datatype x)
{
    if(s.top == 0)
    {
```

```
            printf("nodata\N");
            return(0);
    }
    x = s. data[top];
    return(1);
    }
```

3.3 栈的链表存储结构

3.3.1 栈的定义

栈可以用单链表作为存储结构，链表的结点结构描述如下：

```
typedef char ElemType;
typedef struct Lsnode
{
    ElemType data;
struct Lsnode * next;
} Lsnode; //结点的类型标识符
Lsnode * top;
```

这里的栈顶指针 top 是用于存放结点首地址的指针类型的变量。

图 3.3 展示了单链表栈的数据元素与栈顶指针 top 的关系。图 3.3（a）是含有 3 个数据元素 A，B，C 的栈，A 是栈底元素，指针型变量 top 指向栈顶元素 C 上边的头结点；图 3.3（b）是在（a）图的基础上出栈一个元素后的状态；图 3.3（c）是在（b）图的基础上又进栈一个元素 x 后的状态。需要说明的是，一个链表栈由栈顶指针 top 唯一确定。当 top->next 为 NULL 时是一个空栈。

如图 3.3 所示，每当进栈或出栈时栈顶指针 top 都要发生变化。由于 top 本身就是动态指针类型：Lsnode * top，因而如果要使进栈函数返回变化后的栈顶指针，应写成两级指针：void Push(Lsnode ** top)，这样会使函数变得复杂难懂。解决问题的办法是模仿单链表，设置一个头结点不存放数据，即使是一个空栈，该头结点也仍然存在。

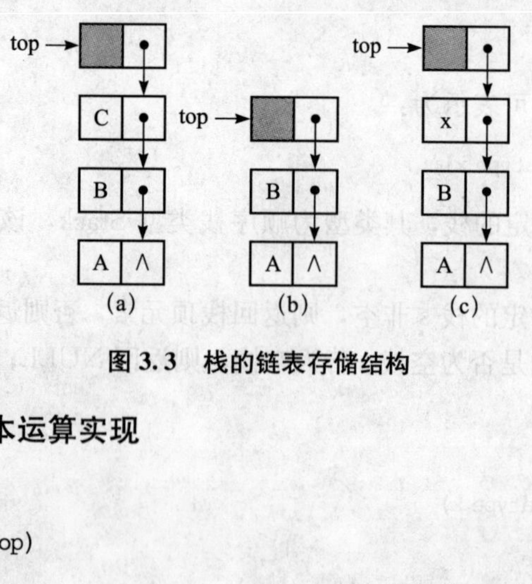

图 3.3 栈的链表存储结构

3.3.2 顺序栈的基本运算实现

1. 初始化空栈

```
void IniStack(Lsnode * top)
{
```

```
    top-> next = NULL;
}
```

调用此函数之前，在主函数中（例如 main( )）说明一个指针变量后，先为它申请分配一个结点，然后调用初始化函数。例如：

```
void main ( )
{
      Lsnode * top1;
      top1 = (Lsnode * )malloc(sizeof(Lsnode)); //这很重要
      IniStack(top1);
}
```

2. 入栈操作

链栈入栈操作的含义是：将一个元素压入指定的链栈中。该操作应设置两个参数，即在参数中指定一个链栈及入栈的元素。假设指定链栈 top，入栈元素 x 的类型为 ElemType，入栈操作取名为 push，则该操作可表示为：

```
viod Push(Lsnode * top,ElemType x)
```

操作的功能为在 top 指向的链栈中插入元素 x，使 x 成为栈顶元素。

处理过程为：

(1) 生成一个新的结点，并令其元素值为 x。

(2) 将该结点从栈顶插入到链栈中。

程序如下：

```
viod Push(Lsnode * top,ElemType x)
{
    p = (Lsnode * )malloc(sizeof(Lsnode));
    p-> data = x;
    p-> next = top. next;
    top-> next = p;
  } //Push
```

3. 出栈操作

链栈出栈操作的含义是：从链栈中弹出栈顶结点并返回该结点中的元素值。对该操作应设置一个参数，即在参数中指定一个链栈。假设指定链栈 top，出栈操作取名为 pop，则该操作可表示为：

```
ElemType Pop(Lsnode * top)
```

操作的功能为从 top 指向的链栈中弹出栈顶结点并返回该结点中的元素值。

处理过程为：

(1) 判断链栈是否为空。若为空栈，则返回空元素 NULL。

(2) 保存栈顶结点的元素值 x，并修改栈顶指针使之指向其后继。

程序如下：

```
ElemType Pop(Lsnode * top)
{
    if(top-> next! = NULL)
```

```
    {
        p = top-> next;
        top-> next = p-> next;
        x = p-> data;
        free(p);
        return x;
    }
    else
    {
        printf("Stack null! \n");
        return '#';
     }
}
```

3.4 应用实例的实现

3.4.1 表达式中括号配对的合法性检查

在编译程序对源程序的处理过程中，常遇到括号配对的合法性检查问题。例如，在算术表达式中允许出现圆括号( )以表示表达式中运算的优先顺序，允许出现方括号 [ ] 以表示数组的下标，有些语言还允许出现花括号 { } 以表示程序中的注释，但这些括号都必须配对使用。

对于一个输入字符串，应检查其括号的使用是否合法。在输入字符串中允许出现圆括号、方括号及花括号。在解决此类问题的算法中，要使用一个栈，算法的基本思想如下：

对输入表达式进行扫描，当遇到左括号时，左括号入栈；当遇到右括号时，首先从栈顶弹出一个元素，再比较弹出元素是否与右括号匹配，如果两者匹配，则扫描继续，否则返回出错信息并结束处理。当表达式全部扫描完时，如果栈为空，说明括号配对正确返回正常信息，反之说明括号配对有误，返回出错信息。

在具体实现时为了适应算法，要在输入表达式的两端加上特殊符号“#”，“#”作为表达式的第一个符号首先进栈，当遇到表达式结束的“#”时，如果栈顶元素也是“#”，则正常返回，否则返回出错信息。

3.4.2 表达式求值

对表达式进行处理是程序设计语言编译中的一个基本问题。要把一个表达式翻译成正确求值的机器指令序列，或者直接对表达式求值，首先要能够正确解释表达式。例如，要对下面的算术表达式求值：

(5－3)＊6＋10/2

首先要了解算术四则运算的规则，即：

(1) 先乘除，后加减；

(2) 同一个优先级，从左算到右；

(3) 先括号内，后括号外。

由此，这个算术表达式的计算顺序应为：

(5－3)＊6＋10/2＝2＊6＋10/2＝12＋10/2＝12＋5＝17

任何一个表达式都是由操作数（Operand）、运算符（Operator）和界限符（Delimiter）

组成的。我们把运算符和界限符统称为算符，它们构成的集合命名为 OP。根据上述三条运算规则，在运算的每一步中，任意两个相继出现的算符 θ_1 和 θ_2 之间的优先关系至多是下面三种关系之一：

$\theta_1 < \theta_2$，θ_1 的优先权低于 θ_2；

$\theta_1 = \theta_2$，θ_1 的优先权等于 θ_2；

$\theta_1 > \theta_2$，θ_1 的优先权高于 θ_2。

算符之间的优先关系列于表 3.1 中。

表 3.1　　算符之间的优先关系

θ_1 \ θ_2	+	−	*	/	(	)	#
+	>	>	<	<	<	>	>
−	>	>	<	<	<	>	>
*	>	>	>	>	<	>	>
/	>	>	>	>	<	>	>
(	<	<	<	<	<	=	
)	>	>	>	>		>	>
#	<	<	<	<	<		=

由规则（3），可得+、−、*和/为 θ_1 时的优先性均低于“(”但高于“)”；

由规则（2），$\theta_1 = \theta_2$ 时，令 $\theta_1 > \theta_2$，即左边的 θ_1 优先于右边的 θ_2。

假设“#”是表达式的结束符，为了算法简洁，在表达式的最左边也虚设一个“#”构成整个表达式的一对括号。表中的“(”等于“)”表示当左右括号相遇时，括号内的运算已经完成。同理“#”等于“#”表示整个表达式求值完毕。“)”与“(”、“#”与“)”以及“(”与“#”之间无优先关系，这是因为表达式中不允许它们相继出现，一旦遇到这种情况，则可以认为出现了语法错误。

为了求解表达式，可以使用两个工作栈，一个称作 OPTR，用以存放运算符；另一个称作 OPND，用以存放操作数或运算结果。算法的基本思想是：

(1) 首先置操作数栈 OPND 为空，表达式起始符“#”为运算符栈 OPTR 的栈底元素，也是第 1 个元素。

(2) 依次读入表达式中的每一个字符，若是操作数则进 OPND 栈；若是运算符，则与 OPTR 的栈顶运算符比较优先权后做相应的操作，直至整个表达式求值完毕（即 OPTR 栈的栈顶元素和当前读入的字符均为“#”）。可用算法描述该求值过程。

算法如下：

```
OperandType EvaluateExpression ( )
{
    /* 求解算术表达式,OP 为运算符集合 */
    InitStack(OPTR);
    Push(OPTR, '#');
    InitStack(OPND);
    c = getchar ( );
    while (c! = '#'|| GetTop(OPTR)! = '#')
```

```
        if (!In(c,OP))
        {
            Push(OPND,c);
            c = getchar ( );
        }
        else
        switch (Precede(GetTop(OPTR),c)     /* 比较栈顶元素和当前运算符 */
        {
            case '<':Push(OPTR,c);
            c = getchar ( );
            break; /* 栈顶优先权低 */
            case '=':Pop(OPTR,x);
            c = getchar ( );
            break;
                                            /* 脱括号并接收下一个字符 */
            case '>':Pop(OPTR,theta);       /* 栈顶优先权高 */
            Pop(OPND,b);
            Pop(OPND,a);
            Push(OPND,Operate(a,theta,b));
            break; /* 退栈两个数据、计算并将运算结果入栈 OPND */
      }/* switch */
      return(GetTop(OPND));/* 返回操作数栈的数据,就是结果 */
    } /* EvaluteExpression */
```

上述算法中还调用了两个函数。其中 Precede 是判定运算符栈的栈顶运算符 θ_1 与读入的运算符 θ_2 之间的优先关系的函数；设 θ 为二元运算符，Operate 为进行二元运算 $a\theta b$ 的函数。利用算法 EvaluteExpression 对算术表达式 3＊(7－2) 求值，操作过程如表 3.2 所示。

表 3.2　　算术表达式求值操作示例

步骤	OPTR 栈	OPND 栈	输入字符	主要操作
1	＃		3＊(7－2)＃	Push(OPND,'3')
2	＃	3	＊(7－2)＃	Push(OPTR,'＊')
3	＃＊	3	(7－2)＃	Push(OPTR,'(')
4	＃＊(	3	7－2)＃	Push(OPND,'7')
5	＃＊(	3 7	－2)＃	Push(OPTR,'－')
6	＃＊(－	3 7	2)＃	Push(OPND,'2')
7	＃＊(－	3 7 2	)＃	Operate('7','－','2')
8	＃＊(	3 5	)＃	Pop(OPTR){消去一对括号}
9	＃＊	3 5	＃	Operate('3','＊','5')
10	＃	15	＃	return(GetTop(OPND))

3.4.3　递归调用

一个子程序可以直接或间接地调用自身。在层层递归调用时，其返回地址和处在每一调用层的数据都需一一记下进栈；返回时它们一一出栈并被调用。这里所谓栈是指运行递归程序时，系统自动地在内部分配使用的栈，而不是由用户在程序代码中显示使用的栈。

1. 求 n! 的递归方法

现以求阶乘的递归方法为例分析栈在递归中的应用，这样可以加深对递归调用的理解，提高运用递归方法进行程序设计的能力。求 n! 的递归方法的思路是：

$$n! = \begin{cases} 1 & (n=0,1) \\ n*(n-1) & n>1 \end{cases}$$

算法如下：

```
float fac(int n)
{
    float p;
    if ((n == 0) || (n == 1) )
        p = 1;
    else
        p = n * fac(n - 1);
    return p;
}
/* 在主函数中调用 fac ( ) */
void main ( )
{
    float s;
    s = fac(5);
    printf("\n %f",s);
}
```

在上述程序中可理解为求 n! 用 fac(n) 来表示，那么求（n−1)! 就可以用 fac(n−1) 来表示。图 3.4 展示了递归调用中的执行情况。从图 3.4 中可以看到 fac 函数共被调用 5 次，即 fac(5)、fac(4)、fac(3)、fac(2)、fac(1)。其中 fac(5) 是由 main 函数调用的，其余 4 次是在 fac 函数中递归调用的。在某一层递归调用时，并未立即得到结果，而是进一步向深层递归调用，直到最内层函数执行 n=1 或 n=0 时，fac(n) 才有结果；然后再一一逐步返回，不断得到中间结果，直到返回到主程序时就可得到 n! 的最终结果。

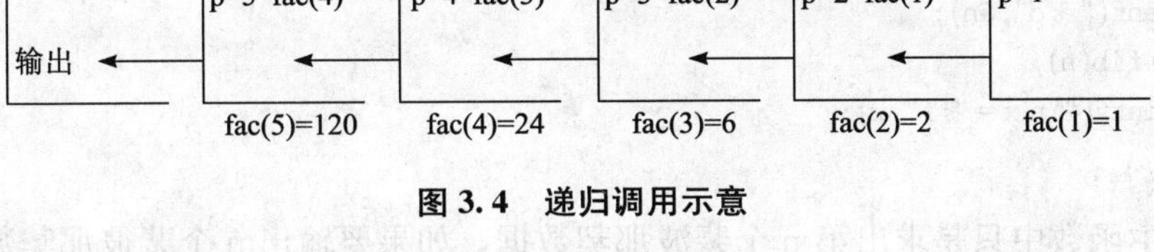

图 3.4 递归调用示意

调用时把处在不同调用层的不同 n 值入栈，返回时再一一出栈参与计算。存放不同调用层 n 值的栈如图 3.5 所示。当然这里也用到了返回地址栈，在此不再重复。

栈是一个基本的重要的数据结构，它的一个重要参数就是栈顶指针 top。对于顺序结构的栈 top 为整型，对于链表栈 top 为指针类型。在进栈、出栈时，应注意栈满或栈空的判断处理。

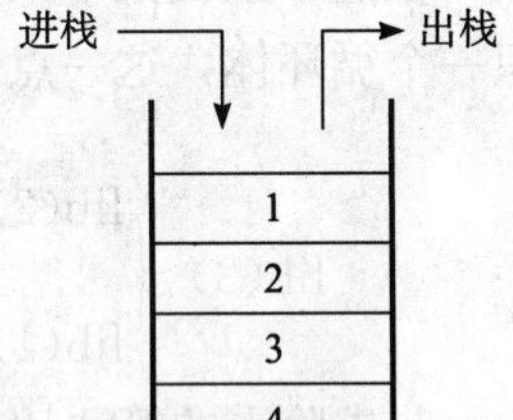

图 3.5 栈中 n 值的变化

2. 裴波那契级数

现在来看二阶裴波那契级数的数据序列：0，1，1，2，3，5，…。从第 3 个数开始每个数据是它的前两个数据之和。其数学公式如下：

$$F_n=\begin{cases}0 & n=0\\ 1 & n=1\\ F_{n-1}+F_{n-2} & (n>1)\end{cases}$$

实现二阶裴波那契序列可以设计非递归程序，具体语句段如下：

```
{
        float a = 0, b = 1; int i, n;
        scanf(" %d",&n); printf("\n %f %f",a,b);
        for(i = 1;i < 2/n;i ++ )
        {
            a = a + b;
            b = a + b;
            printf("\n %f %f",a,b);
        }
}
float fib(int n)
{
        float s;
        if(n <= 1)
            s = n;
        else
            s = fib(n - 2) + fib(n - 1);
        return(s);
}
```

另外设计一段主函数来调用上述递归函数：

```
main( )
{
        int n, i;
        float x;
        scanf(" %d",&n);
        x = fib(n);
        printf("\n x = %f",x);
}
```

在这个主函数中只是求出第 n 个裴波那契数据，如果要输出 n 个裴彼那契数据就需要组织一个循环体，这一点请读者自己修改。假设 n＝3，上述程序的递归调用过程如下：

$$\mathrm{fib}(3)\begin{cases}\mathrm{fib}(2)\begin{cases}\mathrm{fib}(1)\\ \mathrm{fib}(0)\end{cases}\\ \mathrm{fib}(1)\end{cases}$$

与求阶乘的算法比较，前者的递归调用比较简单，沿着一条线调用下去，然后一级级返回。而这里求裴波那契数据的递归调用比较复杂，存在两个分支。当然在程序运行时，系统会自动地启用所必需的栈以便正确运行递归程序。

3. n阶 Hanoi 塔问题

假设有三个分别命名为 x、y 和 z 的塔座，在塔座 x 上插有 n 个直径大小各不相同、从小到大编号为 1，2，…，n 的圆盘，如图 3.6 所示。现要求将 x 轴上的 n 个圆盘移至 z 轴上并仍按同样顺序叠排，圆盘移动时必须遵循下列规则：

(1) 每次只能移动一个圆盘；

(2) 圆盘可以插在 x、y 和 z 中的任一塔座上；

(3) 任何时刻都不能将一个较大的圆盘压在较小的圆盘上。

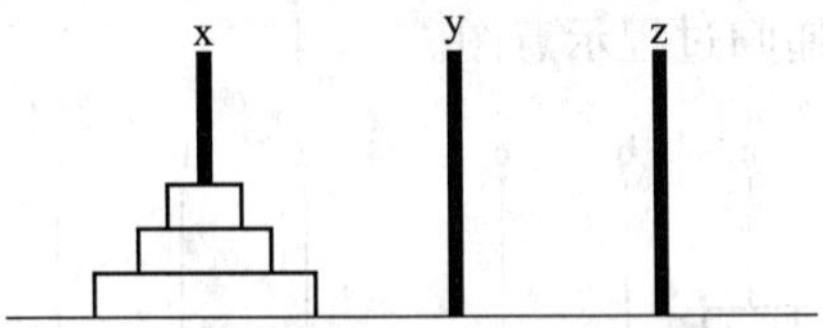

图 3.6　3 阶 Hanoi 塔问题的初始状态

如何实现移动圆盘的操作呢？当 n=1 时，问题比较简单，只要将编号为 1 的圆盘从塔座 x 直接移至塔座 z 上即可；当 n>1 时，需利用塔座 y 做辅助塔座，若能设法将压在编号为 n 的圆盘上的 n−1 个圆盘从塔座 x（依照上述法则）移至塔座 y 上，则可先将编号为 n 的圆盘从塔座 x 移至塔座 z 上，然后再将塔座 y 上的 n−1 个圆盘（依照上述法则）移至塔座 z 上。而如何将 n−1 个圆盘从一个塔座移至另一个塔座的问题是一个与原问题具有相同特征属性的问题，只是问题少了 1 个，因此可以用同样的方法求解。由此可得如下算法所示的求解 n 阶 Hanoi 塔问题的 C 函数：

```
void Hanoi(int n, char x, char y, char z)
{
    /*将塔座 x 上按直径由小到大且自上而下编号为 1 至 n 的 n 个圆盘按规则移到塔座 z 上*/
    /*y 可以用做辅助塔座*/
    /*函数 move(x,n,z)实现把编号为 n 的圆盘从 x 轴移到 z 轴的操作*/
    if (n == 1)
        move(x,1,z);            //编号为 1 的圆盘从 x 移到 z
    else
    {
        Hanoi(n-1,x,z,y);       //将 x 上编号为 1 到 n-1 的圆盘移到 y,z 做辅助轴
        move(x,n,z);            //将编号为 n 的圆盘从 x 移到 z
        Hanoi(n-1,y,x,z);       //将 y 上编号为 1 至 n-1 的圆盘移到 z,x 做辅助轴
    }
}/*Hanoi*/
```

显然，这是一个递归函数，在函数的执行过程中，需多次进行自我调用。假设在主函数中用下列语句调用上述算法：

```
Hanoi(3,a,b,c);
```

该语句的递归调用过程如下：

```
                          Hanoi(1,a,b,c)//1 号盘从 a 移到 c①
          Hanoi(2,a,c,b)  move(a,2,b)   //2 号盘从 a 移到 b②
                          Hanoi(1,c,a,b)//1 号盘从 c 移到 b③
Hanoi(3,a,b,c)  move(a,3,c)             //3 号盘从 a 移到 c④
                          Hanoi(1,b,c,a)//1 号盘从 b 移到 a⑤
          Hanoi(2,b,a,c)  move(b,2,c)   //2 号盘从 b 移到 c⑥
                          Hanoi(1,a,b,c)//1 号盘从 a 移到 c⑦
```

图 3.7 是 3 阶 Hanoi 塔递归过程示意图。

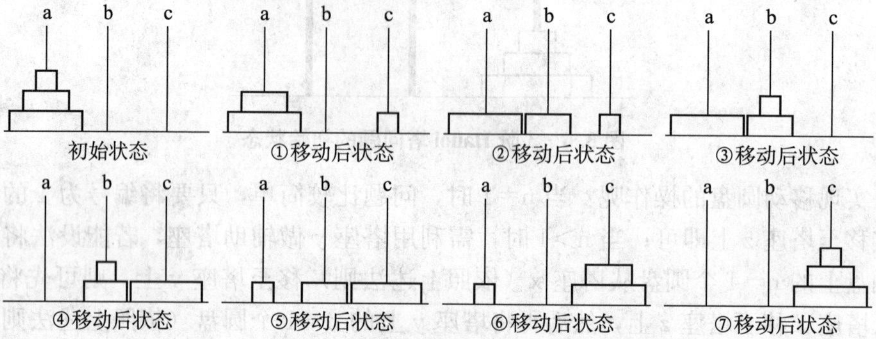

图 3.7　3 阶 Hanoi 塔递归过程示意图

3.5　队列的结构及其运算

3.5.1　队列的基本操作

如图 3.8（a）所示，队列中有 a_1，a_2，…，a_i，…，a_n 共 n 个元素，进队时这些元素由 a_1 到 a_n 依次从队尾进入，出队时也只能由 a_1 到 a_n 依次从队首退出。

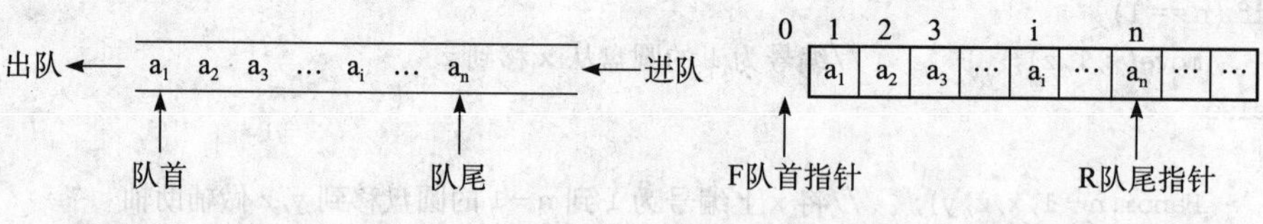

图 3.8　队列的结构

同样，队列也存在队满不能进队，队空不能出队的问题。图 3.9 就说明了队列中元素进队和出队分别与队尾指针（实际上是进队指针）和队首指针（实际上是出队指针）的关系。图 3.9 所示为总长度是 5 的队，其中初态（a）图表示 R＝F＝0，同时表示队空；（b）图中依次有 A、B、C 三个元素进队，没有出队，因此队首指针 F＝0，队尾指针 R＝3；在（c）图中两个元素 A 和 B 已经出队，而没有元素进队，因此队首指针 F＝2，队尾指针 R＝3（注意：出队的队首指针 F 总是指向当前队首元素的前一个位置）；（d）图表示在（c）图的基础上又有一个元素 C 出队，这时 R＝F＝3，显然队已经空了；（e）图表示队中只有两个元素 D 和 E，但队尾指针 R＝5，说明队满，已不能进队。

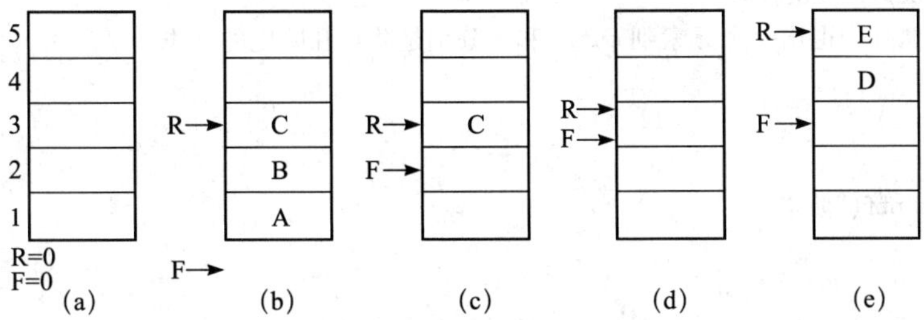

图 3.9　队列指针的动态变化

队列的基本算法主要是进队和出队。设有队列 Queue(n)，F 为队首指针，R 为队尾指针。下面给出队列设置初态和测试队空、队满的方法。

(1) 设置队列指针初态。

```
F = 0,R = 0;
```

(2) 测试队空。

```
if (F == R) return(0)     /* 队空,返回 0 */
```

(3) 测试队满。

```
if(R == n) return(1)      /* 队满,返回 1 */
```

根据以上给出的队列设置和测试的手段，就能够较容易地建立进队和出队的算法。下面给出 C 语言中有关队列的类型说明：

```
char Queue [MAXN];
int F = 0,R = 0;
```

● 进队算法

根据队列的结构，若队尾指针不在队的最大长度上，则首先队尾指针加 1，元素进队，否则就是队满，无法进队。进队算法如下：

```
ADDQUEUE(queue, r, f, in)
/* 在 queue 队列中进一个元素 in,f 和 r 分别是队首和队尾的标志 */
{
        if(r == n)
        {
                printf("队满");
        }
        else
        {
                r++;
                queue[r] = in;
        }
}
```

● 出队算法

出队首先要判断队列中是否有元素，即 R 是否等于 F，R=F 可能出现在初态，也可能出现在出队、进队的动态变化中。

```
DELQUEUE(queue,r,f,out)
/* 在 queue 队列中退出一个元素到 out,f 和 r 分别是队首和队尾的标志 */
{
        if(f == r)
        {
            printf("队空");
        }
        else
            out = queue[ ++f];
}
```

图 3.10 说明了循环队列的结构和进队、出队指针的动态变化。在图 3.10（a）中，R=F 时说明队列为空；（b）图说明队满时始终还存在一个空单元，即当出队指针 R+1=F 时为队满；（c）图是通常情况下避免假溢出的情况。

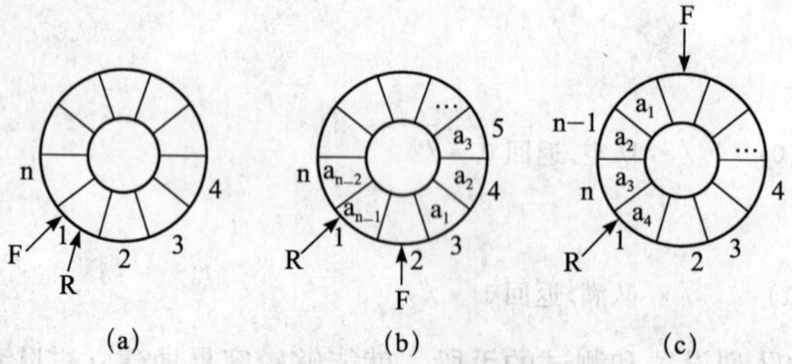

图 3.10　循环队列结构和指针

下面是在循环队列中设置初态和判断队满、队空的方法。

（1）设置初态。

```
R = 1,F = 1;
```

（2）进队判断是否队满。

```
if (R == n) R = 1
else R = R + 1
if (R == F) return(1) /* 队满,返回 1 */
```

（3）出队判断是否队空。

```
if (R == F) return(0) /* 队空,返回 0 */
```

● 进队算法

下面给出循环队列的进队算法：

```
ADDCQUEUE(queue,r,f,in)
/* queue 为循环队列,f 和 r 分别是队首和队尾标志,in 是进队元素 */
{
        if(r == n)
            r = 1;
        else
            r ++;
        if(r == f)
```

```
        {
            printf("队满");
            r--;
        }
        else
        queue[r] = in;
}
```

在循环队列的进队算法中，若判断为队满，则为了使该算法在不改变原队列的情况下（即原队列仍为队满）能继续判断当前的队已满，进队指针 R 要退 1 个单元，在后退时也仍要注意假溢出的问题，解决的方法是：

```
if(R == 1)
        R = n;
else
        R = R - 1;
//下面是循环队列的出队算法
DELCQUEUE(queue,r,f,out)
/* 在循环队列 queue 中退出一个元素到 out,f 和 r 分别是队首和队尾的标志 */
{
        if(f == r)
        printf("队空");
else
{
        if(f == n)
            f = 1;
        else
            f ++ ;
            out = queue[f];
    }
}
```

循环队列的存储区也可以表示为从 0～n－1，即 Queue(n－1)，其结构和指针表示与前面所讨论的循环队列相同。由于我们把队列表示为 Queue(n－1)，因此可以方便地使用计算余数的取模运算来代替队列假溢出而形成算法中的判断语句，将进队指针改为：R＝(R＋1) mod n，将出队指针改为：F＝(F＋1)mod n。

这样在循环队列中，进队的算法为：

```
ADDQUEUE(queue,r,f,in)
/* 在循环队列 queue 中进一个元素 in */
{
    r = (r + 1 ) % n;
    if(r == f)
    {
        printf("队满");
    }
    else
        queue[r] = in;
}
```

● 出队算法

在循环队列中出队的算法为：

```
DELQUEUE(queue,r,f,out)
/* 在循环队列 queue 中退出一个元素送 out */
{
    if(f == r)
    {
        printf("队空");
    }
    else
    {
        f = (f + 1) % n;
        out = queue[f];
    }
}
```

例如，设有一个有序线性表 A(n) 和循环队列 Q(m)，设计一个算法，使得在线性表中比关键字 KEY 大的数据被送到循环队列中。设队列 Q 中的逻辑地址为 1～m，F 为队首指针，R 为队尾指针。

分析：由于线性表 A 是有序的，因此只需确定在线性表 A 中比 KEY 大的值的序号 i（地址），然后从 i 开始直到 n 逐个地把线性表中的数据送入循环队列即可。当然，下面的情况也应考虑在内：若线性表 A 中所有的值均比 KEY 小，则不必把数据送入队列；也有可能在进队过程中，循环队列的存储空间不够（队满），产生溢出而出错，最后还要修正线性表的表长。

算法描述如下：

```
LIST_QUEUE(a,q,r,f,key)
/* 在有序线性表 a[1:n]中把比关键字值 key 大的数值送到循环队列 q[1:m]中,其中 r 和 f 分别是队首指针和队尾指针 */
{
    for(i = 1;i < = n;i ++ )
        if(a[i]> key)
        break;
/* 在线性表中找比 key 值大的值的位置 */
    if(i < = n)
    {
        k = n; /* 防止线性表的总长度 n 变化 */
        while(i < = k)
        {
            if(r == m)
                r = 1;
            else
                r ++ ;
            if(r == f)
            {
                printf("队满");
            }
```

```
            else
                q[r] = a[i];
                i++;
                n--;
    }
}
```

3.5.2 链队的存储结构及其运算

我们曾经讨论了队列的存储结构以及非循环队列的假溢出问题，即便循环队列设计得很巧妙，但若其长度达到队列的总长度，就不能再进队。现在用链结构的指针形式就能较好地解决队列的假溢出和长度饱和问题。图 3.11 给出了链队的逻辑状态和存储结构。其中，Front 和 Rear 是两个指针型变量，分别指示队列中实际的队首（退队指针）和队尾（进队指针）的位置。

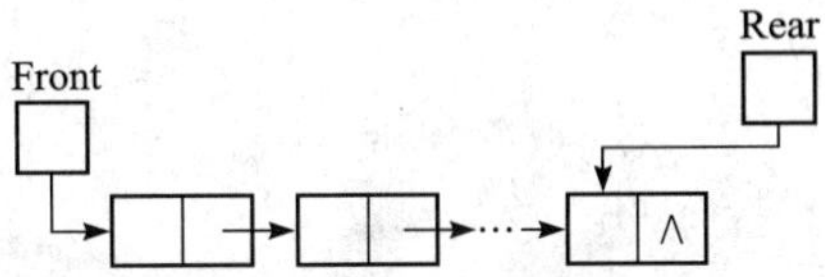

图 3.11　链队的存储结构

当队空时，Front＝NULL，Rear＝NULL；所谓队满，是指在可利用的空间表中，所有的结点被取完，即 AV＝NULL 时，才表示队满。根据队列的操作特点，进队和退队分别在表的两端进行，具体表现为“先进先出”。从链队的结构可看出，进队的基本操作步骤为（设进队结点的地址为 x）：

```
Rear-> next = x;
x-> next = NULL;
Rear = x;
```

其中第一个语句的含义是队尾指针（进队指针）指向的结点与插入结点链接；第二句表示当前的进队结点形成新的队尾，即尾端的新结点 x 的指针设置为空；第三句形成新的链尾指针。在考虑了取新结点过程和队空的边界条件处理后，就得出了如下链队进队的算法：

```
ADDQ(front, rear, in)
/* 数据值 in 的结点进入链队 */
{
    x = malloc(size)
    x-> data = in;
    x-> next = NULL;              /* 建立队尾的标志 */
    if (front == NULL)
    {
        front = x;
        rear = x;
    }                             /* 队空进队,建立进队和退队指针 */
    else
    {
        rear-> next = x;
```

```
            rear = x;
        }
}
```

在进队的算法中，判断队列为空，其标志是 Front＝Rear＝NULL，根据链队的结构，在链空时第一个结点进队，必须同时建立进队和退队的指针，使得退队指针 Front 和进队指针 Rear 都指向进队的第一个结点。

以下给出退队的算法：

```
DELQ(front,out)
/* 从队列 q 中,退出一个结点,把数据值送 out */
{
if (front == NULL)
{
    printf("队空");
}
else
{
    x = front;
    front = x-> next;
    out =  x-> data;
    free(x);
}
if(front == NULL)
    rear = NULL;
}
```

3.6 栈的应用举例

如何处理计算表达式是程序设计语言中的一个基本问题。对于一个含有表达式的赋值语句，必须将其翻译成计算机能执行的机器语言，首先应正确地解释表达式及其计算过程，例如，对于赋值语句：

x＝4＋8＊2－3

其正确的计算结果应是 17。但是，若计算机系统程序在把表达式的计算转换成机器能执行的机器语言时，是从左到右，不做约束或规定地进行通常的扫描计算，则结果为：

x＝4＋8＊2－3＝12＊2－3＝24－3＝21

显然，按四则运算的法则，其计算的结果是错误的。因此，为了使编译程序能正确地按计算顺序进行，在编译程序中表达式的运算次序是用运算符的优先级来确定的。假设运算符的优先级如下：

运算符	**	/	*	＋	－	;
优先级	3	2	2	1	1	0

我们规定，优先级高的运算符先计算；优先级相同的运算符，遵循从左至右的顺序运算，“;”表示表达式的结束符，优先级最小为零。有了以上的规则，对表达式从左到右进行扫描计算时，其计算顺序就能被唯一确定下来。例如，表达式 A＋B/C＊＊D－E＊F 的运算顺序如图 3.12 所示。

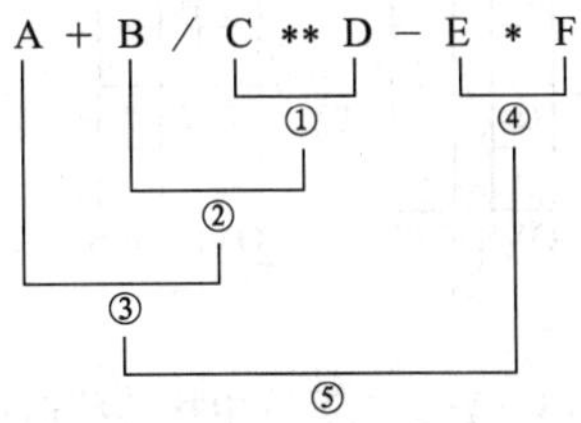

图 3.12　表达式的运算顺序

编译程序对表达式进行编译时，需设置两个栈，用于存放运算符的栈称作运算符栈，简称 OPS；另一个存放操作数的栈称作操作数栈，简称 OVS。当编译程序自左向右对表达式进行扫描时，有如下处理规则。

(1) 操作数。

操作数一律进入操作数栈 OVS。

(2) 运算符。

① 若运算符栈空，则运算符进入运算符栈 OPS。

② 若运算符栈非空，则将该运算符的优先级与运算符栈 OPS 中的栈顶元素的优先级相比较。若该运算符的优先级大，则该运算符进 OPS 栈；反之，则取出 OPS 栈顶的运算符，并在操作数栈 OVS 中连续取出两个栈顶元素（操作数），与取出的运算符相运算，然后将结果再存入操作数栈 OVS。

③ 进行第②步操作后的运算符再与运算符栈的栈顶元素的优先级比较。重复第②步的操作，直至当前扫描到的运算符进 OPS 栈为止。

3. 结束符“;”

按运算的规则进行运算，OPS 取一个运算符，OVS 取出两个操作数，重复进行直至运算符栈 OPS 空为止。

对表达式 A+B/C ** D−E * F 进行从左到右的扫描，当扫描到“+”、“/”、“**”时，由于运算符的优先级后者比前者大，因此都逐个进栈。这时，操作数栈 OVS 和运算符栈 OPS 的状态如图 3.13（a）所示。当扫描到“−”时，因“−”的优先级比 OPS 栈顶元素运算符“**”的优先级低，因此，OPS 栈顶运算符“**”退栈；同时，从操作数栈 OVS 中连续退出两个元素 D 和 C，进行运算 C ** DT①，T①作为运算的中间结果，成为下一步运算的操作数，继续进操作数栈 OVS。T①进栈后，操作数栈 OVS 和运算符栈 OPS 的状态如图 3.13（b）所示。

当前扫描的运算符“−”仍然比 OPS 栈顶元素运算符“/”的优先级低，运算符栈 OPS 栈顶元素“/”继续出栈，而且操作数栈 OVS 中也连续再退出两个元素 T①和 B，进行运算 B/T①T②，T②作为运算的中间结果，成为下一步运算的操作数，继续进操作数栈 OVS。T②进栈后，OVS 栈和 OPS 栈的状态如图 3.13（c）所示。这时，当前扫描的运算符“−”还未进运算符栈 OPS，而且“−”还要与 OPS 栈顶的元素运算符“+”比较，由于优先级相同，根据同优先级运算自左到右的原则，“+”仍然从运算符栈 OPS 退栈，在操作数栈 OVS 中再连续退出两个元素 T②和 A，进行运算 A+T②T③，T③作为运算的又一个中间结果，成为下一步的操作数而进栈 OVS，T③进栈后，运算符栈 OPS 为空时，“−”才能进栈 OPS。扫描继续进行，形成 E、F 进栈 OVS，“*”进栈 OPS。这时栈 OVS 和 OPS 的状态如图 3.13（d）所示。

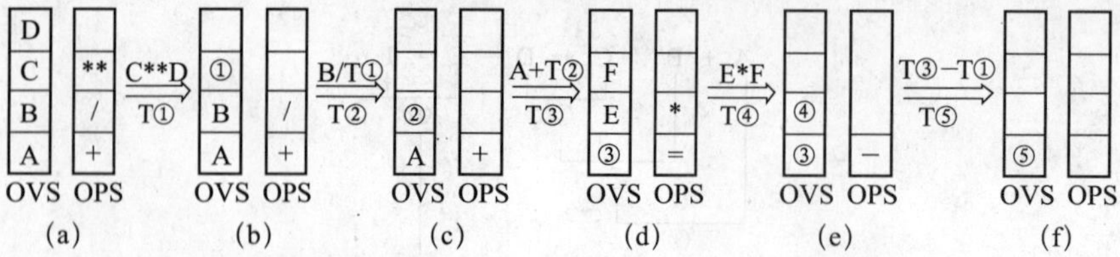

图 3.13　表达式运算中栈的状态变化

3.7　栈与队列比较

栈和队列是两种特殊的线性表，从逻辑结构上分析，其数据元素仍然是顺序存储，数据在存储空间的存放地址是连续的。栈的结构特点是先进后出，数据元素只能在表的一端进行插入和删除。栈指针 top 始终指向栈顶元素在栈中的序号。栈的基本算法有进栈和出栈两种，在算法实现中必须注意栈满（上溢）和栈空（下溢）的判断。

队列是数据元素在表的一端插入，在表的另一端删除的特殊线性表。队列的结构特点是先进先出。队列有队首指针（也称作退队指针）和队尾指针（也称作进队指针）。队列的基本算法也有进队和出队两种，在算法中也要注意队满和队空的判断。为了解决队列中的假溢出问题，循环队列是一种有效的队列结构形式，队列中存储单元首尾相接的结构特征能充分利用队列中的存储空间。（注意，在循环队列中，队满时始终存在一个空单元。）

在有序线性表的插入和删除算法中，算法执行在时间上的量级是线性阶 O(n)。栈和队列的基本操作算法的时间执行量级是常阶数 O(1)。

链栈和链队都是单链表的一种特殊形式，它们具有链表的存储结构的特征，也有栈和队列操作上的各自特点。

链栈的进栈和退栈运算都在首部进行，只需调整链栈的入口 top 的入口地址；链队具有进队指针 Rear 和退队指针 Front，进队时调整进队指针 Rear 的入口地址，退队时调整 Front 的退队指针。同时，应该注意栈空、队空时的判断。

项目实训

实训题目：栈的应用

实训目的：建立并存储一个栈，实现栈的各种操作

实训内容：

1. 界面设计

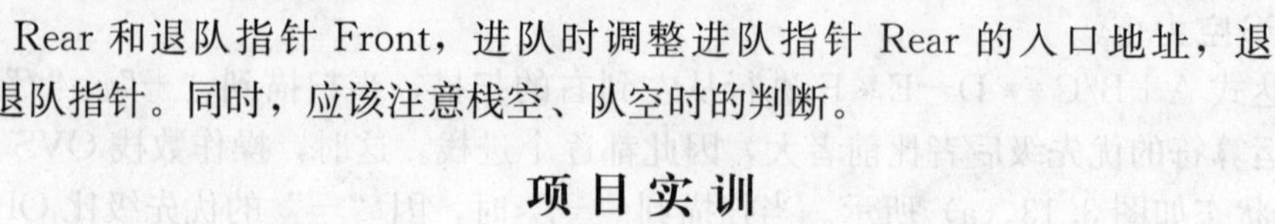

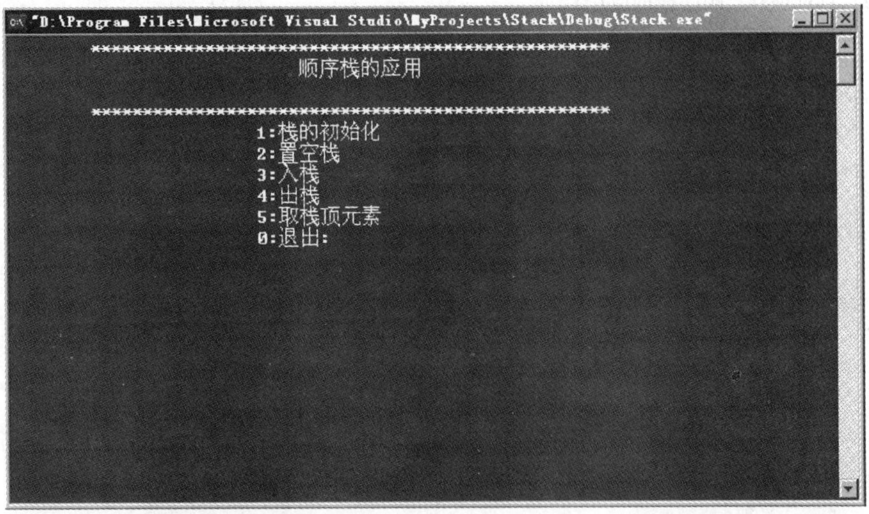

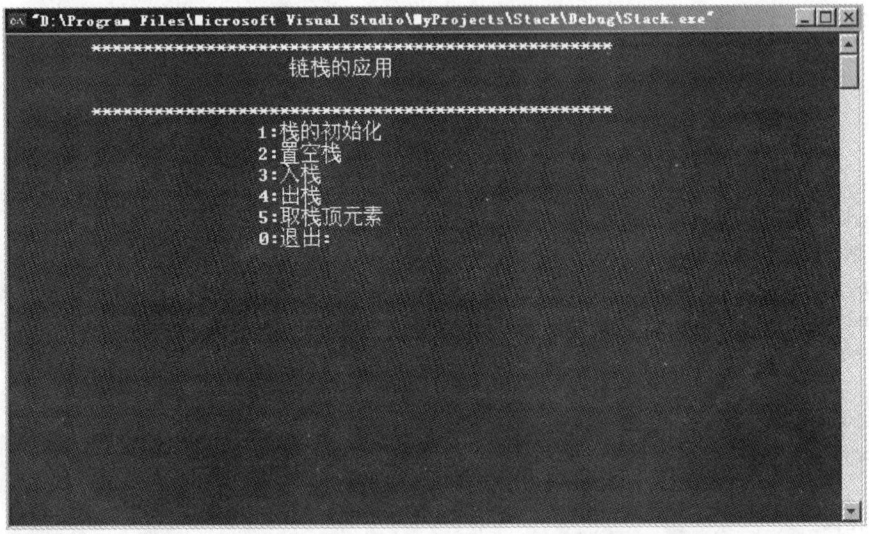

2. 代码编写

```
/*顺序栈的应用*/
#include <stdio.h>
#include <stdlib.h>
#include "seqstack.h"
#include "linkstack.h"
//主方法
main( )
{
 int select;
 int ch;
     printf("\n");
 printf("\t\t*****************************************************\n");
 printf("\t\t 栈的应用 \n");
 printf("\t\t*****************************************************\n");
 printf("\n");
```

```
printf("\t\t\t\t1:顺序栈的应用\n");
    printf("\t\t\t\t2:链栈的应用\n");
printf("\t\t\t\t0:退出\n");
printf("请选择:");
scanf(" % d",&select);
while(select! = 0)
{
      switch(select)
      {
       case 1:
           system("cls");
          seq();
          break;
       case 2:
         system("cls");
          lian();
    break;
       default:
          printf("选择错误!\n");
      }
 }
}
//seqstack. h
# include 〈stdio. h〉
//定义顺序栈
#define max 100
#define null 0
struct seqstack
{
 int data[max];
 int top;
};
//初始化栈
void init(seqstack * s)
{
 s-> top = -1;
 printf("初始化完毕\n");
}
//判栈空
bool empty(seqstack * s)
{
 if(s-> top == -1)
        return true;
 else
        return false;
}
//入栈
void push(seqstack * s, int x)
{
 if(s-> top == max-1)
```

```
        printf("满了!\n");
 else
 {
        s-> top ++ ;
        s-> data[s-> top] = x;
 }
}
//求栈的长度
int length(seqstack * s)
{
 return s-> top + 1;
}
//出栈算法
int pop(seqstack * s)
{
 int x;
 if(empty(s))
 {
      printf("不能出栈,栈已空!\n");
      x = null;
 }
 else
 {
      x = s-> data[s-> top];
      s-> top--;
 }
 return x;
}
int gettop(seqstack * s)
{

    return(s-> data[s-> top]);

}
void menu()
{
 printf("\n");
 printf("\t\t ******************************************************* \n");
 printf("\t\t 顺序栈的应用 \n");
 printf("\t\t ******************************************************* \n");
 printf("\n");
 printf("\t\t\t\t1:栈的初始化\n");
 printf("\t\t\t\t2:置空栈\n");
     printf("\t\t\t\t3:入栈\n");
 printf("\t\t\t\t4:出栈\n");
 printf("\t\t\t\t5:取栈顶元素\n");
 printf("\t\t\t\t0:退出\n");
}
void seq()
{
```

```
//主方法
int select;
seqstack a;
bool f = true;
int ch;
int data;
    menu();
printf("请选择:");
scanf(" % d",&select);
while(select! = 0)
{
    system("cls");
    switch(select)
    {
     case 1:
        init(&a);
        break;
     case 2:
        f = empty(&a);
         if(f == true)
              printf("栈是空的!\n");
      else
              printf("栈不空!\n");
  break;
      case 3:
        printf("请输入入栈元素(以-1 结束):");
        scanf(" % d",&ch);
        while(ch! = -1)
      {
          push(&a,ch);
          scanf(" % d",&ch);
      }
      break;
      case 4:
        printf("栈里有以下元素:");
        while(! empty(&a))
            printf(" % d ",pop(&a));
        break;
      case 5:
        printf(" % d ",gettop(&a));
        break;
     default:
        printf("选择错误!\n");
    }
    menu();
        printf("请继续选择:");
    scanf(" % d",&select);

}
}
```

```
//linkstack.h
#include"stdio.h"
#include"stdlib.h"
typedef struct SNode
{
   int data;
   struct SNode *next;
}SNode, *LinkStack;
LinkStack top;
/*置空链栈 */
void InitStack(LinkStack top)
{
 top = NULL;
 printf("初始化完毕\n");
}
/*判栈空 */
bool EmptyStack(LinkStack top)
{
 return top == NULL;
}
//入栈
LinkStack PushStack(LinkStack top, int x)
{
   LinkStack s;
   s = (LinkStack)malloc(sizeof(SNode));
   s-> data = x;
   s->next = top;
   top = s;
   return top;
}
//退栈
LinkStack PopStack(LinkStack top)
{

    LinkStack p;
    if(top! = NULL)
    {
    p = top;
    top = top->next;
    free(p);
    printf("退栈已完成\n");
    return top;
    }
    else printf("栈是空的,无法退栈!\n"); return 0;
}
//取栈顶元素
int GetStackTop(LinkStack top)
{
 return top->data;
}
```

```
void menul()
{
 printf("\n");
 printf("\t\t ****************************************************** \n");
 printf("\t\t 链栈的应用 \n");
 printf("\t\t ****************************************************** \n");
 printf("\n");
     printf("\t\t\t\t1:栈的初始化\n");
 printf("\t\t\t\t2:置空栈\n");
   printf("\t\t\t\t3:入栈\n");
 printf("\t\t\t\t4:出栈\n");
 printf("\t\t\t\t5:取栈顶元素\n");
 printf("\t\t\t\t0:退出\n");

}
//顺序栈方法
void lian()
{
   int i,x;
   menul();
   printf("请选择:");
   scanf(" %d",&i);
   while(i! = 0)
   {
    switch(i)
         {
         system("cls");
           case 1:
            InitStack(top);
            break;
        case 2:
              if(EmptyStack(top))
              printf("栈是空的!\n");
            else
          printf("栈不空!\n");
            break;
           case 3:
            printf("请输入要进栈的元素:");
              scanf(" %d",&x);
           while(x! = -1)
           {
            top = PushStack(top,x);
          scanf(" %d",&x);
           }
              printf("进栈已完成!\n");
          break;
           case 4:
            top = PopStack(top);
          break;
           case 5:
```

```
            if(top! = NULL)
                printf("栈顶元素是: % d!\n",GetStackTop(top));
            else
                printf("栈是空的,没有元素!\n");
            break;
          default:printf("选择错误,请重新输入!\n");
            break;
        }
        printf("请继续选择:");
        scanf(" % d",&i);
      }
}
```

专项练习 3

一、基本题

1. 填空题

(1) 插入限定在表的一端，而删除限定在表的另一端进行的线性表称为________，允许插入的一端称为________。

(2) 顺序循环队列 Q [M]，下标从 0 到 M－1，头尾指针分别用 F 和 R 表示，则队空条件是________。

(3) ________是限定仅在表尾进行插入或删除操作的线性表。

(4) 栈的插入和删除操作在________进行。

(5) 循环队列的引入，目的是为了克服________。

(6) 已知链队列的头尾指针分别是 f 和 r，则将值 x 入队的操作序列是________。

(7) 区分循环队列的满与空，只有两种方法，它们是________和________。

(8) 表达式求值是________应用的一个典型例子。

(9) 循环队列用数组 A [0..m－1] 存放其元素值，已知其头尾指针分别是 Front 和 Rear，则当前队列的元素个数是________。

(10) 设 Q [0..N－1] 为循环队列，其头、尾指针分别为 P 和 R，则队列 Q 中当前所含元素的个数为________。

2. 选择题

(1) 若顺序存储的循环队列的 QueueMaxSize＝n，则该队列最多可存储(　　)个元素。

A. n　　B. n－1　　C. n＋1　　D. 不确定

(2) 对于栈操作数据的原则是(　　)。

A. 先进先出　　B. 后进先出　　C. 后进后出　　D. 不分顺序

(3) 一个栈的输入序列为 1，2，3，…，n，若输出序列的第一个元素是 n，则输出第 i (1＜＝i＜＝n) 个元素是(　　)。

A. 不确定的　　B. n－i＋1　　C. i　　D. n－i

(4) 若一个栈的输入序列为 1，2，3，…，n，输出序列的第一个元素是 i，则第 j 个输出元素是(　　)。

A. i－j－1　　B. i－j　　C. j－i＋1　　D. 不确定的

(5) 若已知一个栈的入栈序列是 1，2，3，…，n，其输出序列为 p_1，p_2，p_3，…，p_N，若 p_N 是 n，则 p_i 是(　　)。

A. i　　B. n−i　　C. n−i+1　　D. 不确定的

(6) 一个栈的入栈顺序为 A，B，C，D，E，则出栈顺序 ACEDB 是不可能的。(　　)

A. 对　　B. 错

(7) 栈和队列都是运算受限的线性表。(　　)

A. 对　　B. 错

(8) 在栈为空的情况下，不能做出栈操作，否则产生下溢出。(　　)

A. 对　　B. 错

(9) 在循环队列中，若尾指针 Rear 大于头指针 Front，则其元素数为（Rear - Front）。(　　)

A. 对　　B. 错

3. 程序填空题

(1) 以下代码是顺序栈的入栈算法，请将程序补充完整。

```
int Push(SqStack *&s,ElemType e)
{
    if (s->top==MaxSize-1) //栈满的情况,即栈溢出
        return 0;
        s->top;
        s->data[____] = e;
        return 1;
}
```

(2) 以下代码是实现循环队列的入队算法，请将程序补充完整。

```
int enQueue(SqQueue *&q,ElemType e)
{
    if (____________________) //队满
        return 0;
    q->rear = ______________;//入队时队尾增 1
    q->data[q->rear] = e;
    return 1;
}
```

4. 应用题

(1) 写出计算表达式 5+3*(4/6−7) 的操作数和算符栈的变化情况。

(2) 对于一个具有 m 个单元的循环队列，写出求队列中元素个数的公式。

5. 编写程序算法

(1) 循环队列的优点是什么？如何判断它的空和满？

(2) 假设以带头结点的循环链表表示队列，并且只设一个指针指向队尾元素位置（注意不设头指针），试编写相应的置空队、判队空、入队和出队等算法。

(3) 循环队列的优点是什么？如何判断它的空和满？

二、国家计算机等级考试试题

1. 填空题

(1) 栈是________的线性表，其运算遵循________的原则。

(2) 一个栈的输入序列是 1，2，3，则不可能的栈输出序列是________。

2. 选择题

(1) 有六个元素按 6，5，4，3，2，1 的顺序进栈，问下列哪一个不是合法的出栈序列？(　　)

A. 5 4 3 6 1 2　　B. 4 5 3 1 2 6　　C. 3 4 6 5 2 1　　D. 2 3 4 1 5 6

(2) 设栈的输入序列是 1，2，3，4，则(　　)不可能是其出栈序列。

A. 1，2，4，3　　B. 2，1，3，4　　C. 1，4，3，2

D. 4，3，1，2　　E. 3，2，1，4

(3) 一个栈的输入序列为 1，2，3，4，5，则下列序列中不可能是栈的输出序列的是(　　)。

A. 2，3，4，1，5　B. 5，4，1，3，2　C. 2，3，1，4，5　D. 1，5，4，3，2

(4) 设一个栈的输入序列是 1，2，3，4，5，则下列序列中，是栈的合法输出序列的是(　　)。

A. 5，1，2，3，4　B. 4，5，1，3，2　C. 4，3，1，2，5　D. 3，2，1，5，4

三、专升本试题

1. 填空题

(1) 栈和队列的共同点是________。

(2) 循环队列用 A［0..m－1］存放其元素值，用 Front 和 Rear 分别表示队头和队尾，则当前队列中的元素数是________。

(3) 用 S 表示入栈操作，X 表示出栈操作，若元素入栈的顺序为 1234，为了得到 1342 出栈顺序，相应的 S 和 X 的操作串为________。

(4) 顺序栈用 data[1..n] 存储数据，栈顶指针是 top，则值为 x 的元素入栈的操作是________。

(5) 队列的特点是________。

(6) 队列是限制插入只能在表的一端，而删除在表的另一端进行的线性表，其特点是________。

(7) 已知链队列的头尾指针分别是 f 和 r，则将值 x 入队的操作序列是________。

2. 选择题

(1) 栈 s 最多能容纳 4 个元素。现有 6 个元素按 A，B，C，D，E，F 的顺序进栈，问下列哪一个序列是可能的出栈序列？(　　)

A. E，D，C，B，A，F　　B. B，C，E，F，A，D

C. C，B，E，D，A，F　　D. A，D，F，E，B，C

(2) 若进栈序列为 a，b，c，则通过入出栈操作可能得到的 a，b，c 的不同排列个数为(　　)。

A. 4　　B. 5　　C. 6　　D. 7

(3) 以下哪一个不是队列的基本运算？(　　)

A. 从队尾插入一个新元素　　B. 从队列中删除第 i 个元素

C. 判断一个队列是否为空　　D. 读取队头元素的值

(4) 某堆栈的输入序列为 a，b，c，d，下面的四个序列中，不可能是它的输出序列的是(　　)。

A. a，c，b，d　　B. b，c，d，a　　C. c，d，b，a　　D. d，c，a，b

（5）设 abcdef 以所给的次序进栈，若在进栈操作时，允许退栈操作，则下面得不到的序列为（　）。

A. fedcba　　B. bcafed　　C. dcefba　　D. cabdef

（6）设有三个元素 X，Y，Z 顺序进栈（进的过程中允许出栈），下列得不到的出栈排列是（　）。

A. XYZ　　B. YZX　　C. ZXY　　D. ZYX

（7）输入序列为 ABC，可以变为 CBA 时，经过的栈操作为（　）。

A. push，pop，push，pop，push，pop　　B. push，push，push，pop，pop，pop

C. push，push，pop，pop，push，pop　　D. push，pop，push，push，pop，pop

3. 应用题

（1）假定有编号 A，B，C 的 3 列列车顺序开进一个栈式结构的站台，请写出每一种开出站台的列车编号顺序（注：每一列列车开出栈（开出站台）后，不允许再进栈）。

（2）指出下述程序段的功能是什么。

```
void Demo1(SeqStack * S)
{
        int i; arra[16];n = 16;
        tStack(&S);
        for(i = 0,i < n; i ++ )
        push(S,arra[i]);
        while(!StackEmpty(S))
        arra[i] = pop(S);
}
```

（3）有 5 个元素，其入栈次序为 A，B，C，D，E，在各种可能的出栈次序中，以元素 C，D 最先出栈（即 C 第一个且 D 第二个出栈）的次序有哪几个？

（4）如果输入序列为 1，2，3，4，5，6，试问能否通过栈结构得到以下两个序列：4，3，5，6，1，2 和 1，3，5，4，2，6；请说明为什么不能或如何才能得到。

（5）若元素的进栈序列为 A，B，C，D，E，运用栈操作，能否得到出栈序列 B，C，A，E，D 和 D，B，A，C，E？为什么？

4. 编写程序算法

（1）假设一个算术表达式中包含圆括号、方括号和花括号，编写一个判断表达式中括号是否配对的算法。

（2）假设用一个数组 Q［M］来表示队列，该队列只设一个队头指针 Front，不设队尾指针，用计数器 Count 来记录队列中元素的个数。试编写出相应的置空队列、入队列和出队列的算法。

第4章　串

教学重点

- 基本概念：串、串的存储、连接、子串、顺序串、模式匹配；
- 串的定长顺序存储及运算实现；
- 串的堆式动态存储及运算实现；
- 串的模式匹配算法。

串（String）又称字符串，是一种特殊的线性表，是数据元素类型为字符的线性表，其应用非常广泛，是许多软件系统（如字符编辑、情报检索、词法分析、符号处理、自然语言翻译等系统）的操作对象。

本章介绍串的概念和各种存储结构，并讨论串的连接，求子串，串的插入、删除和置换以及串的模式匹配等运算。

4.1　串的基本概念

串是由 n 个（n≥0）字符组成的有限序列，一般记做：

$S="a_1a_2\cdots a_n"$

其中，S 是串名，用成对的双引号括起来的字符序列是串的值，a_i 可以是字母、数字或其他字符；n 为串中字符的个数，称为串的长度，长度为零的串称为空串。需要注意的是，成对的双引号本身仅作为标记，不属于串。

例如，串"Beijing"和"Bei jing"的长度分别是 7 和 8。空串和空格串是两种不同的情况，例如，S_1＝""即为空串，它的长度为 0，空串内无任何字符，而 S_2＝"　"为空格串，即由一个或多个空格组成，其长度为串中空格的个数，空格符可以出现在字符序列的任意部位。

串中任意一个连续的字符组成的子序列称为子串，一个串可以包含若干个子串，相应地，包含子串的串称为主串。字符在串中的序号称作该字符在串中的位置。当两个串长度相等且对应字符都相同时认为这两个串相等。

串的逻辑结构与线性表的区别仅在于串的数据对象约束为字符集。

串结构的形式化定义为：

String＝(D, R)

其中，$D=\{a_i \mid a_i \in \text{character}, i=1, 2, \cdots, n, n\geq 0\}$，$R=\{\langle a_{i-1}, a_i\rangle \mid a_{i-1}, a_i \in D,$

i=1，2，…，n }。

串的基本运算有：

(1) 初始化 ClearString(s)：初始化串 s。

(2) StrAssign(s，ch)：串赋值。

(3) StrCopy(s，t)：串复制。

(4) StrConcat(t，s_1，s_2)：串连接。

(5) 求串长 StrLen(s)：返回 s 串的元素个数，即 s 串的长度。

(6) 串比较 StrCom(s，t)。

(7) 求子串 SubStr(t，s，pos，len)：返回 s 串的第 pos 个字符起始的长度为 len 的子串。

(8) 插入运算 StrInsert(s，pos，t)：把串 t 的值插入到串 s 的第 pos 个字符之后。

(9) 删除运算 StrDel(s，pos，len)：将串 s 中从第 pos 字符起始的长度为 len 的子串删除。

(10) 子串定位 StrIndex(s，t，pos)：从主串 s 的第 pos 个字符起定位串 s 中是否存在与串 t 值相等的子串，若存在，则返回子串 t 在主串 s 中第一次出现的位置，否则，返回函数值 0。

例如，

StrIndex("Beijing","jin"，1)=4

StrIndex("Beijing","jng"，2)=0

(11) 置换运算 StrReplace（s，pos，len，t)：用 t 串置换 s 串中第 pos 字符开始的连续的 len 个字符。

例如，s="That is a bag!"，则

StrReplace（s，3，2,"is")="This is a bag!"

有时用另一种置换运算 StrReplace（s，t，v）表示用 v 串置换所有在 s 串中出现的与 t 串相等的子串。

例如，s="if(j<n) j++;"，t="j"，v="i"，则

StrReplace(s，t，v)="if(i<n) i++;"

以上介绍的是有关串的一些基本运算，利用它们可以处理关于串的各种操作，在使用高级程序设计语言中的串类型时，对于串的基本运算可以有不同的定义方法。

4.1.1 串的定长顺序存储及运算实现

1. 串的定长顺序存储

串的顺序存储结构简称顺序串，是指把串中的字符依次存放在一组地址连续的存储单元中。

将为字符串分配一个固定长度的一组地址连续的存储单元的存储分配方法称为定长顺序存储分配。定长顺序存储分配的实现，要结合具体的计算机编址方式进行，通常有以下三种实现方式。

(1) 紧缩方式。紧缩方式将串长显式地直接存储，字符依次顺序放在连续的几个单元中，这种存储方式的优点是充分地利用了空间，然而运算不太方便。

假定计算机按字编址，若串 S 为"DataΦStructure"，其中 Φ 表示空格字符，则 S 串有 14 个字符，存储 S 串的长度 14 和每个字符，一共需占用 4 个存储单元，如图 4.1 所示。

1	4	D	a
t	a	Φ	S
t	r	u	c
t	u	r	e

图 4.1　串的紧缩存储方式示例

(2) 非紧缩方式。非紧缩方式是指每个单元只存放一个字符，串的长度不显式存储，由串中字符占存储单元的数目来隐式确定。如图 4.2 给出了上述串的非紧缩存储。显然，非紧缩存储方式对于串运算比较方便，但存储空间没有得到有效的利用。

(3) 单字节存储方式。计算机按字节编址，每字节存放一个字符，这时的串长度由串占用的字节数隐式确定，如图 4.3 所示。这种存储方式既不浪费空间，又使串中每个字符与唯一的地址对应，方便了运算，对于按字节编址的计算机而言是非常合适的。

D			
a			
t			
a			
Φ			
s			
t			
r			
u			
c			
t			
u			
r			
e			

图 4.2　非紧缩方式示例

D
a
t
a
Φ
s
t
r
u
c
t
u
r
e
\0

图 4.3　单字节存储方式示例

在 C 语言中，按字节寻址。C 语言中的串有字符串常量和字符串变量两种。用双引号括起来的字符序列为字符串常量，可以用宏定义＃define 来定义字符串常量的标识符。例如：

```
#define CITY Beijing
```

对字符串变量而言，C 语言将其类型说明为字符型一维数组。例如：

```
char ch[100];
```

其中，数组 ch 是一个一维数组，这里字符串的最大长度是由其变量说明时决定并且固定不变。通常，在字符串的最后一个字符的后面存放一个结束标志'\0'。

为了更好地讨论字符串的运算，可将顺序串类型定义如下：

```
#define MAXLEN 81
typedef struct string
{
```

```
    char ch[MAXLEN];
    int len;
}SeqString;
```

2. 定长顺序串的基本运算实现

(1) 求串长。

```
int StrLen (SeqString * s)
{
    return(( * s).len);
}
```

(2) 串的连接。两个串的连接就是将一个串紧接着存放在另一个串的后面从而得到一个新串。

```
void StrConcat (SeqString * t,SeqString * s1,SeqString * s2)
{
    int i,j;
    if (( * s1).len+( * s2).len<=MAXLEN)
    {
        for(i=0;i<( * s1).len;i++)
            ( * t).ch[i]=( * s1).ch[i];
        for(j=0;j<( * s2).len;j++)
            ( * t).ch[( * s1).len +j]=( * s2).ch[j];
            ( * t).len=( * s1).len+( * s2).len;
    }
    else
    if (( * s1).len<MAXLEN)
    {
        for(i=0;i<( * s1).len;i++)
            ( * t).ch[i]=( * s1).ch[i];
        for(j=0;j<MAXLEN- ( * s1).len;j++)
            ( * t).ch[( * s1).len +j]=( * s2).ch[j];
            ( * t).len= MAXLEN;
    }
    else
      printf ("overflow!\n");
}
```

(3) 求子串。

```
void SubString(t,s,pos,len)
/* 用t返回主串s中第pos个字符起的长度为len的子串 */
SeqString * t, * s;
int pos,len;
{
    int i;
    if ((pos<1) || (pos>( * s).len) || (len<0)||(len>( * s).len-pos+1))
        printf("pos或len超界\n");
    else
    {
```

```
    for(i = 0;i < len;i ++ )
        ( * t). ch[i] = ( * s). ch[pos - 1 + i];
        ( * t). len = len;
    }
}
```

（4）子串的插入。

```
void StrInsert (SeqString * s, int pos, SeqString * t)
/ * 在串 s 中的 pos 位置插入子串 t * /
{
    int i;
    if ((pos < 1)||(pos >( * s). len + 1))
        printf("Insertion position incorrect!\n");
    else
        if (( * s). len + ( * t). len < = MAXLEN)
        {
            for (i = ( * s). len - 1;i > = pos;i--)
                ( * s). ch[i + ( * t). len] = ( * s). ch[i];
            for (i = 0;i <( * t). len;i ++ )
                ( * s). ch[i + pos] = ( * t). ch[i];
                ( * s). len = ( * s). len + ( * t). len;
        }
        else
            printf("overflow!");
}
```

（5）子串的删除。

```
void StrDel (s,pos,len)
/ * 从串 s 中删除第 pos 字符起始的长度为 len 的子串 * /
SeqString * s;
int pos,len;
{
    int i,j,k;
    char * p, * q;
    if ((pos < 1) || (pos > ( * s). len))
        printf("Deleted position incorrect!\n");
    else
    if (pos == len)
        ( * s). len = 0;/ * 删除整个串 * /
    else
        if (pos + len - 1 < = ( * s). len )
        {
            i = pos + len - 1;
            j = pos - 1;
            p = &( * s). ch[i];
            q = &( * s). ch[j];
            k = len;
            while(k > 0)/ * 将被删除位置后的字符向前移动 * /
            {
```

```
                *q=*p;
                ++p;
                ++q;
               k--;
            }
            *q=*p;
            (*s).len=(*s).len-len;
        }
        else
            printf("no characteds deleted!\n");/*没有 len 个字符可删除*/
}
```

(6) 串的置换。

```
void StrReplace (s,t,v) /*用 v 串替代 s 串中所有的 t 子串*/
SeqString *s, *t, *v;
{
    int start,pos,m,n,q;
    n=(*s).len;
    m=(*t).len;
    q=(*v).len;
    pos=1;
    do
    {
        start=StrIndex(s,t,pos);/*定位函数*/
        if (start!=0)
        {
            StrDel (s,start,m);
            StrInsert(s,v,start);
            pos= start+q;
            (*s).len=(*s).len+q-m;
            n=(*s).len;
        }
    }while ((pos<=n-m+1) && (start!=0));
}/*StrReplace*/
```

其中，函数 StrIndex( ) 用于从主串 s 的第 pos 个字符起定位串 s 中是否存在和串 t 值相等的子串，若存在，则返回子串 t 在主串 s 中第一次出现的位置，否则，返回函数值 0。

4.1.2 串的堆式动态存储及运算实现

在许多实际应用的串处理系统中采用堆式动态存储分配策略。

例如，可以用一维数组 heap

```
char heap[MAXLEN]
```

表示堆空间，如图 4.4 所示。每当产生一个串时，应用程序就在执行过程中动态地从 free 指示的位置为新串分配一个长度与该串长相同的存储空间，并相应修改 free 的值，同时建立该串的一个描述（称为符号表），指示串的长度和该串在 heap 中的第一个字符位置，借助它们在堆结构的串名与串值之间建立起一个对应关系，称作串名的存储映象。所有的串名存储映象构成了一个为系统中所有串名和串值之间建立一一对应关系的映象表（或符号表）。图

4.5 是一个堆串存储及映象表的示例。

在 C 语言中可以直接利用堆来实现堆串，堆串可定义如下：

```
typedef struct /* 定义串为结构体 */
{
    char * st; /* 串在堆中的开始位置 */
    int length; /* 串长度 */
}HeapString;
```

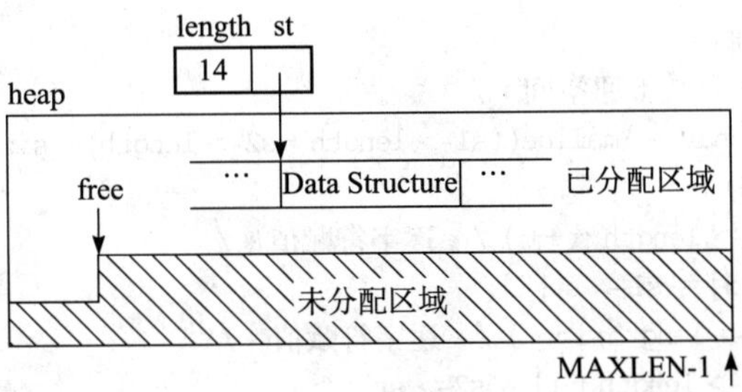

图 4.4 串的堆式动态存储分配示意图

符号名	length	start
a	14	0
b	7	14
c	8	21
d	6	29
…	…	…

(a) 映像表

D	a	t	a	Φ	S	t	r	u	c	t	u
r	e	B	e	i	j	i	n	g	S	h	a
n	g	H	a	i	H	e	l	l	o	!	

(b) heap[0…MAXLEN-1]

图 4.5 串的存储映象示例

在堆式动态存储分配下的串的几种常见运算的实现。

(1) 串赋值 StrAssign(t, chars)。

```
int StrAssign(HeapString *t,char *chars)
{
      int len,i=0;          /* 为统计字符串常量中的字符个数初始化 */
        if (t->st != NULL)  free(t->st);/* 释放 t 空间 */
      while(chars[i]!= '\0')  /* 统计 chars 中字符个数 */
            i++;
      len=i;
      if(!len)
      {
            printf("串常量为空串\n");
            t->st = NULL;
            t->length=0;
      }
      else
      if (!(t->st=(char *)malloc(i*sizeof(char))))
            return (0);
        for(i=0;i<len;i++)
      {
```

```
            t-> st[i] = chars[i];
            t-> length = len;
        }
        return (1);
    } /* StrAssign */
```

（2）串联接 StrConcat（t，s1，s2）。

```
StrConcat(HeapString *t,HeapString *s1,HeapString *s2)
{
    if (t-> st ! = NULL)
    free(t-> st);/* 释放 t 原空间 */
    if (!(t-> st = (char *)malloc((s1-> length + s2-> length) * sizeof(char))))
        return(0);
    for(i = 0;i < s1-> length;i ++ ) /* 逐字符赋值 */
          t-> st[i] = s1-> st[i];
    for(i = 0;i < s2-> length;i ++ ) /* 逐字符赋值 */
        t-> st[s1-> length + i] = s2-> st[i];
        t-> length = s1-> length + s2-> length;
    return (1);
} /* StrConcat */
```

（3）求子串 SubString（t，s，pos，len）。

```
SubString(HeapString * t, HeapString * s, int i, int len)
{
    if((pos < 1)||(pos > s-> length)|| (len < 0) || (len > s-> length - pos + 1))
    {
        printf("子串位置或长度有错误\n");
         return (0);
    }
    if (t-> st ! = NULL)
free(t-> st);/* 释放 t 原空间 */
    if((len == 0) /* 空子串 */
    {
        t-> st = NULL;
        t-> length = 0;
    }
    else
    {
        t-> st = (char *)malloc(len * sizeof(char);
        for(i = 0;i < len;i ++ )
        /* 逐字符赋值 */
        t-> st[i] = s-> st[pos - 1 + i];
        t-> length = len;
    }
      return (1);
}/* SubString */
```

（4）插入函数 StrInsert（s，pos，t）。

```
StrInsert(HeapString *s,int pos,HeapString *t)
```

```
{
int i;
char * temp;
if (pos < 0 || pos > s-> length || s-> length == 0)
      return(0);
      temp = (char * )malloc((s-> length + t-> length) * sizeof(char));
if (temp == NULL)
      return(0);
for (i = 0;i < pos;i ++ )
      temp[i] = s-> st[i];
for (i = 0;i < t-> length;i ++ )
      temp[i + pos] = t-> st[i];
for (i = pos;i < s-> length;i ++ )
      temp[i + t-> length] = s-> st[i];
s-> length += t-> length;
free(s-> st);
s-> st = temp;
return (1);
} /* StrInsert */
```

(5) 删除函数 StrDelete (s, pos, t)。

```
StrDelete(HeapString * s, int pos, int len)
{
      int i;
      char * temp;
      if (pos < 0 || pos >(s-> length - len))
      return(0);
      temp = (char * )malloc((s-> length - len) * sizeof(char));
      if (temp == NULL) return(0);
      for (i = 0;i < pos;i ++ )
            temp[i] = s-> st[i];
      for (i = pos;i < s-> length - len;i ++ )
            temp[i] = s-> st[i + len];
      s-> length = s-> length - len;
      free(s-> st);
      s-> st = temp;
      return (1);
} /* StrDelete */
```

4.1.3 串的块链存储表示

顺序串上的插入和删除操作需要移动大量的字符。因此，可以采用单链表方式来存储串值，串的这种链式存储结构简称为链串。但在利用链表存储串值时，每个结点既可以存放一个字符，也可以存放多个字符，即存在一个“结点大小”的问题。结点的大小是指结点的数据域可存放字符的个数。图 4.6 中的链表，其结点大小分别为 4 和 1。

一般地，为了提高存储密度，可使每个结点存放多个字符。显然，当结点大小大于 1 时，由于串长不一定是结点大小的整数倍，最后一个结点的数据域不一定刚好全被串值填满，此时就需要以特殊的字符如“#”或其他的非串值字符填充。通常，将这种结构中的结点称为块，相应的链表称为块链结构。块链结构的类型可定义如下：

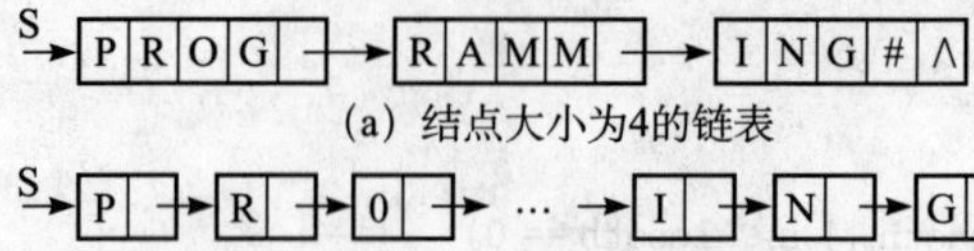

(a) 结点大小为4的链表

(b) 结点大小为1的链表

图 4.6　串的链式存储结构

```
#define BLOCKSIZE 8                    /* 块大小定义 */
typedef struct Blocknode               /* 块类型定义 */
{
      char data[BLOCKSIZE];
      struct Blocknode  *next;
} BLOCK;
typedef struct                         /* 块链类型定义 */
{
      BLOCK  *head, *tail;
      int length;
} BLString;
BLString  *s, *p, *head;               /* s,p,head 为块链指针类型 */
```

4.2　串的模式匹配算法

4.2.1　串的简单模式匹配算法

设有两个串 s 和 t，在串 s 中查找值等于 t 的子串的过程称为模式匹配，其中，s 串称为主串或目标串，t 串称为模式串。若在主串 s 中存在模式为 t 的子串，则称匹配成功，否则称为匹配失败。串的简单模式匹配实际上是子串的定位运算，是一种带回溯的模式匹配。

例如，图 4.7 给出了 s="ababcabcacbab"，t="abcac"的简单模式匹配过程。

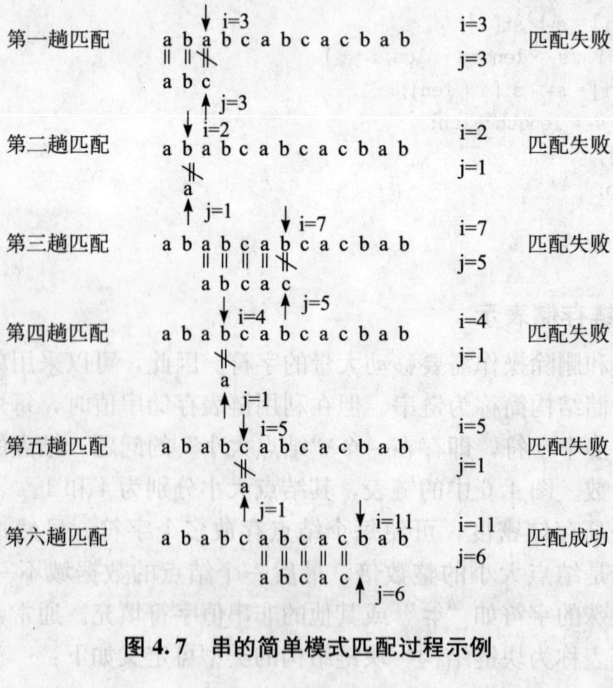

图 4.7　串的简单模式匹配过程示例

其模式匹配过程可描述为：设在某一趟匹配时，s 串中的第 i 个字符与 t 串中的第 j 个字符比较，若 $s_i \neq t_j$，则应有 $s_{i-1}=t_{j-1}$，$s_{i-2}=t_{j-2}$，…，$s_{i-j+1}=t_1$，如图 4.8 所示。因此，当 s_i 与 t_j 匹配失败时，新的一趟匹配开始应该是 t_1 与 s_{i-j+2} 继续进行比较，i 指针从当前位置回溯到新位置。

其基本思想是：首先从主串 s 的第 start（1≤start≤StrLen(s)）个字符起与模式串 t 的第一个字符进行比较，若相等，则继续比较后续字符，否则，从主串 s 的下一个字符起再重新和模式 t 的第一个字符比较，以此类推，直至模式串 t 的每一个字符依次和主串 s 中的一个连续的字符序列相等时为止。此时称匹配成功，函数值为与模式 t 中第一个字符相等的字符在主串 s 中的位置；否则称匹配不成功，函数值返回 0。

$$\begin{array}{ccccccccccccc}
s_1 & s_2 & s_3 & s_4 & \cdots & s_{i-j+1} & s_{i-j+2} & \cdots & s_{i-2} & s_{i-1} & s_i & s_{i+1} & \cdots \\
 & & & & & \| & \| & \cdots & \| & \| & \nparallel & & \\
 & & & & & t_1 & t_2 & \cdots & t_{j-2} & t_{j-1} & t_j & t_{j+1} & \cdots
\end{array}$$

图 4.8　某一趟的模式匹配状态示意图

算法描述如下：

```
int StrIndex(SeqString * s,SeqString * t,int start)
/* 在目标串 s 中定位模式串 t 的位置 */
{
 int i,j;
    if ((start < 1)||(start + ( * t).len >( * s).len)||( * t).len == 0))
    return (0);
else
{
    i = start;
    j = 1;
    while((i <( * s).len)&&(j <( * t).len))
    {
        if(( * s).ch[i] == ( * t).ch[j])
        {
            i++;
            j++;
        }
        else
        {
            i = i - j + 2;
            j = 1;
        }
     }
   if (j == ( * t).len)
      return (i - ( * t).len);
   else
      return (0);
  }
}
```

在上面算法中可以引入起始查找位置指针 start，即从 s 串的 start 位置起始查找第一个与 t 串相同的子串，使函数更为通用。

该算法匹配过程由于存在回溯，因此算法的效率不高。在最好情况下，算法的时间复杂度为 O(n＋m)；在最坏情况下，时间复杂度为 O(n×m)。最坏的情况是在每一趟匹配失败时，都是模式串 t 的最后一个字符与 s 中相应的字符比较时才不相等。例如，当模式串为"00000001"，而目标串为"00000000000000000000000000000000000000000000000000001"时，整个匹配过程中指针 i 需回溯 45 次，在算法中 while 循环了 46×8（index×m）次，算法的效率很低。在下一节中，将介绍一种较好的 KMP 模式匹配算法。

4.2.2　一种改进的模式匹配算法

D. E. Knuth 与 V. R. Pratt 和 J. H. Morris 同时发现对上一节的简单模式匹配算法进行一些改进，可以消除算法中主串 s 指针的回溯，完成串的模式匹配，而且算法可以在 O(n＋m) 的时间数量级上完成串的模式匹配操作。人们把该改进算法称为 Knuth-Morris-Pratt 算法（简称 KMP 算法），如图 4.9 所示。可以看出，其改进之处在于整个匹配过程对主串而言无须回溯，每当某一趟匹配过程中出现字符比较不等即匹配失败时，目标串 i 指针不需要回溯，而是利用已得到的“部分匹配”的结果将模式向右移动尽可能远的一段距离后，继续进行比较，从而消除回溯。

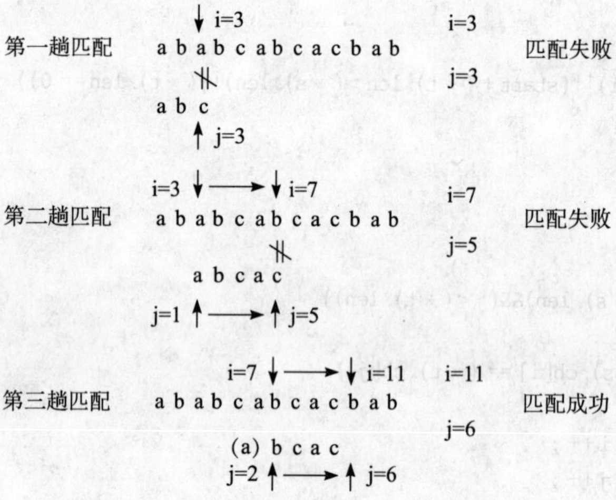

图 4.9　改进算法的模式匹配过程示意图

一般情况的讨论如下：

假设主串 s 为"$s_1s_2\cdots s_n$"，模式串 t 为"$t_1t_2\cdots t_m$"，要设计一个无回溯的匹配算法，关键在于确定在匹配过程中，当主串中 s_i 与 t_j 比较不等（即“失配”）时，模式串 t 中的哪一个字符应与 s_i 继续进行比较？

假设将这个字符记做 t_k，显然，有 k＜j 成立且对于不同的 j 值，k 值也不相同，而且这个 k 值与主串 s 无关，而只依赖于模式串 t 本身的前 j 个字符。

若令 next[j]＝k，则当 next[j] ＞0 时，表示一旦匹配过程中出现 s_i 与 t_j 不相等时，可用 t 中的 next[j] 位置的字符继续与 s_i 比较；若 next[j]＝0，则表示 t 中任何字符都不与 s_i 比较，需重新比较 t_1 与 s_{i+1}。

可见，对于任何的模式串 t 而言，只要能确定 next[j]（j＝1，2，…，m）的值，就可以用来加速匹配过程。模式串的 next 函数的定义为：

$$
next[j]=\begin{cases}0 & 当\ j=1\ 时\\ \max\{k \mid 1<k<j\ 且\text{"}t_1t_2\cdots t_{k-1}\text{"}=\text{"}t_{j-k+1}\cdots t_{j-1}\text{"}\} & 当此集合不空时\\ 1 & 其他情况\end{cases}
$$

next 函数的意义是：若模式串 t 中存在满足等式"$t_1t_2\cdots t_{k-1}$"="$t_{j-k+1}\ t_{j-k+2}\cdots t_{j-1}$"的两个子串，则当匹配过程中主串中第 i 个字符与模式中第 j 个字符比较不等时，仅需将模式向右移动至模式中的第 k 个字符和主串中的第 i 个字符对齐，匹配仅需从模式中的第 k 个字符与主串中的第 i 个字符继续比较即可，如图 4.10 所示。另外，若在"$t_1t_2\cdots t_{j-1}$"中不存在首尾相等的子串，则 k=1，表示一旦有 s_i 与 t_j 不相等时，则用 t_1 与 s_i 继续进行比较。特别地，若 j=1，当 t_1 与 s_i 比较不相等时，不能继续右移，只要将 t_1 与 s_{i+1} 继续比较即可进行新一趟的匹配，所以在 next 定义中，next[j]=0。

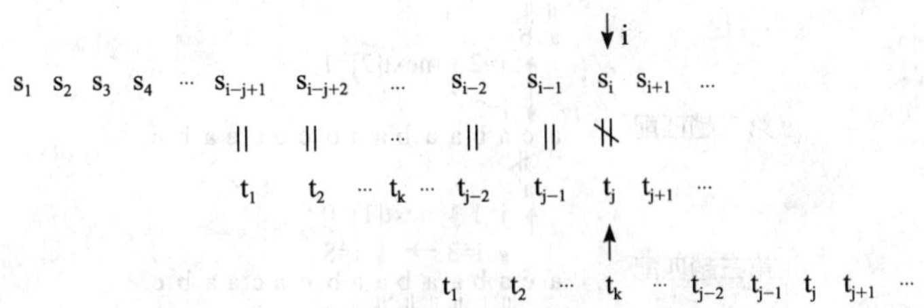

图 4.10　匹配过程示意图

同时，为使模式串 t 的右移不丢失任何匹配成功的可能，对于同时存在多个满足以上性质条件的 k 值应取最大值，以使得移动的位数 i−k 最小。

例如，在图 4.11 中，s="aaaabbb"，t="aaab"，当 s_4 与 t_4 比较不相等时，k 可取 1，2 和 3，但只有 k 取 3 时才可保证不丢失成功的可能匹配。

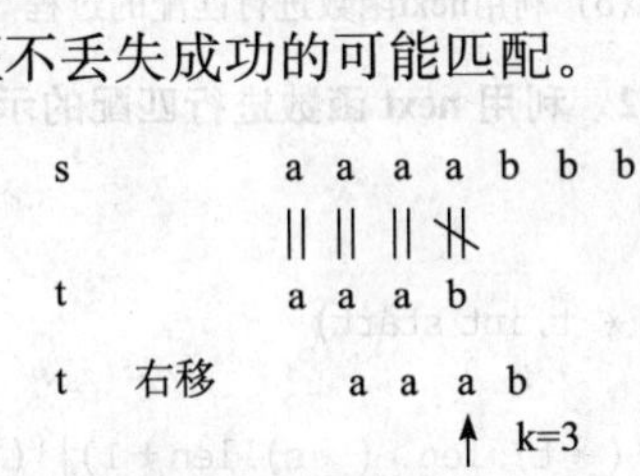

图 4.11　k 取最大值示例

在求得模式串的 next 函数之后，匹配过程如下：若在匹配过程中有 $s_i=t_j$ 成立，则 i 和 j 分别增加 1，否则，i 不变，即主串指针不回溯，而 j 退到 next[j] 的位置再比较，即用 tnext[j] 与 s_i 继续比较；若此时相等，则指针各自增加 1，否则 j 再退到下一个 next[next[j]] 值的位置，以此类推；直至出现下列两种可能的情况，一是 j 退到某个 next 值（next[next[...next[j]]]）时，主串和模式串中的字符进行比较，若相等，则指针各自增 1 继续进行匹配，另一种情况是 j 退到值为 0（即模式串的第一个字符“失配”）时，需将模式继续向右移动一个位置，即从主串的下一个字符 s_{i+1} 起和模式串重新开始匹配。

例如，对于模式串 t="abaabcac"：

(1) j=1，next[1]=0；

(2) j=2，没有首尾相等的子串，next[2]=1；

(3) j=3，同样，也没有首尾相等的子串，next[3]=1；

（4）j=4，存在首尾相等的子串"a"，所以 next[4]=2；

……

以此类推，可求得 t 所对应的 next 函数，如图 4.12（a）所示。匹配过程如图 4.12（b）所示。

j	1	2	3	4	5	6	7	8
模式串	a	b	a	a	b	c	a	c
next[j]	0	1	1	2	2	3	1	2

（a）模式串 t 的 next 函数值

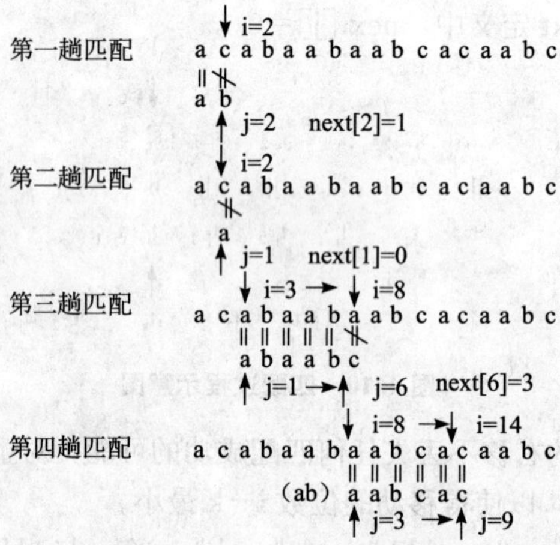

（b）利用next函数进行匹配的过程

图 4.12　利用 next 函数进行匹配的示意图

KMP 算法描述如下：

```
int KMP(SeqString *s,SeqString * t,int start)
{
    if ((start < 1)||(start + (*t).len >(*s).len+1)||(*t).len == 0)}
        return (0);
    else
    {
        i = start;
        j = 1;
        while ((i <= (*s).len) &&(j <= (*t).len))
            if((j == 0)||(s-> ch[i] == t-> ch[j] ))
            {
                ++ i;
                ++ j;
            }
            else
                j = next[j];
        if (j >(*t).len)
            return(i - (*t).len);
        else
```

```
            return (0);
    }
}/* KMP */
```

下面介绍模式串的 next 函数值的求解算法。由于模式串的 next 函数值仅取决于模式串本身而和主串无关，所以可从分析其定义出发用递推的方法来求 next 的函数值。

由定义可得：

next[1]=0

现假设 next[j]=k，这表明在模式串中存在下列关系：

$"t_1 t_2 \cdots t_{k-1}" = "t_{j-k+1} t_{j-k+2} \cdots t_{j-1}"$

其中，k 为满足 1<k<j 的某个值，并且不可能存在一个数 k' 且 k'>k 满足上式。显然，若能求得 next[j+1] 与 next[j] 的关系，就可以求得 next 函数。

（1）若 $t_k = t_j$，则有：next[j+1]=k+1，从而 next[j+1]= next[j]+1。

（2）若 $t_k \neq t_j$，此时可把求 next 函数的问题看成是一个模式匹配的问题，整个模式串既是主串又是模式串。

在当前匹配的过程中，当 $t_j \neq t_k$ 时，应该将模式向右移动至用模式中的第 next[k]个字符与主串中的第 j 个字符相比较。此时，若 next[k]=k' 且 $t_j = t_k$，1<k'<k<j，则 next[j+1]=k'+1，从而可得 next[j+1]= next[k]+1。

同理，若 $t_j \neq t_{k'}$，则将模式继续向右移动直至将模式中第 next[k']个字符和 t_j 对齐，以此类推，直至 t_j 和模式中某个字符匹配成功或者不存在任何 k'(1<k'<j) 满足上述等式，则 next[j+1]=1。

例如，对于图 4.12（a）中的模式串 t，已求得前 6 个字符的 next 函数值，现要求 next[7] 的值。因为 next[6]=3，且 $t_6 \neq t_3$，由 next[3]=1 可知，需要比较 t_6 和 t_1，这相当于将模式串向右移动，由于 $t_6 \neq t_1$，而且 next[1]=0，所以可得 next[7]=1；同样，$t_7 = t_1$，可得 next[8]=2。

求 next 函数的算法如下：

```
void GetNext(SeqString *t,int &next[ ])
/*求模式串 t 的 next 函数值并存入数组 next 中 */
{
    int i=1,j=0;
    next[1]=0;
    while (i<(*t).len)
    if ((j==0)||(*t).ch[i] =(*t).ch[j]))
    {
        ++i;
        ++j;
        next[i]=j;
    }
    else
        j=next[j];
}/*GetNext*/
```

该算法的时间复杂度为 O(m)。

需要注意的是：

（1）KMP算法仅当模式串与主串之间存在许多“部分匹配”的情况时才显得比算法StrIndex效率高一些，KMP算法的最大特点是在整个匹配过程中，指示主串的指针无须回溯，对主串仅需从头至尾扫描一遍，这对于处理诸如从外设输入的大文件等问题很有效，可以边读入边匹配，而无须回头重读。

（2）前面定义的next函数在某些情况下尚有缺陷。可以对上述的next函数算法进行改进，得到计算next函数修正值的算法，此时，匹配算法不变。

```
void GetNextval(seqstring *t,int &next[ ])
/*求模式串t的next函数修正值并存入数组next中 */
{
    int i=1,j=0;
    next[1]=0;;
    while (i<(*t).len)
    if ((j==0) ||((*t).ch[i]==(*t).ch[j]))
    {
        ++i;
        ++j;
        if ((*t).ch[i]!=(*t).ch[j])
        next[i]=j;
    else
        next[i]=next[j];
    }
    else
        j=next[j];
} /*GetNextval*/
```

项目实训

实训题目：串的应用

实训目的：串的存储以及串的各种操作

实训内容：

1. 界面设计

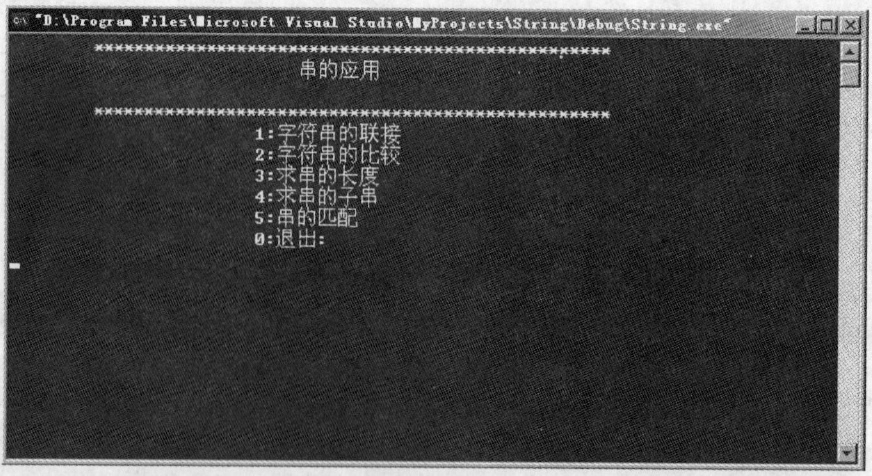

2. 代码编写

```
/* 串的应用 */
#define MAXSIZE 255
#include"stdio.h"
typedef struct
{
      char elem[MAXSIZE];
      int length;
}SeqString;
void create_SeqStr(SeqString *s)
{
      int i=0;
      gets(s->elem);
      while(s->elem[i++]);
      s->length=i-1;
}
void print_SeqStr(SeqString *s)
{
      int i;
      for(i=0;i<s->length;i++)
           putchar(s->elem[i]);
      putchar('\n');
}
int Concat(SeqString *S,SeqString *S1,SeqString *S2)
/*连接串S1,S2,结果存放在串S中*/
{
      int i;
      int uncut;/*未截断标志,如果S2没有截断,标志为1,否则为0*/
      if(S1->length+S2->length<=MAXSIZE)
      {
           for(i=0;i<S1->length;i++)/*把串S1首先复制到串S*/
                S->elem[i]=S1->elem[i];
           for(i=0;i<S2->length;i++)/*串S2被复制到串S的尾部,实现S1和S2的联接 */
                S->elem[S1->length+i]=S2->elem[i];
           S->length=S1->length+S2->length;
           S->elem[S->length]='\0';
           uncut=1;/*S2不需要截断*/
      }
      else /*需要对S2进行截断,只能存放S2的一部分*/
      {
           for(i=0;i<S1->length;i++)/*把串S1首先复制到串S中*/
                S->elem[i]=S1->elem[i];
           for(i=0;i<MAXSIZE-S1->length;i++)/*把S2一部分复制到S尾部*/
                S->elem[S1->length+i]=S2->elem[i];
           S->length=MAXSIZE;
           uncut=0;/*未截断标志置0*/
      }
      return uncut;
}
```

```
int SubString(SeqString *Sub,SeqString *S,int pos,int len)
  /*求子串。母串为S,子串为Sub,开始位置pos,子串长len*/
{
      int i;
      if(pos<0||pos>=S->length||len<0||len>S->length-pos-1)
            return 0;/*子串位置或者子串长度无效*/
      for(i=pos;i<pos+len;i++)
          Sub->elem[i-pos]=S->elem[i];
      Sub->length=len;
      return 1;
}
int StrCompare(SeqString *S1,SeqString *S2)/*串比较*/
{
      int i;
      for(i=0;i<S1->length&&i<S2->length;i++)
      {
            if(S1->elem[i]!=S2->elem[i])
                  return S1->elem[i]-S2->elem[i];
            if(S1->length==S2->length)
                  return 0;
      }
      return -32768;/*返回一个极小值,表示比较发生错误*/
}
int StrLength(SeqString *S) /*求串长*/
{
      return S->length;
}
int Index(SeqString *S,SeqString *Sub)/*串匹配 */
{
      int i;
      int sublen=Sub->length;
      SeqString *SubT=(SeqString *)malloc(sizeof(SeqString));
      for(i=0;i<S->length;i++)
      {
            if(!SubString(SubT,S,i,sublen))
                break;
            if(!StrCompare(SubT,Sub))/*匹配成功,得到子串位置*/
              return i;
      }
      return -1;/*匹配失败*/
}
/*int Index_KMP(SeqString S,SeqString Sub)
{

}*/
void main()
{
      /*对以上算法进行应用*/
      SeqString *S1,*S2,*ps;
      int sel=7,pos,len;
```

```
    S1 = (SeqString * )malloc(sizeof(SeqString));
    S2 = (SeqString * )malloc(sizeof(SeqString));
    ps = (SeqString * )malloc(sizeof(SeqString));
    printf("请输入串 S1:");
    create_SeqStr(S1);
    printf("请输入串 S2:");
    create_SeqStr(S2);
    while(sel)
{
printf("\t\t\t\t    串的应用\n");
    printf("\n");
    printf("\t ************************************************* \n");
    printf("\t\t\t1: 字符串连接\n");
    printf("\t\t\t2: 字符串比较\n");
    printf("\t\t\t3: 求串的长度\n");
    printf("\t\t\t4: 求串的子串\n");
    printf("\t\t\t5 串的匹配\n");
    printf("\t\t\t0:退出:\n");
    printf("\t ************************************************* \n");
    scanf(" % d",&sel);
        switch(sel)
        {
            case 1:Concat(ps,S1,S2);
                print_SeqStr(ps);break;
            case 2: printf("串比较的结果是:");
                printf(" % d\n",StrCompare(S1,S2));
                break;
            case 3:printf("串 S1 的长度是:");
                printf(" % d\n\n",StrLength(S1));
                break;
            case 4:printf("请输入位置(pos)和子串长(len),例如:3,5\n");
                scanf(" % d, % d",&pos,&len);
                SubString(ps,S1,pos,len);
                printf("求得的子串是:");
                print_SeqStr(ps);break;
            case 5:
                printf("串 S2 在母串 S1 中的位置是 % d\n",Index(S1,S2));
                break;
            / * case 6: * /
            case 0:printf("退出程序!\n");
  exit(0);
        }/ * switch(sel) * /
    }/ * while(sel) * /
  }
```

专项练习 4

一、基本题

1. 填空题

(1) 串 s="love"，其真子串（不含自身）的个数是________。

(2) 设 S_1 =" GOOD"，S_2 =" "，S_3 =" BYE!"，则 S_1，S_2，S_3 连接之后的结果是________。

(3) 模式串 P='abaabcac'的 next 函数值序列为________。

(4) 串中任意多个连续的字符组成的子序列称为________。

(5) 串的顺序存储结构简称________，是把串中的字符依次存放在一组地址连续的存储单元中。

(6) ________函数可以返回 s 串的第 pos 个字符起始的长度为 len 的子串。

2. 选择题

(1) 下面关于串的叙述中，哪一个是不正确的？（ ）

A. 串是字符的有限序列

B. 空串是由空格构成的串

C. 模式匹配是串的一种重要运算

D. 串既可以采用顺序存储，也可以采用链式存储

(2) 若串 S_1='ABCDEFG'，S_2='9898'，S_3='＃＃＃'，S_4='012345'，执行 concat（replace（S1，substr（S1，length（S2），length（S3）），S3），substr（S4，index（S2，'8'），length（S2）)），其结果为（ ）。

A. ABC＃＃＃G0123　　B. ABCD＃＃＃2345　　C. ABC＃＃＃G2345

D. ABC＃＃＃2345　　E. ABC＃＃＃G1234　　F. ABCD＃＃＃1234

G. ABC＃＃＃01234

(3) 设有两个串 p 和 q，其中 q 是 p 的子串，求 q 在 p 中首次出现的位置的算法称为（ ）。

A. 求子串　　B. 连接　　C. 匹配　　D. 求串长

(4) 已知串 S='aaab'，其 next 数组值为（ ）。

A. 0123　　B. 1123　　C. 1231　　D. 1211

(5) 串长度是指串中不同字符的个数。（ ）

A. 对　　B. 错

(6) 串是 n(≥0) 个字母的有限序列。（ ）

A. 对　　B. 错

(7) 空串的长度为零。（ ）

A. 对　　B. 错

(8) 子串是指串中任意多个连续字符组成的子序列。（ ）

A. 对　　B. 错

(9) 空串是任何串的子串。（ ）

A. 对　　B. 错

3. 程序填空题

(1) 以下代码可实现两个字符串的连接，请将程序补充完整。

```
for (i = 0; i < s.length; i ++ ); //将 s.data[0]～s.data[s.length-1]复制到 str
____________________;
for (i = 0; i<t.length; i ++ ); //将 t.data[0]～t.data[t.length-1]复制到 str
____________________;
```

(2) 以下代码可实现删除一个字符串从 i 位置开始的连续 j 个字符，请将程序补充完整。

```
SqString DelStr(SqString s, int i, int j)
{
    int k;
    SqString str;
    str.length = 0;
    if (i <= 0 || i > s.length || i + j > s.length + 1) //参数不正确时返回空串
        return str;
    for (k = 0; k < i - 2; k ++ )            //将 s.data[0]～s.data[i - 2]复制到 str
        str.data[k] = s.data[k];
    for (k = i + j - 1; k < s.length; k ++ ) //将 s.data[i + j - 1]～data[s.length - 1]复制到 str
        str.data[k - j] = s.data[k];
    str.length = ________;
    return str;
}
```

4. 编写程序算法

函数 void insert (char * s, char * t, int pos) 将字符串 t 插入到字符串 s 中，插入位置为 pos。请用 C 语言实现该函数。假设分配给字符串 s 的空间足够让字符串 t 插入（说明：不得使用任何库函数）。

二、国家计算机等级考试试题

1. 填空题

程序段：printf("%d\n",strlen("ATS\n0l2\l\\"))的输出结果是________。

2. 选择题

(1) 串"ababaaababaa"的 next 数组为(   )。

A. 012345678999　B. 012121111212　C. 011234223456　D. 0123012322345

(2) 字符串"ababaabab"的 nextval 为(   )。

A. (0, 1, 0, 1, 04, 1, 0, 1)　　B. (0, 1, 0, 1, 0, 2, 1, 0, 1)

C. (0, 1, 0, 1, 0, 0, 0, 1, 1)　　D. (0, 1, 0, 1, 0, 1, 0, 1, 1)

(3) 模式串 t="abcaabbcabcaabdab"，该模式串的 next 数组的值为(   )，nextval 数组的值为(   )。

A. 0 1 1 1 2 2 1 1 1 2 3 4 5 6 7 1 2　　B. 0 1 1 1 2 1 2 1 1 2 3 4 5 6 1 1 2

C. 0 1 1 1 0 0 1 3 1 0 1 1 0 0 7 0 1　　D. 0 1 1 1 2 2 3 1 1 2 3 4 5 6 7 1 2

E. 0 1 1 0 0 1 1 1 0 1 1 0 0 1 7 0 1　　F. 0 1 1 0 2 1 3 1 0 1 1 0 2 1 7 0 1

(4) 若串 S="software"，其子串的数目是(   )。

A. 8　　B. 37　　C. 36　　D. 9

(5) 设 S 为一个长度为 n 的字符串，其中的字符各不相同，则 S 中的互异的非平凡子串

(非空且不同于S本身)的个数为(　　)。

A. 2^n-1　　B. n^2　　C. $(n^2/2)+(n/2)$

D. $(n^2/2)+(n/2)-1$　　E. $(n^2/2)-(n/2)-1$

(6) 串的长度是指(　　)。

A. 串中所含不同字母的个数　　B. 串中所含字符的个数

C. 串中所含不同字符的个数　　D. 串中所含非空格字符的个数

三、专升本试题

1. 填空题

(1) s="YOU ARE JUDGING IT RIGHT OR WRONG",顺序执行下列操作:SubString (sub1, s, 1, 8); SubString (sub2, s, 20, 5); StrCat (sub1, sub2); 则最后sub1的值为:________。

(2) 空格串是指________,其长度等于________。

(3) 组成串的数据元素只能是________。

(4) 一个字符串中________称为该串的子串。

(5) INDEX ("DATASTRUCTURE","STR")=________。

(6) 设正文串长度为n,模式串长度为m,则串匹配的KMP算法的时间复杂度为________。

(7) 两个字符串相等的充分必要条件是________。

(8) 已知U="xyxyxyxxyxy"; t="xxy";

ASSIGN (S, U)

ASSIGN (V, SUBSTR (S, INDEX (s, t), LEN (t) +1))

ASSIGN (m,"ww")

求REPLACE (S, V, m)= ________。

(9) 实现字符串复制的函数strcpy为:

```
void strcpy(char * s, char * t) /* copy t to s */
{ while (________)
}
```

(10) 下列程序判断字符串s是否对称,对称则返回1,否则返回0,例如f("abba")返回1,f("abab")返回0。

```
int f(________)
    {int i = 0, j = 0;
     while (s[j])________;
     for(j--; i < j && s[i] == s[j]; i++, j--);
      return(________)
    }
```

(11) 设T和P是两个给定的串,在T中寻找等于P的子串的过程称为________,又称P为________。

(12) 串是一种特殊的线性表,其特殊性表现在________;串的两种最基本的存储方式是________、________;两个串相等的充分必要条件是________。

2. 应用题

(1) 名词解释：串。

(2) 描述以下概念的区别：空格串与空串。

(3) 两个字符串 S_1 和 S_2 的长度分别为 m 和 n。求这两个字符串最大共同子串算法的时间复杂度 T(m，n)。估算最优的 T(m，n)，并简要说明理由。

(4) 设主串 S＝"xxyxxxyxxxxyxyx"，模式串 T＝"xxyxy"。请问：如何用最少的比较次数找到 T 在 S 中出现的位置？相应的比较次数是多少？

3. 编写程序算法

(1) 写一个递归算法来实现字符串逆序存储，要求不另设串存储空间。

(2) 已知三个字符串分别为 s＝"ab…abcaabcbca…a"，s'＝"caab"，s"＝"bcb"。利用所学字符串基本运算的函数得到结果串为：s'"＝"caabcbca…aca…a"，要求写出得到上面结果串 s'"所用的函数及执行算法。

第 5 章　数组和广义表

教学重点

- 基本概念：数组、随机存储结构、压缩存储、n 阶对称矩阵、n 阶对角矩阵、稀疏矩阵、三元组线性表、三元组顺序表、十字链表、广义表、递归表、原子；
- 数组的两种顺序存储方式；
- 广义表的重要特性。

数组（Array）和广义表(Lists)，可看成是一种扩展的线性数据结构。其特殊性不像栈和队列那样表现在对数据元素的操作受限制，而反映在数据元素的构成上。在线性表中，每个数据元素都是不可再分的原子类型，而数组和广义表中的数据元素可以推广到是一种具有特定结构的数据。本章以抽象数据类型的形式讨论数组和广义表的定义与实现，使读者加深对这两种特殊的线性结构的理解。

5.1　数组的定义

数组（Array）是我们很熟悉的一种数据结构，它可以看做线性表的推广。数组作为一种数据结构其特点是结构中的元素本身可以是具有某种结构的数据，但数据元素必须属于同一数据类型。例如，一维数组可以看成是一个线性表，二维数组可以将数据元素看做是一维数组类型的一维数组，n 维数组可以将数据元素看做是 n－1 维数组类型的一维数组。图 5.1 是一个 m 行 n 列的二维数组。

$$A_{mn}=\begin{bmatrix} a_{11} & a_{12} & \cdots & a_{1j} & \cdots & a_{1n} \\ a_{21} & a_{22} & \cdots & a_{2j} & \cdots & a_{2n} \\ \vdots & \vdots & \vdots & \vdots & \vdots & \vdots \\ a_{i1} & a_{i2} & \cdots & a_{ij} & \cdots & a_{1n} \\ \vdots & \vdots & \vdots & \vdots & \vdots & \vdots \\ a_{m1} & a_{m2} & \cdots & a_{mj} & \cdots & a_{mn} \end{bmatrix}_{m\times n}$$

图 5.1　二维数组图例

数组是一个具有固定格式和数量的数据有序集，每一个数据元素都对应唯一的一组下标。数组一旦被定义，每一维的大小及上下界都不再改变。在数组中通常做下面两种操作：存取元素和修改元素值的操作。

5.2 数组的顺序表示和实现

由于数组一般不做插入和删除操作，即结构中元素个数和元素间关系不变化，因此，一般采用顺序存储结构方法表示数组。

数组有两种不同的顺序存储方式：一种是按行优先顺序存储，另一种是按列优先顺序存储。在 PASCAL、C 语言中是按行优先顺序存储的，而在 FORTRAN 语言中则是按列优先顺序存储的。

例如，一个 2×3 二维数组，逻辑结构可以用图 5.2（a）表示。以行为主序的分配顺序为：a_{11}，a_{12}，a_{13}，a_{21}，a_{22}，a_{23}，如图 5.2（b）所示；以列为主序的分配顺序为：a_{11}，a_{21}，a_{12}，a_{22}，a_{13}，a_{23}，如图 5.2（c）所示。

a_{11}	a_{12}	a_{13}
a_{21}	a_{22}	a_{23}

（a）二维数组

a_{11}
a_{12}
a_{13}
a_{21}
a_{22}
a_{23}

（b）以行为主序

a_{11}
a_{21}
a_{12}
a_{22}
a_{13}
a_{23}

（c）以列为主序

图 5.2　2×3 数组的逻辑状态

如果按上述两种方式顺序存储数组，只要知道它的维数和各维的长度，便可为它分配存储空间。下面以行序为主序的存储结构为例予以说明。

当二维数组第一个数据元素 a_{11} 的存储地址 LOC(a_{11}) 和每个数据元素所占用的存储单元 k 确定后，该二维数组中任一数据元素 a_{ij} 的存储地址可由下式确定：

$$LOC(i,j)=LOC(0,0)+(c\times i+j)\times k$$

例如，有数组 $A_{4\times 5}$，c=5，LOC(a_{00})=100，计算 a_{23} 的存储地址。

根据地址计算函数得：LOC(a_{23})=100+(2×5+3)×2=126

推广到一般情况，可得到 n 维数组的数据元素存储位置的计算公式：

$$LOC(j_1,j_2,\cdots,j_n)=LOC(0,0,\cdots,0)+\sum_{i=1}^{n}c_i j_i（其中\ c_n=L,c_{i-1}=b_i\times c_i,1\leqslant i\leqslant n）$$

数组元素的存储位置是其下标的线性函数，一旦确定了数组的各维的长度，c_i 就是常数。由于计算各个元素存储位置的时间相等，所以存取数组中任一元素的时间也相等。我们称具有这一特点的存储结构为随机存储结构。

5.3 矩阵的压缩存储

在进行数值分析的过程中经常出现一些阶数很高的矩阵，同时在矩阵中有许多值相同的元素或者零元素。为了节省存储空间，可以对这类矩阵进行压缩存储。所谓压缩存储是指为多个值相同的元只分配一个存储空间，对零元不分配空间。

5.3.1 特殊矩阵

特殊矩阵是指非零元素或零元素的分布有一定规律的矩阵，为了节省存储空间，特别是在高阶矩阵的情况下，可以利用特殊矩阵的规律，对它们进行压缩存储，也就是说，使多个相同的非零元素共享同一个存储单元，对零元素不分配存储空间。

在一个 n 阶方阵中，有 $a_{ij}=a_{ji}$，其中 $1\leqslant i, j\leqslant n$，则称为 n 阶对称矩阵。对称矩阵关于主对角线对称，因此只需存储上三角或下三角部分即可。比如，我们只存储下三角中的元素 a_{ij}，其特点是其中 $j\leqslant i$ 且 $1\leqslant i\leqslant n$，对于上三角中的元素 a_{ij}，它和对应的 a_{ji} 相等，因此当访问的元素在上三角时，直接去访问和它对应的下三角元素即可，这样，原来需要 $n\times n$ 个存储单元，现在只需要 $n(n+1)/2$ 个存储单元，节约了 $n(n-1)/2$ 个存储单元，当 n 较大时，这是可观的一部分存储资源。

对下三角部分以行为主序顺序存储到一个向量中，在下三角中共有 $n(n+1)/2$ 个元素，因此，不失一般性，称 $n(n+1)/2$ 为 n 阶对称矩阵的压缩存储，如图 5.3 所示。

K=0	1	2	3	4	5		…			n(n+1)/2−1
a_{11}	a_{21}	a_{22}	a_{31}	a_{32}	a_{33}	…	a_{n1}	a_{n2}	…	a_{nn}

图 5.3　对称矩阵的压缩存储

若一个 n 阶方阵 A 满足其所有非零元素都集中在以主对角线为中心的带状区域中，则称其为 n 阶对角矩阵。其主对角线上下方各有 b 条次对角线，称 b 为矩阵半带宽，(2b+1) 为矩阵的带宽。对于半带宽为 $b(0\leqslant b\leqslant (n-1)/2)$ 的对角矩阵，其 $|i-j|\leqslant b$ 的元素 a_{ij} 不为零，其余元素为零，如图 5.4 所示。

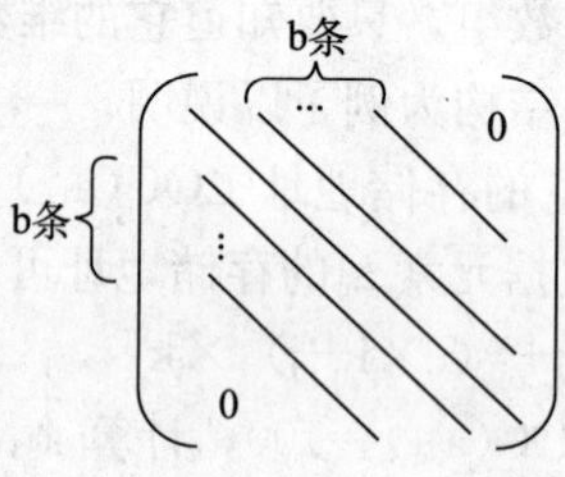

图 5.4　半带宽为 b 的对角矩阵

5.3.2 稀疏矩阵

在实际应用中我们经常遇到一类矩阵，其非零元较零元少，并且分布没有一定规律，我们称之为稀疏矩阵。例如一个 100×100 的矩阵，若其中只有 100 个非零元素，就可称其为稀疏矩阵。

如何进行稀疏矩阵的压缩存储呢？稀疏矩阵的压缩存储方法是只存储非零元素。

由于稀疏矩阵中非零元素的分布没有任何规律，所以在存储非零元素时还必须同时存储该非零元素所对应的行下标和列下标。这样稀疏矩阵中的每一个非零元素需由一个三元组 (i, j, a_{ij}) 唯一确定，稀疏矩阵中的所有非零元素构成三元组线性表。

假设有一个 6×7 阶稀疏矩阵 A（为图示方便，我们所取的行列数都很小），A 中元素如图 5.5 所示，则对应的三元组线性表为：

((0, 2, 1), (1, 1, 2), (2, 0, 3), (3, 3, 5), (4, 4, 6), (5, 5, 7), (5, 6, 4))

$$A_{6\times7}=\begin{bmatrix}0&0&1&0&0&0&0\\0&2&0&0&0&0&0\\3&0&0&0&0&0&0\\0&0&0&5&0&0&0\\0&0&0&0&6&0&0\\0&0&0&0&0&7&4\end{bmatrix}$$

图 5.5　稀疏矩阵 A

1. 三元组顺序表

若把稀疏矩阵的三元组线性表按顺序存储结构存储，则称为稀疏矩阵的三元组顺序表。

```
//-------------稀疏矩阵的三元组顺序表存储表示 ------
#define MaxSize 100          /*矩阵中非零元素最多个数*/
typedef struct
  {  int r;                  /*行号*/
     int c;                  /*列号*/
     ElemType d;             /*元素值*/
  }  TupNode;                /*三元组定义*/
typedef struct
  {  int rows;               /*行数值*/
     int cols;               /*列数值*/
     int nums;               /*非零元素个数*/
     TupNode data[MaxSize];
  }  TSMatrix;               /*三元组顺序表定义*/
```

其中，data 域中表示的非零元素通常以行序为主序顺序排列，它是一种按行有序存储结构。这种有序存储结构可简化大多数矩阵运算算法。下面的讨论假设 data 域按行有序存储。

(1) 从一个二维矩阵创建其三元组表示。

以行序方式扫描二维矩阵 A，将其非零的元素插入到三元组 t 的后面。算法如下：

```
void CreatMat(TSMatrix &t,ElemType A[M][N])
{  int i,j; t.rows = M;t.cols = N;t.nums = 0;
   for (i = 0;i<M;i ++ )
      {for (j = 0;j < N;j ++ )
           if (A[i][j]! = 0)                          /*只存储非零元素*/
              {  t.data[t.nums].r = i;t.data[t.nums].c = j;
                 t.data[t.nums].d = A[i][j];t.nums ++ ;
              }
      }
}
```

(2) 三元组元素赋值。

先在三元组 t 中找到适当的位置 k，将 k～t.nums 个元素后移一位，将指定元素 x 插入到 t.data[k] 处。算法如下：

```
int Value(TSMatrix &t,ElemType x,int rs,int cs)
   { int i,k = 0;
     if (rs > = t.rows || cs > = t.cols) return 0;
```

```
        while  (k<t.nums && rs>t.data[k].r) k++;   /*查找行*/
        while  (k<t.nums && cs>t.data[k].c) k++;   /*查找列*/
    if      (t.data[k].r==rs && t.data[k].c==cs)
             t.data[k].d=x;                         /*存在这样的元素
    else                                            /*不存在这样的元素时插入一个元素*/
            { for (i=t.nums-1;i>k;i--)              /*元素后移*/
                    { t.data[i+1].r=t.data[i].r;
                      t.data[i+1].c=t.data[i].c;
                      t.data[i+1].d=t.data[i].d;
                    }
                t.data[k].r=rs;t.data[k].c=cs;t.data[k].d=x;
                t.nums++;
            }
                return 1;
    }
```

（3）将指定位置的元素值赋给变量。

先在三元组 t 中找到指定的位置，将该处的元素值赋给 x。算法如下：

```
int Assign(TSMatrix t,ElemType &x,int rs,int cs)
{   int k=0;
    if (rs>=t.rows || cs>=t.cols) return 0;
    while   (k<t.nums && rs>t.data[k].r) k++;
    while   (k<t.nums && cs>t.data[k].c) k++;
    if   (t.data[k].r==rs && t.data[k].c==cs)
        {   x=t.data[k].d;
            return 1;
        }
    else   return 0;
}
```

（4）输出三元组。

从头到尾扫描三元组 t，依次输出元素值。算法如下：

```
void DispMat(TSMatrix t)
{   int i;
    if (t.nums<=0) return;
    printf("\t%d\t%d\t%d\n",t.rows,t.cols,t.nums);
    printf(" -------------------\n");
    for (i=0;i<t.nums;i++)
    printf("\t%d\t%d\t%d\n",t.data[i].r,t.data[i].ct.data[i].d);
}
```

（5）矩阵转置。

对于一个 $m\times n$ 的矩阵 $A_{m\times n}$，其转置矩阵是一个 $n\times m$ 的矩阵，设为 $B_{n\times m}$，满足 $a_{ij}=b_{ji}$，其中 $1\leqslant i\leqslant m$，$1\leqslant j\leqslant n$。其完整的转置算法如下：

```
void TranTat(TSMatrix t,TSMatrix &tb)
{   int p,q=0,v;                                    /*q为tb.data的下标*/
    tb.rows=t.cols;tb.cols=t.rows;tb.nums=t.nums;
      if (t.nums!=0)
```

```
    {   for (v = 0;v < t.cols;v ++ )
            for (p = 0;p < t.nums;p ++ )                    /∗p 为 t.data 的下标∗/
                if (t.data[p].c == v)
                {   tb.data[q].r = t.data[p].c;
                    tb.data[q].c = t.data[p].r;
                    tb.data[q].d = t.data[p].d;
                    q++ ;
                }
    }
}
```

以上算法的时间复杂度为 O(t.cols ∗ t.nums)，而将二维数组存储在一个 m 行 n 列矩阵中时，其转置算法的时间复杂度为 O(m ∗ n)。最坏情况是当稀疏矩阵中的非零元素个数 t.nums 和 m ∗ n 同数量级时，上述转置算法的时间复杂度为 $O(m*n^2)$。

对于其他几种矩阵运算也是如此。可见，常规的非稀疏矩阵应采用二维数组存储，只有当矩阵中非零元素个数 s 满足 s<<m ∗ n 时，方可采用三元组顺序表存储结构。

2. 十字链表

十字链表为稀疏矩阵的每一行设置一个单独链表，同时也为每一列设置一个单独链表。这样稀疏矩阵的每一个非零元素就同时包含在两个链表中，即每一个非零元素同时包含在所在行的行链表中和所在列的列链表中。这就大大降低了链表的长度，方便了算法中行方向和列方向的搜索，因而大大降低了算法的时间复杂度。

对于一个 m×n 的稀疏矩阵，每个非零元素用一个结点表示，结点结构可以设计成如图 5.6 (a) 所示的结构。其中 i，j，value 分别代表非零元素所在的行号、列号和相应的元素值；down 和 right 分别称为向下指针和向右指针，分别用来链接同列中和同行中的下一个非零元素结点。

i	j	value
down	right	

(a) 结点结构

i	j	next
down	right	

(b) 头结点结构

图 5.6　十字链表结点结构

在十字链表中设置行头结点、列头结点和链表头结点，它们采用与非零元素结点类似的结点结构，如图 5.6 (b) 所示。其中行头结点和列头结点的 i，j 域值均为 0；行头结点的 right 指针指向该行链表的第一个结点，它的 down 指针为空；列头结点的 down 指针指向该列链表的第一个结点，它的 right 指针为空。行头结点和列头结点必须顺序链接，这样当需要逐行（列）搜索时，才能一行（列）搜索完后顺序搜索下一行（列），行头结点和列头结点均用 link 指针完成顺序链接。

例如，有一个稀疏矩阵：

$$B_{3\times4}=\begin{bmatrix}1 & 0 & 0 & 2\\0 & 0 & 3 & 0\\0 & 0 & 0 & 4\end{bmatrix}$$

其十字链表如图 5.7 所示。

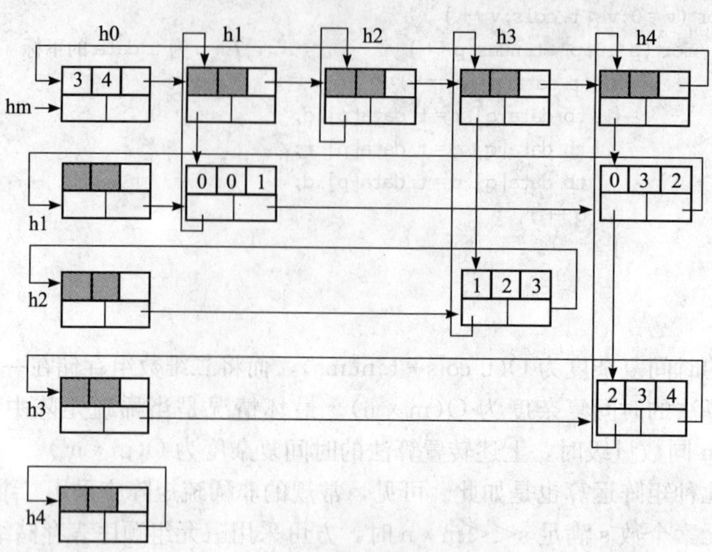

图 5.7　稀疏矩阵 B 的十字链表

十字链表结点结构和头结点的数据结构可定义如下：

```
#define M 3                                /*矩阵行*/
#define N 4                                /*矩阵列*/
#define Max ((M)>(N)?(M):(N))              /*矩阵行列较大者*/
typedef struct mtxn
{    int row;                              /*行号*/
     int col;                              /*列号*/
     struct mtxn *right, *down;            /*向右和向下的指针*/
     union
   { int value;
     struct mtxn *link;
     } tag;
  } MatNode;                               /*十字链表类型定义*/
```

5.4　广义表的定义

广义表简称表，它是线性表的推广。一个广义表是 n(n≥0) 个元素的一个序列，当 n=0 时称为空表。设 a_i 为广义表的第 i 个元素，则广义表 GL 的一般表示与线性表相同：

$$GL=(a_1, a_2, \cdots, a_i, \cdots, a_n)$$

其中 n 表示广义表的长度，即广义表中所含元素的个数，n≥0。如果 a_i 是单个数据元素，则 a_i 是广义表 GL 的原子；如果 a_i 是一个广义表，则 a_i 是广义表 GL 的子表。

广义表具有以下重要特性：

(1) 广义表中的数据元素有相对次序。

(2) 广义表的长度定义为最外层包含元素的个数。

(3) 广义表的深度定义为所含括号的层数。其中，原子的深度为 0，空表的深度为 1。

(4) 广义表可以共享，一个广义表可以为其他广义表共享，这种共享广义表称为再入表。

(5) 广义表可以是一个递归的表。一个广义表可以是自己的子表，这种广义表称为递归表。递归表的深度是无穷值，长度是有限值。

(6) 任何一个非空广义表 GL 均可分解为表头 head(GL) = a_1 和表尾 tail(GL) = (a_2，…，a_n) 两部分。

为了简单起见，下面讨论的广义表不包括前面定义的再入表和递归表，即只讨论一般的广义表。另外，我们规定用小写字母表示原子，用大写字母表示广义表的表名。例如：

A=( ) A 是一个空表，它的长度为零。

B=(e) 列表 B 只有一个原子 e，B 的长度为 1。

C=(a，(b，c，d)) 列表 C 的长度为 2，两个元素分别为原子 a 和字表(b，c，d)。

D=(A，B，C)=(( )，(e)，(a，(b，c，d))) 列表 D 的长度为 3，3 个元素都是列表。

E=((a，(a，b)，((a，b)，c))) 列表 E 的长度为 3。

图 5.8 给出了列表的图形表示。

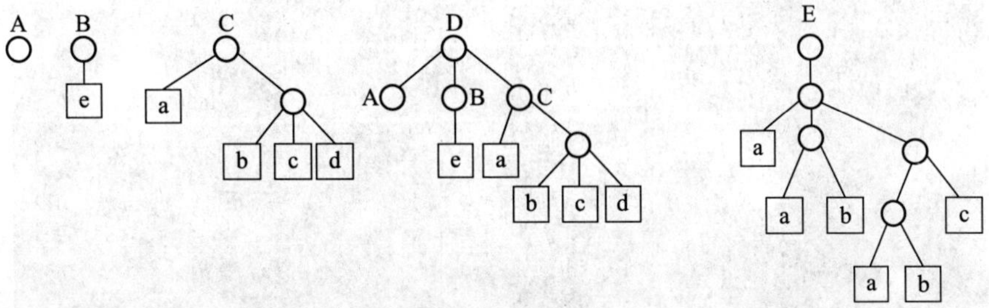

图 5.8 列表的图形表示

5.5 广义表的存储结构

广义表是一种递归的数据结构，因此很难为每个广义表分配固定大小的存储空间，所以其存储结构只好采用动态链式结构。

我们将一个广义表看成一棵树，为了方便存储，将其转换成一棵二叉树。这里用图 5.9 中的广义表 C 说明其转换过程。在图 5.9 中，左边的图表示转换的中间状态，右边的图表示转换的最终状态，即一棵二叉树。从二叉树中看到，有两类结点，一类为圆圈结点，在这里对应子表；另一类为方形结点，在这里对应原子。

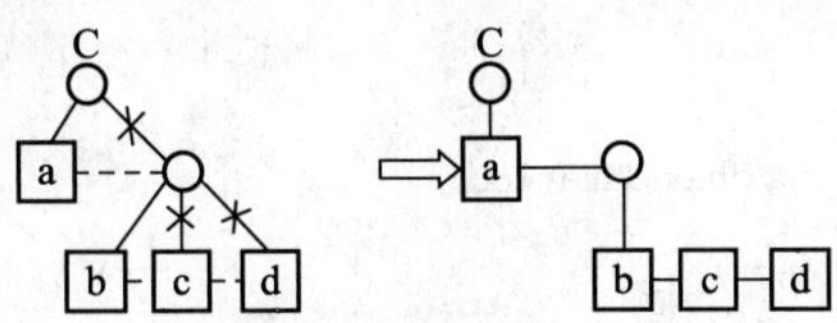

图 5.9 广义表的存储结构示例

广义表形式定义说明：

```
typedef struct lnode
  {  int tag;                          /* 结点类型标志 */
     union
     {  ElemType data;
        struct lnode * sublist;
```

```
    } val;
      struct lnode * link;            /* 指向下一个元素 */
  }   GLNode;                         /* 广义表结点类型定义 */
```

项目实训

实训题目：广义表的应用

实训目的：利用广义表的头尾链表存储结构建立广义表。（要求：通过输入的广义表表达式建立相应的广义表，并且输出广义表；求出该表的表头和表尾；将已知广义表复制得到新表；按从左到右的顺序输出广义表的原子及各原子的层次。）

实训内容：

1. 界面设计

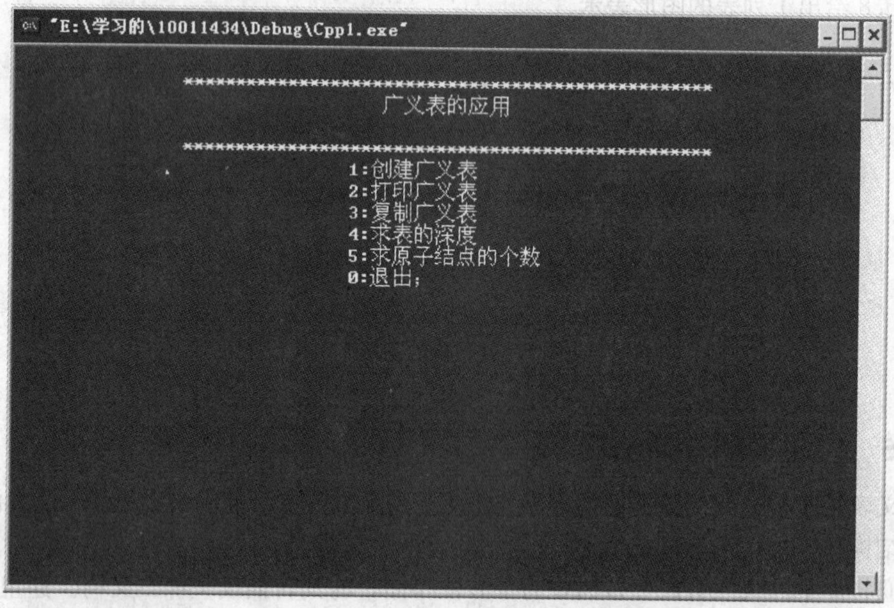

2. 代码编写

```
/* 广义表的实现 */
#include "stdio.h"
typedef struct node
{int tag;
  union{struct node * sublist;char data;}dd;
  struct node * link;
} NODE;

/* 递归创建广义表 */
NODE * creat_GL(char ** s)
{ NODE * h;
  char ch;
  ch = * ( * s);
  ( * s) ++ ;
  if(ch! ='\0')
```

```
  {  h=(NODE * )malloc(sizeof(NODE));
     if(ch=='(')
    {  h-> tag=1;
       h-> dd. sublist=creat_GL(s);
    }
    else
    {  h-> tag=0;
       h-> dd. data=ch;
    }
}
  else
     h=NULL;
     ch= * ( * s);
     ( * s) ++ ;
      if(h! =NULL)
          if(ch==',')
        h-> link =creat_GL(s);
            else
        h-> link=NULL;
    return(h);
 }
```

```
 /*打印广义表 */
 vOId prn_GL(NODE * p)
 {  if(p! =NULL)
    {
      if(p-> tag==1)
      {
        printf("(");
        if(p-> dd. sublist  ==NULL)
        printf(" ");
        else
        prn_GL(p-> dd. sublist );
      }
     else
        printf(" %c",p-> dd. data);
        if(p-> tag==1)
        printf(")");
        if(p-> link! =NULL)
       {
        printf(",");
        prn_GL(p-> link);
       }
    }
  }
```

```
  /*复制广义表 */
  NODE * copy_GL(NODE * p)
  {  NODE * q;
     if(p==NULL) return(NULL);
```

```
    q=(NODE *)malloc(sizeof(NODE));
    q->tag=p->tag;
    if(p->tag)
      q->dd.sublist =copy_GL(p->dd.sublist );
    else
      q->dd.data =p->dd.data;
    q->link=copy_GL(p->link);
    return(q);
  }

/* 求表的深度函数 */
int depth(NODE *p)
{  int h,maxdh;
   NODE *q;
   if(p->tag==0) return(0);
   else
   if(p->tag==1&&p->dd.sublist==NULL) return 1;
   else
   {  maxdh=0;
      while(p!=NULL)
    { if(p->tag==0) h=0;
      else
      {  q=p->dd.sublist;
         h=depth(q);
      }
      if  (h>maxdh)
      maxdh=h;
      p=p->link;
    }
    return(maxdh+1);
   }
}

/* 求原子结点的个数函数 */
int count(NODE *p)
{  int m,n;
   if(p==NULL) return(0);
   else
   {  if(p->tag==0) n=1;
      else
        n=count(p->dd.sublist);
          if(p->link!=NULL)
           m=count(p->link);
          else m=0;
   return(n+m);
   }
}
```

专项练习 5

一、基本题

1. 填空题

(1) 已知二维数组 A [20] [10] 采用行序为主方式存储，每个元素占 2 个存储单元，并且 A [10] [5] 的存储地址是 1000，则 A [18] [9] 的存储地址是________。

(2) 广义表 ((a, b), c, d) 的表头是________，表尾是________。

(3) 广义表 ((((a), b), c), d) 的表头是________，表尾是________。

(4) 数组的存储结构采用________存储方式。

(5) 设二维数组 A [−20..30, −30..20]，每个元素占 4 个存储单元，存储起始地址为 200。如按行优先顺序存储，则元素 A [25, 18] 的存储地址为________；如按列优先顺序存储，则元素 A [−18, −25] 的存储地址为________。

(6) 设数组 a [1..50, 1..80] 的基地址为 2000，每个元素占 2 个存储单元，若以行序为主序顺序存储，则元素 a [45, 68] 的存储地址为________；若以列序为主序顺序存储，则元素 a [45, 68] 的存储地址为________。

(7) 将整型数组 A [1..8, 1..8] 按行优先次序存储在起始地址为 1000 的连续的内存单元中，则元素 A [7, 3] 的地址是________。

(8) 二维数组 a [4] [5] [6] (下标从 0 开始计，a 有 4 * 5 * 6 个元素)，每个元素的长度是 2，则 a [2] [3] [4] 的地址是________。(设 a [0] [0] [0] 的地址是 1000，数据以行为主方式存储)

(9) 设有二维数组 A [0..9, 0..19]，其每个元素占 2 字节，第一个元素的存储地址为 100，若按列优先顺序存储，则元素 A [6, 6] 存储地址为________。

(10) 已知数组 A [0..9, 0..9] 的每个元素占 5 个存储单元，将其按行优先次序存储在起始地址为 1000 的连续的内存单元中，则元素 A [6, 8] 的地址为________。

(11) 已知二维数组 A [1..10, 0..9] 中每个元素占 4 个单元，在按行优先方式将其存储到起始地址为 1000 的连续存储区域时，A [5, 9] 的地址是________。

2. 选择题

(1) 设有一个二维数组 A [m] [n]，假设 A [0] [0] 存放位置在 600 (10)，A [3] [3] 存放位置在 678 (10)，每个元素占一个空间，问 A [2] [3] (10) 存放在什么位置？(脚注 (10) 表示用十进制表示，m > 3) (　　)

A. 658　　B. 648　　C. 633　　D. 653

(2) 设矩阵 A 是一个对称矩阵，为了节省存储，将其下三角部分按行序存放在一维数组 B [1, n(n−1)/2] 中，对下三角部分中任一元素 a_{ij} (i≤j)，在一维数组 B 的下标位置 k 的值是(　　)。

A. i (i−1)/2+j−1　　B. i (i−1)/2+j

C. i (i+1)/2+j−1　　D. i (i+1)/2+j

(3) 设有一个 10 阶的对称矩阵 A，采用压缩存储方式，以行序为主存储，a_{11} 为第一元素，其存储地址为 1，每个元素占一个地址空间，则 a_{85} 的地址为(　　)。

A. 13　　B. 33　　C. 18　　D. 40

(4) 设有数组 A [i, j]，数组的每个元素长度为 3 字节，i 的值为 1 到 8，j 的值为 1 到

10，数组从内存首地址 BA 开始顺序存放，当以列为主存放时，元素 A［5，8］的存储首地址为（　　）。

A. BA＋141　　B. BA＋180　　C. BA＋222　　D. BA＋225

（5）假设以行序为主序存储二维数组 A＝array［1..100，1..100］，设每个数据元素占 2 个存储单元，基地址为 10，则 LOC［5，5］＝（　　）。

A. 808　　B. 818　　C. 1010　　D. 1020

（6）数组 A［0..5，0..6］的每个元素占 5 字节，将其按列优先次序存储在起始地址为 1000 的内存单元中，则元素 A［5，5］的地址是（　　）。

A. 1175　　B. 1180　　C. 1205　　D. 1210

（7）将一个 A［1..100，1..100］的三对角矩阵，按行优先存入一维数组 B［1‥298］中，A 中元素 A_{6665}（即该元素下标 i＝66，j＝65）在 B 数组中的位置 k 为（　　）。

A. 198　　B. 195　　C. 197　　D. 196

（8）二维数组 A 的每个元素是由 6 个字符组成的串，其行下标 i＝0，1，…，8，列下标 j＝1，2，…，10。若 A 按行优先存储，元素 A［8，5］的起始地址与当 A 按列优先存储时的元素（　　）的起始地址相同。设每个字符占 1 个字节。

A. A［8，5］　　B. A［3，10］　　C. A［5，8］　　D. A［0，9］

（9）若对 n 阶对称矩阵 A 以行序为主序方式将其下三角形的元素（包括主对角线上所有元素）依次存放于一维数组 B［1..（n(n＋1)）/2］中，则在 B 中确定 a_{ij}（i＜j）的位置 k 的关系为（　　）。

A. i＊(i－1)/2＋j　　B. j＊(j－1)/2＋i　　C. i＊(i＋1)/2＋j　　D. j＊(j＋1)/2＋i

3. 程序填空题

若矩阵 A_{mn} 中存在某个元素 a_{ij}，满足 a_{ij} 是第 i 行中的最小值且是第 j 列中的最大值，则称该元素为矩阵 A 的一个鞍点。程序如下：

```
void saddle ( int A[][], int m, int n )
/ * m 和 n 是矩阵 A 的行和列 * /
{ int i, j, min, k, p;
  for (i = 0; i < m; i ++ )
    { min = A[i][0]
      for (j = 1; j < n; j ++ )
        if (____________________)
  for(j = 0; j < n; j ++ )
   if(A[i][j] == min)
      { k = j ; p = 0;
     while(____________________)
       p++;
        if(p >= m) printf(" %d,d, %d\n", i, k, min);
      }
   }
}
```

4. 应用题

（1）设二维数组 A_{5*6} 的每个元素占 4 字节，已知 LOC(a_{00})＝1000，则 A 共占多少字节？A 的终端结点 a_{45} 的起始地址是多少？按行和按列优先存储时，a_{25} 的起始地址是多少？

(2) 已知 b 对角矩阵 $(a_{ij})_{n*n}$，以行主序将 b 条对角线上的非零元存储在一维数组中，每个数据元素占 L 个存储单元，存储基地址为 S，请用 i，j 表示出 a_{ij} 的存储位置。

(3) 数组 A 中，每个元素 A [i，j] 的长度均为 32 个二进位，行下标从－1 到 9，列下标从 1 到 11，从首地址 S 开始连续存放到主存储器中，主存储器字长为 16 位。求：

① 存放该数组需多少单元？

② 存放数组第 4 列所有元素至少需多少单元？

③ 数组按行存放时，元素 A [7，4] 的起始地址是多少？

④ 数组按列存放时，元素 A [4，7] 的起始地址是多少？

5. 编写程序算法

假设稀疏矩阵 M、N 和 C 均用本书采用的三元组顺序表存储，请编写算法完成矩阵减法运算 C=M－N。

二、国家计算机等级考试试题

1. 填空题

(1) 已知一个 3 行、4 列的二维数组 A（各维下标均从 1 开始），如果按“以列为主”顺序存储，则排在第 8 个位置的元素是________。

(2) 一个广义表的深度等于________嵌套的最大层数。

(3) 已知二维数组 A [m] [n] 采用行序为主方式存储，每个元素占 k 个存储单元，并且第一个元素的存储地址是 LOC(A [0] [0])，则 A [0] [0] 的地址是________。

(4) 用一维数组 B 以列优先存放带状矩阵 A 中的非零元素 A [i，j] (1≤i≤n，i－2≤j≤i+2)，B 中的第 8 个元素是 A 中的第________行，第________列的元素。

(5) 设数组 A [0..8，1..10] 中任一元素 A [i，j] 均占内存 48 个二进制位，从首地址 2000 开始连续存放在主内存中，主内存字长为 16 位，那么

① 存放该数组至少需要的单元数是________；

② 存放数组的第 8 列的所有元素至少需要的单元数是________；

③ 数组按列存储时，元素 A [5，8] 的起始地址是________。

(6) 设 n 行 n 列的下三角矩阵 A 已压缩到一维数组 B [1..n*(n+1)/2] 中，若按行为主序存储，则 A [i，j] 对应的 B 中存储位置为________。

(7) n 阶对称矩阵 a 满足 a [i] [j]=a [j] [i]，i，j=1..n，用一维数组 t 存储时，t 的长度为________，当 i=j，a [i] [j]=t [ ]，i>j，a [i] [j]=t [ ]，i<j，a [i] [j]=t [ ]。

(8) 已知三对角矩阵 A [1..9，1..9] 的每个元素占 2 个单元，现将其三条对角线上的元素逐行存储在起始地址为 1000 的连续的内存单元中，则元素 A [7，8] 的地址为________。

(9) 设有一个 10 阶对称矩阵 A 采用压缩存储方式（以行为主序存储：a_{11}=1），则 a_{85} 的地址为________。

(10) 所谓稀疏矩阵指的是________。

2. 选择题

(1) 数组 A [8] [10] 中，每个元素 A 的长度为 3 字节，从首地址 SA 开始连续存放在存储器中，该数组按行存放时，元素 A [7] [4] 的起始地址为(　　)。

A. SA+141　　B. SA+144　　C. SA+222　　D. SA+225

(2) 数组 A［8］［10］中，每个元素 A 的长度为 3 字节，从首地址 SA 开始连续存放在存储器中，该数组按列存放时，元素 A［4］［7］的起始地址为(　　)。

A. SA＋141　　B. SA＋180　　C. SA＋222　　D. SA＋225

(3) 二维数组 M 的元素是 4 个字符（每个字符占一个存储单元）组成的串，行下标 i 的范围从 0 到 4，列下标 j 的范围从 0 到 5，M 按行存储时元素 M［3］［5］的起始地址与 M 按列存储时元素(　　)的起始地址相同。

A. M［2］［4］　　B. M［3］［4］　　C. M［3］［5］　　D. M［4］［4］

(4) A［N，N］是对称矩阵，将下三角（包括对角线）以行序存储到一维数组 T［N(N＋1)/2］中，则对任一上三角元素 a［i］［j］对应 T［k］的下标 k 是(　　)。

A. i (i－1)/2＋j　　B. j (j－1)/2＋i

C. i (j－i)/2＋1　　D. j (i－1)/2＋1

(5) 设二维数组 A［1..m，1..n］（即 m 行 n 列）按行存储在数组 B［1..m * n］中，则二维数组元素 A［i，j］在一维数组 B 中的下标为(　　)。

A. (i－1) * n＋j　　B. (i－1) * n＋j－1

C. i * (j－1)　　D. j * m＋i－1

(6) 有一个 100 * 90 的稀疏矩阵，非 0 元素有 10 个，设每个整型数占 2 字节，则用三元组表示该矩阵时，所需的字节数是(　　)。

A. 60　　B. 66　　C. 18 000　　D. 33

(7) 数组 A［0..4，－1..－3，5..7］中含有元素的个数为(　　)。

A. 55　　B. 45　　C. 36　　D. 16

(8) 用数组 r 存储静态链表，结点的 next 域指向后继，工作指针 j 指向链中结点，使 j 沿链移动的操作为(　　)。

A. j＝r［j］. next　　B. j＝j＋1　　C. j＝j-> next　　D. j＝r［j］-> next

三、专升本试题

1. 填空题

(1) 已知二维数组 A［10］［20］采用行序为主方式存储，每个元素占 2 个存储单元，并且 A［0］［0］的存储地址是 1024，则 A［6］［18］的地址是________。

(2) 在一个稀疏矩阵中，每个非零元素所对应的三元组包括该元素的________、________和________三项。

(3) 设 n 行 n 列的下三角矩阵 A 已压缩到一维数组 S［1..n * (n＋1)/2］中，若按行序为主存储，则 A［i］［j］对应的 S 中的存储位置是________。

(4) 已知广义表 LS＝(a，(b，c，d)，e)，运用 head 和 tail 函数取出 LS 中原子 b 的运算是________。

(5) 广义表 A＝(((a，b)，(c，d，e)))，取出 A 中的原子 e 的操作是________。

(6) 设某广义表 H＝(A，(a，b，c))，运用 head 函数和 tail 函数求出广义表 H 中某元素 b 的运算式为________。

(7) 广义表 A (((　　)，(a，(b)，c)))，head(tail(head(tail(head(A))))) 等于________。

(8) 广义表运算式 HEAD (TAIL (((a，b，c)，(x，y，z)))) 的结果是________。

(9) 已知广义表 A＝(((a，b)，(c)，(d，e)))，head(tail(tail(head(A)))) 的结果

是________。

(10) 利用广义表的 GetHead 和 GetTail 操作，从广义表 L=((apple，pear)，(banana，orange)) 中分离出原子 banana 的函数表达式是________。

2. 选择题

(1) 设有一个 10∗10 的对称矩阵采用（本章介绍的）压缩存储，M [0] [0] 为第一个矩阵元素，其存储地址为 d，每个元素占 2 字节，则矩阵元素 M [6] [8] 的存储地址为(　　)

A. d+84　　B. d+85　　C. d+86　　D. d+87

(2) 设二维数组 a [1...60] [2...70] 的基地址为 2048，每个元素占 2 个存储单元，若以行优先顺序存储，元素 a [32] [58] 的地址是(　　)。

A. 6484　　B. 6438　　C. 6439　　D. 6553

(3) 设 A 是 n∗n 的对称矩阵，将 A 的对角线及对角线上方的元素以列为主的次序存放在一维数组 B [1..n(n+1)/2] 中，上述任一元素 a_{ij} (1≤i，j≤n，且 i≤j) 在 B 中的位置为(　　)。

A. i (i−1)/2+j　　B. j (j−1)/2+i　　C. j (j−1)/2+i−1　　D. i (i−1)/2+j−1

(4) 对稀疏矩阵进行压缩存储的目的是(　　)。

A. 便于进行矩阵运算　　B. 便于输入和输出

C. 节省存储空间　　D. 降低运算的时间复杂度

(5) 已知广义表 L=((x，y，z)，a，(u，t，w))，从 L 表中取出原子项 t 的运算是(　　)。

A. head(tail(tail(L)))　　B. tail(head(head(tail(L))))

C. head(tail(head(tail(L))))　　D. head(tail(head(tail(tail(L)))))

(6) 已知广义表 LS=((a，b，c)，(d，e，f))，运用 head 和 tail 函数取出 LS 中原子 e 的运算是(　　)。

A. head(tail(LS))　　B. tail(head(LS))

C. head(tail(head(tail(LS))))　　D. head(tail(tail(head(LS))))

3. 判断题

(1) 广义表的长度是指广义表中的原子个数。(　　)

(2) 取出广义表 A=(a，(b，c)，d) 中的运算 head(tail(A)) 的结果不是 b。(　　)

(3) 若广义表中的每个元素都是原子，则广义表为线性表。(　　)

(4) 稀疏矩阵是指大多数元素值为 0，只有少数元素值不为 0 的矩阵。(　　)

(5) 矩阵的压缩存储适用于所有矩阵。(　　)

(6) 稀疏矩阵可以用三元组的方式存储。(　　)

(7) 一个稀疏矩阵 A_{m*n} 采用三元组形式表示，若把三元组中有关行下标与列下标的值互换，并把 m 和 n 的值互换，则就完成了 A_{m*n} 的转置运算。(　　)

(8) 二维以上的数组其实是一种特殊的广义表。(　　)

(9) 广义表的取表尾运算，其结果通常是个表，但有时也可能是个单元素值。(　　)

(10) 若一个广义表的表头为空表，则此广义表亦为空表。(　　)

4. 应用题

(1) 画出下列广义表的图形表示：

① A (a, B (b, d), C (e, B (b, d), L (f, g))); ② A (a, B (b, A))。

(2) 数组 A [1..8, -2..6, 0..6] 以行为主序存储，设第一个元素的首地址是 78，每个元素的长度为 4，试求元素 A [4, 2, 3] 的存储首地址。

(3) 假设按低下标优先存储整型数组 A (-3:8, 3:5, -4:0, 0:7) 时，第一个元素的字节存储地址是 100，每个整数占 4 字节，问 A (0, 4, -2, 5) 的存储地址是多少?

5. 编写程序算法

阅读下列函数 arrange ( )

```
int arrange(int a[ ], int 1, int h, int x)
{//1 和 h 分别为数据区的下界和上界
  int i, j, t;
  i = 1; j = h;
  while(i < j){
  while(i < j && a[j]> = x)j--;
  while(i < j && a[j]> = x)i ++ ;
  if(i < j)
    { t = a[j];a[j] = a[i];a[i] = t;}
    }
  if(a[i]< x) return i;
   else return i - 1;
}
```

(1) 写出该函数的功能。

(2) 写一个调用上述函数实现下列功能的算法：对一整型数组 b [n] 中的元素进行重新排列，将所有负数均调整到数组的低下标端，将所有正数均调整到数组的高下标端，若有零值，则置于两者之间，并返回数组中零元素的个数。

第 6 章　树和二叉树

教学重点

- 基本概念：树、结点的度、树的度、分支结点、叶子结点、路径、路径长度、孩子结点、双亲结点、兄弟结点、结点的层次、树的高度、有序树、无序树、森林、二叉树、哈夫曼树；
- 二叉树的基本形态；
- 二叉树的基本性质；
- 二叉树与树、森林之间的相互转换；
- 二叉树的存储；
- 二叉树的遍历；
- 二叉树线索；
- 哈夫曼树的构造及哈夫曼编码。

6.1　树的定义和基本术语

6.1.1　树的定义

以下是树的形式化定义：

树：T＝｛K，R｝。K 是包含 n 个结点的有穷集合（n>0），关系 R 满足以下条件：

(1) 有且仅有一个结点 $k_0 \in K$，它对于关系 R 来说，没有前驱结点，结点 k_0 称作树的根。

(2) 除结点 k_0 外，K 中的每个结点对于关系 R 来说，都有且仅有一个前驱结点。

(3) K 中每个结点对于关系 R 来说，可以有多个后继结点。

以下是递归定义：

树是由 n(n⩾0) 个结点组成的有限集合（记为 T）。

其中，如果 n=0，它是一棵空树，这是树的特例；如果 n>0，这 n 个结点中存在（有仅存在）一个结点作为树的根结点，简称为根（root），其余结点可分为 m（m>0）个互不相交的有限集 T_1，T_2，…，T_m，其中每一棵子集本身又是一棵符合本定义的树，称为根 root 的子树。

6.1.2　树的表示

(1) 树形表示法。这是树的最基本的表示，使用一棵倒置的树表示树结构，非常直观和形象。图 6.1 是树形表示法。

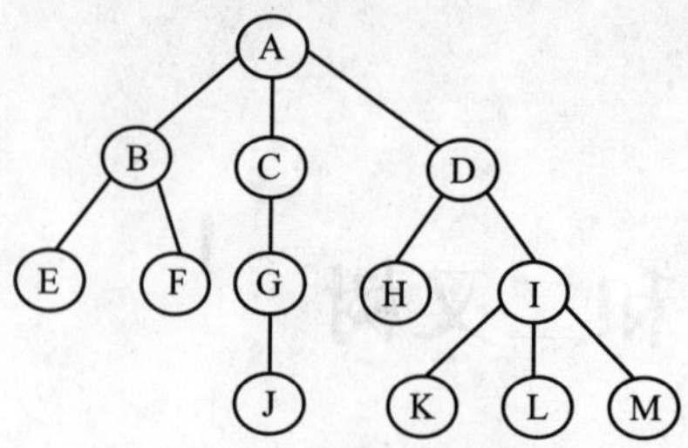

图 6.1　树的树形表示法

(2) 文氏图表示法。使用集合以及集合的包含关系描述树结构。图 6.2 是树的文氏图表示法。

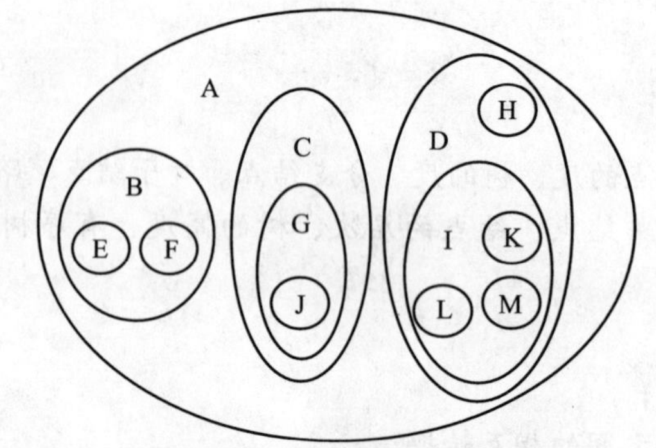

图 6.2　树的文氏图表示法

(3) 凹入表示法。使用线段的伸缩描述树结构。图 6.3 是树的凹入表示法。

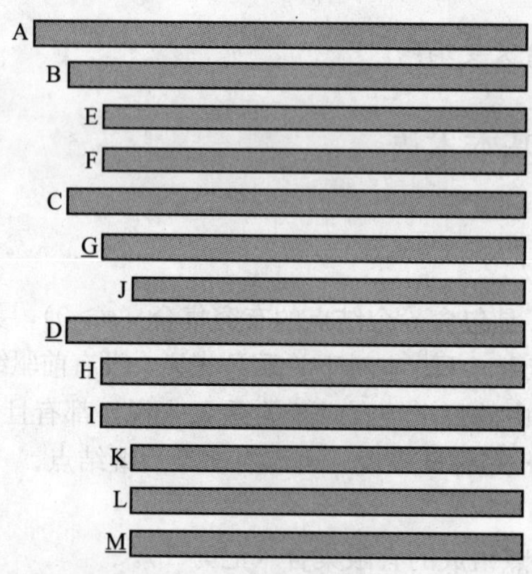

图 6.3　树的凹入表示法

(4) 括号表示法。将树的根结点写在括号的左边，除根结点之外的其余结点写在括号中并用逗号间隔来描述树结构。图 6.4 是树的括号表示法。

A(B(E,F),C(G(J)),D(H,I(K,L,M)))

图 6.4　树的括号表示法

6.1.3 树的基本术语

(1) 结点的度与树的度：树中某个结点的子树的个数称为该结点的度。树中各结点的度的最大值称为树的度，通常将度为 m 的树称为 m 次树。

(2) 分支结点与叶结点：度不为零的结点称为非终端结点，又叫分支结点。度为零的结点称为终端结点或叶结点。在分支结点中，每个结点的分支数就是该结点的度。例如，对于度为 1 的结点，其分支数为 1，被称为单分支结点；对于度为 2 的结点，其分支数为 2，被称为双分支结点，其余以此类推。

(3) 路径与路径长度：对于任意两个结点 k_i 和 k_j，若树中存在一个结点序列 k_i，k_{i1}，k_{i2}，…，k_{in}，k_j，使得序列中除 k_i 外的任一结点都是其在序列中的前一个结点的后继，则称该结点序列为由 k_i 到 k_j 的一条路径，用路径所通过的结点序列（k_i，k_{i1}，k_{i2}，…，k_j）表示这条路径。路径的长度等于路径所通过的结点数目减 1（即路径上的分支数目）。可见，路径就是从 k_i 出发“自上而下”到达 k_j 所通过的树中结点序列。显然，从树的根结点到树中其余结点均存在一条路径。

(4) 孩子结点、双亲结点和兄弟结点：在一棵树中，每个结点的后继，被称做该结点的孩子结点（或子女结点）。相应地，该结点被称做孩子结点的双亲结点（或父母结点）。具有同一双亲的孩子结点互为兄弟结点。进一步推广这些关系，可以把每个结点的所有子树中的结点称为该结点的子孙结点，从树根结点到达该结点的路径上经过的所有结点被称做该结点的祖先结点。

(5) 结点的层次和树的高度：树中的每个结点都处在一定的层次上。结点的层次从树根开始定义，根结点为第 1 层，它的孩子结点为第 2 层，以此类推，一个结点所在的层次为其双亲结点所在的层次加 1。树中结点的最大层次称为树的高度（或树的深度）。

(6) 有序树和无序树：若树中各结点的子树是按照一定的次序从左向右安排的，且相对次序是不能随意变换的，则称为有序树，否则称为无序树。

(7) 森林：$n(n>0)$ 个互不相交的树的集合称为森林。森林的概念与树的概念十分相近，因为只要把树的根结点删去就成了森林。反之，只要给 n 棵独立的树加上一个结点，并把这 n 棵树作为该结点的子树，则森林就变成了树。

6.1.4 树的性质

性质 1：树中的结点数等于所有结点的度数加 1。

证明：根据树的定义，在一棵树中，除树根结点外，每个结点有且仅有一个前驱结点。也就是说，每个结点与指向它的一个分支一一对应，所以除树根之外的结点数等于所有结点的分支数（度数），从而可得树中的结点数等于所有结点的度数加 1。

性质 2：度为 m 的树中第 i 层上至多有 m^{i-1} 个结点，这里应有 $i \geqslant 1$。

性质 3：高度为 h 的 m 次树至多有 $(m^h-1)/(m-1)$ 个结点。

性质 4：具有 n 个结点的 m 次树的最小高度为 $\lceil \log_m(n(m-1)+1) \rceil$。

* 性质 2、3、4 的证明略，建议高职学生作为了解知识，本科学生可参考相关资料或自己证明研究。

6.1.5 树的基本运算

树的运算主要分为三大类：

第一类，寻找满足某种特定关系的结点，如寻找当前结点的双亲结点等；

第二类，插入或删除某个结点，如在树的当前结点上插入一个新结点或删除当前结点的第 i 个孩子结点等；

第三类，遍历树中每个结点，下面着重介绍。

树的遍历运算是指按某种方式访问树中的每一个结点且每一个结点只被访问一次。树的遍历运算的算法主要有先根遍历和后根遍历两种。注意，下面的先根遍历和后根遍历算法都是递归的。

（1）先根遍历。先根遍历过程为：

① 访问根结点；

② 按照从左到右的次序先根遍历根结点的每一棵子树。

（2）后根遍历。后根遍历过程为：

① 按照从左到右的次序后根遍历根结点的每一棵子树；

② 访问根结点。

6.1.6 树的存储结构

1. 双亲存储结构

这种存储结构是一种顺序存储结构，用一组连续空间存储树的所有结点，同时在每个结点中附设一个伪指针指示其双亲结点的位置，如图 6.5 所示。

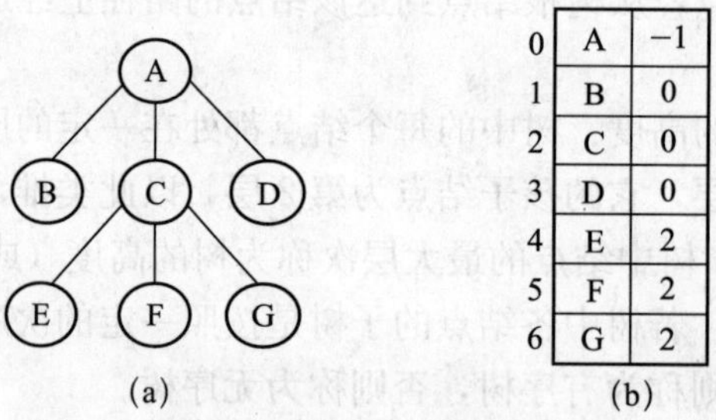

图 6.5 树的双亲存储结构

2. 孩子链存储结构

孩子链存储结构可按树的度（即树中所有结点度的最大值）设计结点的孩子结点指针域个数。图 6.6（a）中的树对应的孩子链存储结构如图（b）所示。

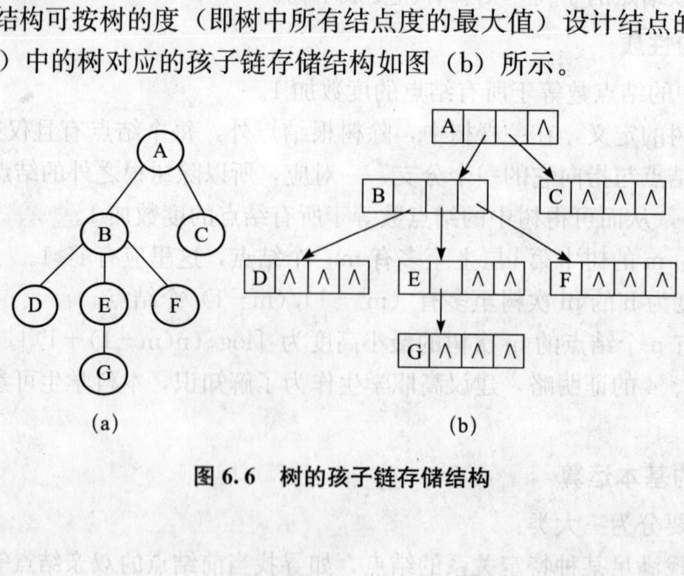

图 6.6 树的孩子链存储结构

3. 孩子兄弟链存储结构

孩子兄弟链存储结构是为每个结点设计三个域：第一个是数据元素域，第二个是该结点的第一个孩子结点指针域，第三个是该结点的下一个兄弟结点指针域。图 6.7（a）中的树对应的孩子兄弟链存储结构如图（b）所示。

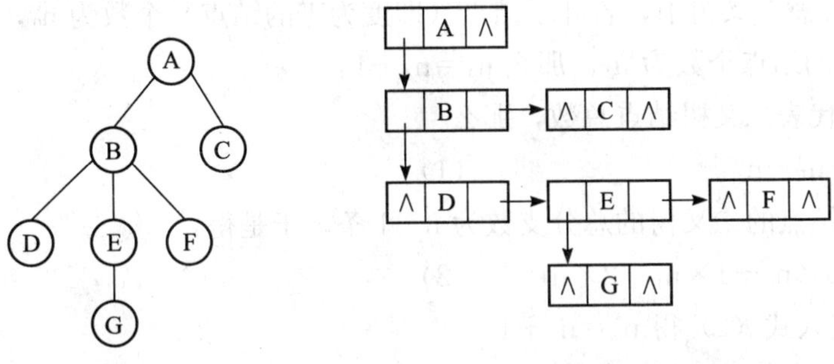

图 6.7　树的孩子兄弟链存储结构

6.2　二叉树

6.2.1　二叉树的定义

二叉树（Binary Tree）是 n(n≥0）个结点的有限集合。它或为空树（n=0），或为非空树。对于非空树：

(1) 有一个特定的称之为根的结点；

(2) 根结点以外的其余结点分别由两棵互不相交的称为左子树和右子树的二叉树组成。

这个递归定义表明二叉树或为空，或由一个根结点加上两棵分别称为左子树和右子树的互不相交的二叉树组成。由于左、右子树也是二叉树，则由二叉树的定义，它们也可以为空，由此，二叉树可以有五种基本形态，如图 6.8 所示。

(a) 空二叉树　(b) 只有一个根结点　(c) 有根结点和左子树　(d) 有根结点和右子树　(e) 有根结点和左、右子树

图 6.8　树的五种基本形态

从以上分析可知二叉树与普通树比较，有以下特点：

(1) 二叉树可以为空树。

(2) 二叉树的度不大于 2（即每个结点至多只有两棵子树）。

(3) 二叉树是有序树，其左子树和右子树是严格区分且不能随意颠倒的。如图 6.8（c）和（d）所示就是两棵不同的二叉树。

6.2.2　二叉树的重要性质

性质 1：二叉树第 i（i≥1）层上至多有 2^{i-1} 个结点。

根据二叉树和结点层次的定义可知，根结点在第一层上，这层结点数至多为 1 个，即 2^0 个；显然第二层上至多有 2 个结点，即 2^1 个…… 假设第 i−1 层的结点至多有 2^{i-2} 个，且每个结点最多有两个孩子，那么第 i 层上结点至多有 $2\times2^{i-2}=2^{i-1}$个。

性质 2：深度为 k（k≥1）的二叉树至多有 2^k-1 个结点。

由性质 1 可知，各层结点最多数目之和为 $2^0+2^1+2^2+\cdots+2^{k-1}$；由二进制换算关系可知：$2^0+2^1+2^2+\cdots+2^{k-1}=2^k-1$，因此二叉树中结点的最大数目为 2^k-1。

性质 3：在任意二叉树中，若叶子结点（即度为零的结点）个数为 n_0，度为 1 的结点个数为 n_1，度为 2 的结点个数为 n_2，那么 $n_0=n_2+1$。

证明：设 n 代表二叉树结点总数，那么

$$n=n_0+n_1+n_2 \qquad (1)$$

由于有 n 个结点的二叉树的总分支数为 n－1 条，于是得：

$$n-1=0\times n_0+1\times n_1+2\times n_2 \qquad (2)$$

将式（1）代入式（2）得 $n_0=n_2+1$

有两种特殊形态的二叉树，它们是满二叉树和完全二叉树。

满二叉树：深度为 k 且含有 2^k-1 个结点的二叉树为满二叉树，这种树的特点是每层上的结点数都是最大结点数，如图 6.9（a）所示。对于满二叉树的结点可以从根结点开始自上向下，自左至右顺序编号，图中每个结点边的数字就是该结点的编号。

完全二叉树：深度为 k，含有 n 个结点的二叉树，当且仅当每个结点的编号与相应满二叉树结点的顺序号从 1 到 n 相对应时，则称此二叉树为完全二叉树，如图 6.9(b) 所示，图 6.9（c）则为非完全二叉树。

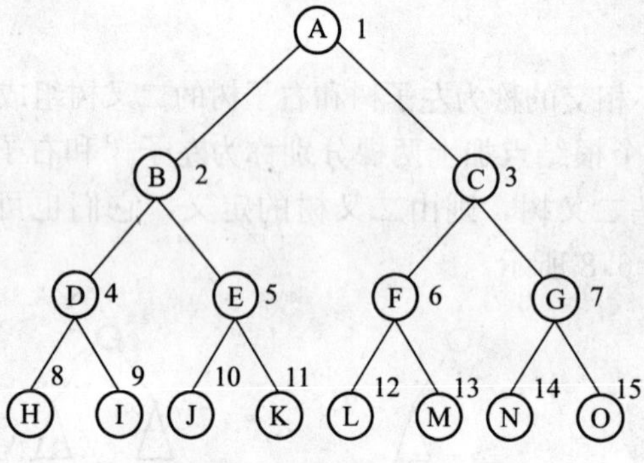

(a) 满二叉树

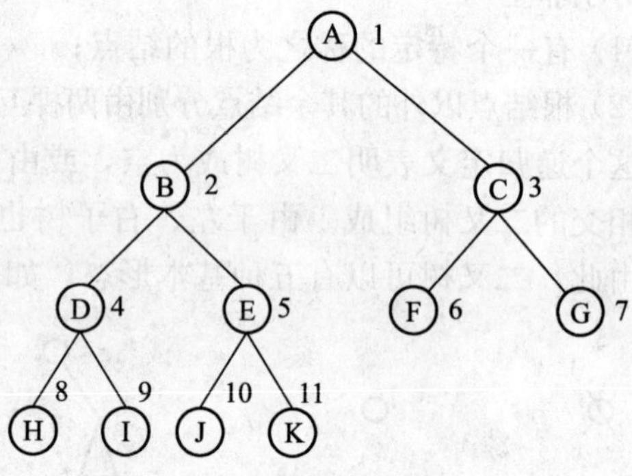

(b) 完全二叉树

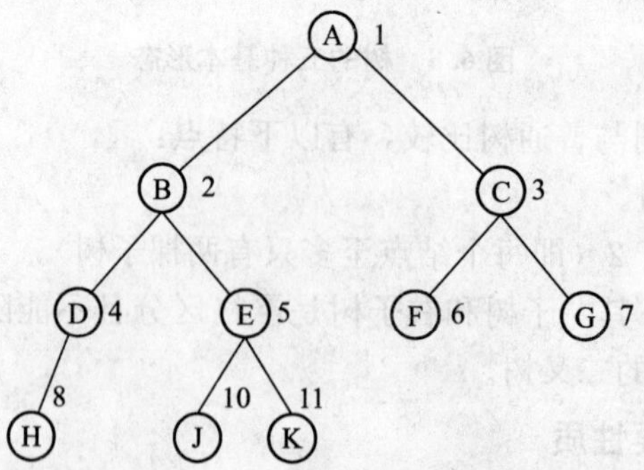

(c) 非完全二叉树

图 6.9 满二叉树、完全二叉树、非完全二叉树

性质 4：具有 n 个（n>0）结点的完全二叉树的高度为$\lceil \log_2(n+1) \rceil$或$\lfloor \log_2 n \rfloor+1$。

性质 5：若对有 n(1≤i≤n) 个结点的完全二叉树进行顺序编号，那么，对于编号为 i（i≥1）的结点：

当 i=1 时，该结点为根，它无双亲结点；

当 i>1 时，该结点的双亲结点编号为$\lfloor i/2 \rfloor$；

若 2i≤n，则有编号为 2i 的左孩子，否则没有左孩子；

若 2i+1≤n，则有编号为 2i+1 的右孩子，否则没有右孩子。

6.2.3 二叉树与树、森林之间的转换

1. 森林、树转换为二叉树

将森林、树转移为二叉树的步骤如下（见图 6.10）：

(1) 连线：在所有相邻兄弟结点（森林中每棵树的根结点可看成是兄弟结点）之间加一水平连线。

(2) 抹线：对每个非叶结点 k，除了其最左边的孩子结点外，删去 k 与其他孩子结点的连线。

(3) 旋转：所有水平线段以左边结点为轴心顺时针旋转 45 度。

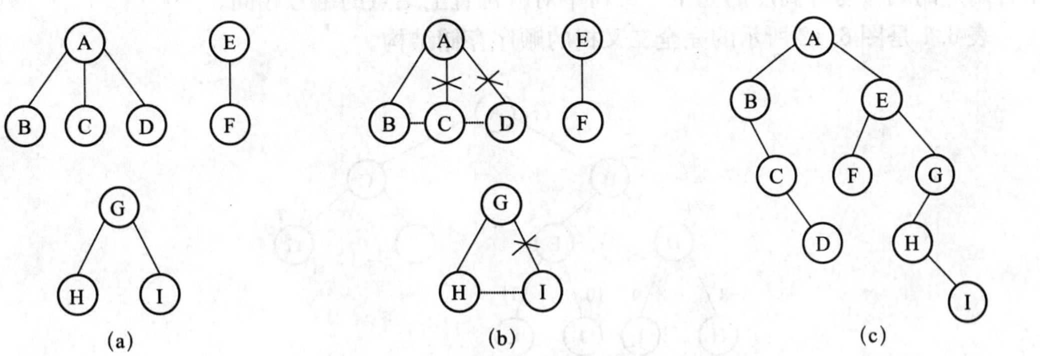

图 6.10 森林转换成二叉树的步骤

通过以上步骤，原来的森林就转换为一棵二叉树。一般的树是森林中的特殊情况，由一般的树转换的二叉树的根结点的右孩子结点始终为空，原因是一般的树的根结点不存在兄弟结点和相邻的树。

2. 二叉树还原为森林、树

二叉树还原为森林、树的步骤如下（见图 6.11）：

(1) 对于一棵二叉树中的任一结点 k_0，沿着 k_0 的左孩子结点 k_1 的右子树方向搜索所有右孩子结点，即搜索结点序列 k_2，k_3，…，k_m，其中 k_{i+1} 为 k_i 的右孩子结点（1≤i<m），k_m 没有右孩子结点。

(2) 删去 k_1，k_2，…，k_m 之间的连线。

(3) 若 k_1 有双亲结点 k，则连接 k 与 k_i（2≤i≤m）。

(4) 将图形规整化，使各结点按层次排列。

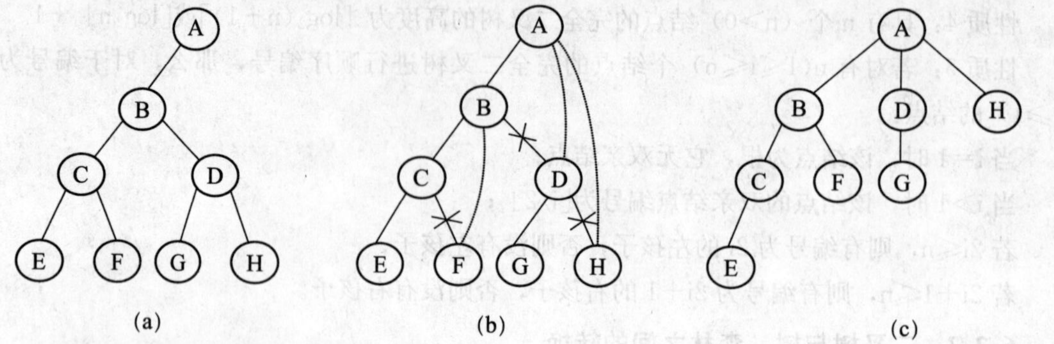

图 6.11　二叉树还原成树

6.3　二叉树的存储结构

6.3.1　二叉树的顺序存储结构

在二叉树的顺序存储结构中结点的存放次序是：对该树中每个结点进行编号，其编号从小到大的顺序就是结点存放在连续存储单元的先后次序，如图 6.12 所示。若把二叉树存储到一维数组中，则该编号就是下标值加 1（注意，C/C++语言中数组的起始下标为 0）。树中各结点的编号与等高度的完全二叉树中对应位置上结点的编号相同。

表 6.1 是图 6.12 所示的完全二叉树的顺序存储结构。

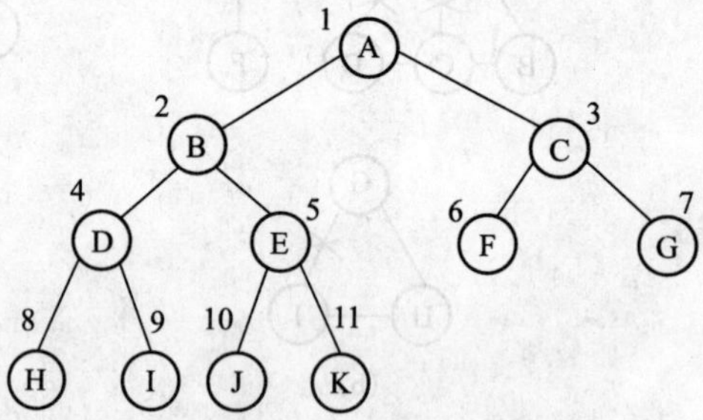

图 6.12　完全二叉树

表 6.1　完全二叉树的顺序存储

1	2	3	4	5	6	7	8	9	10	11	12	13	14	15
A	B	C	D	E	F	G	H	I	J	K				

6.3.2　二叉树的链式存储结构

在二叉树的链式存储中，结点的结构如下：

```
typedef struct node
{   ElemType data;
    struct node * lchild, * rchild;
} BTNode;
```

其中，data 表示值域，用于存储对应的数据元素，lchild 和 rchild 分别表示左指针域和右指针域，是分别存储左孩子结点和右孩子结点（即左、右子树的根结点）的存储位置，如图 6.13 所示。

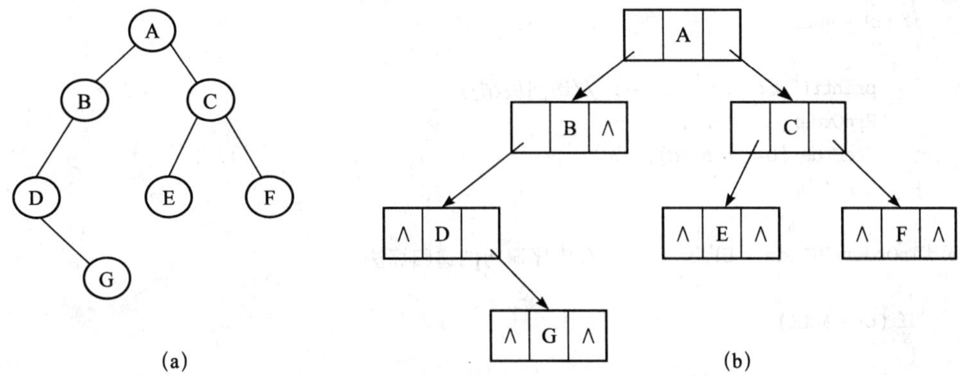

图 6.13 二叉树的链式存储结构

6.4 二叉树的遍历和线索二叉树

6.4.1 二叉树遍历的概念

二叉树的遍历是指按照一定次序访问树中所有结点，并且每个结点仅被访问一次的过程。它是最基本的运算，是二叉树中所有其他运算的基础。

1. *先序遍历*

先序遍历二叉树的过程是：

(1) 访问根结点；

(2) 先序遍历左子树；

(3) 先序遍历右子树。

2. *中序遍历*

中序遍历二叉树的过程是：

(1) 中序遍历左子树；

(2) 访问根结点；

(3) 中序遍历右子树。

3. *后序遍历*

后序遍历二叉树的过程是：

(1) 后序遍历左子树；

(2) 后序遍历右子树；

(3) 访问根结点。

4. *层次遍历*

层次遍历的过程是：若二叉树非空（假设其高度为 h），则：

(1) 访问根结点（第 1 层）；

(2) 从左到右访问第 2 层的所有结点；

(3) 从左到右访问第 3 层的所有结点、…、第 h 层的所有结点。

6.4.2 二叉树遍历算法

由二叉树的三种遍历过程直接得到如下三种递归算法：

```
void PreOrder(BTNode *b)          //先序遍历的递归算法
{
```

```
    if (b! = NULL)
    {
        printf(" %c ",b-> data);  //访问根结点
        PreOrder(b-> lchild);
        PreOrder(b-> rchild);
    }
}
void InOrder(BTNode * b)              //中序遍历的递归算法
{
    if (b! = NULL)
    {
        InOrder(b-> lchild);
        printf(" %c ",b-> data);  //访问根结点
    I   nOrder(b-> rchild);
    }
}
void PostOrder(BTNode * b)            //后序遍历的递归算法
{
    if (b! = NULL)
    {
        PostOrder(b-> lchild);
        PostOrder(b-> rchild);
        printf(" %c ",b-> data);  //访问根结点
    }
}
```

6.4.3 二叉树线索的概念

对于具有 n 个结点的二叉树，采用二叉链存储结构时，每个结点有两个指针域，总共有 2n 个指针域，又由于只有 n－1 个结点被有效指针所指向（n 个结点中只有树根结点没有被有效指针域所指向），则共有 2n－（n－1）＝n＋1 个空链域，

我们知道，遍历二叉树的结果是一个结点的线性序列。可以利用这些空链域存放指向结点的前驱和后继结点的指针。这样的指向该线性序列中的“前驱”和“后继”的指针，称作线索。

在结点的存储结构上增加两个标志位来区分这两种情况：

左标志 ltag：0 表示 lchild 指向左孩子结点，1 表示 lchild 指向前驱结点。

右标志 rtag：0 表示 rchild 指向右孩子结点，1 表示 rchild 指向后继结点。

这样，每个结点的存储结构如图 6.14 所示。

ltag	child	data	rchild	rtag

图 6.14 线索二叉树的存储结构

按上述原则在二叉树的每个结点上加上线索的二叉树称作线索二叉树。对二叉树以某种方式遍历使其变为线索二叉树的过程称作按该方式对二叉树进行线索化。

为使算法设计方便，在线索二叉树中再增加一个头结点。头结点的 data 域为空；lchild 指向无线索时的根结点，ltag 为 0；rchild 指向按某种方式遍历二叉树时的最后一个结点，rtag 为 1。

如图 6.15 所示为二叉树的三种线索，实线表示二叉树原来指针所指的结点，虚线表示线索二叉树所添加的线索。

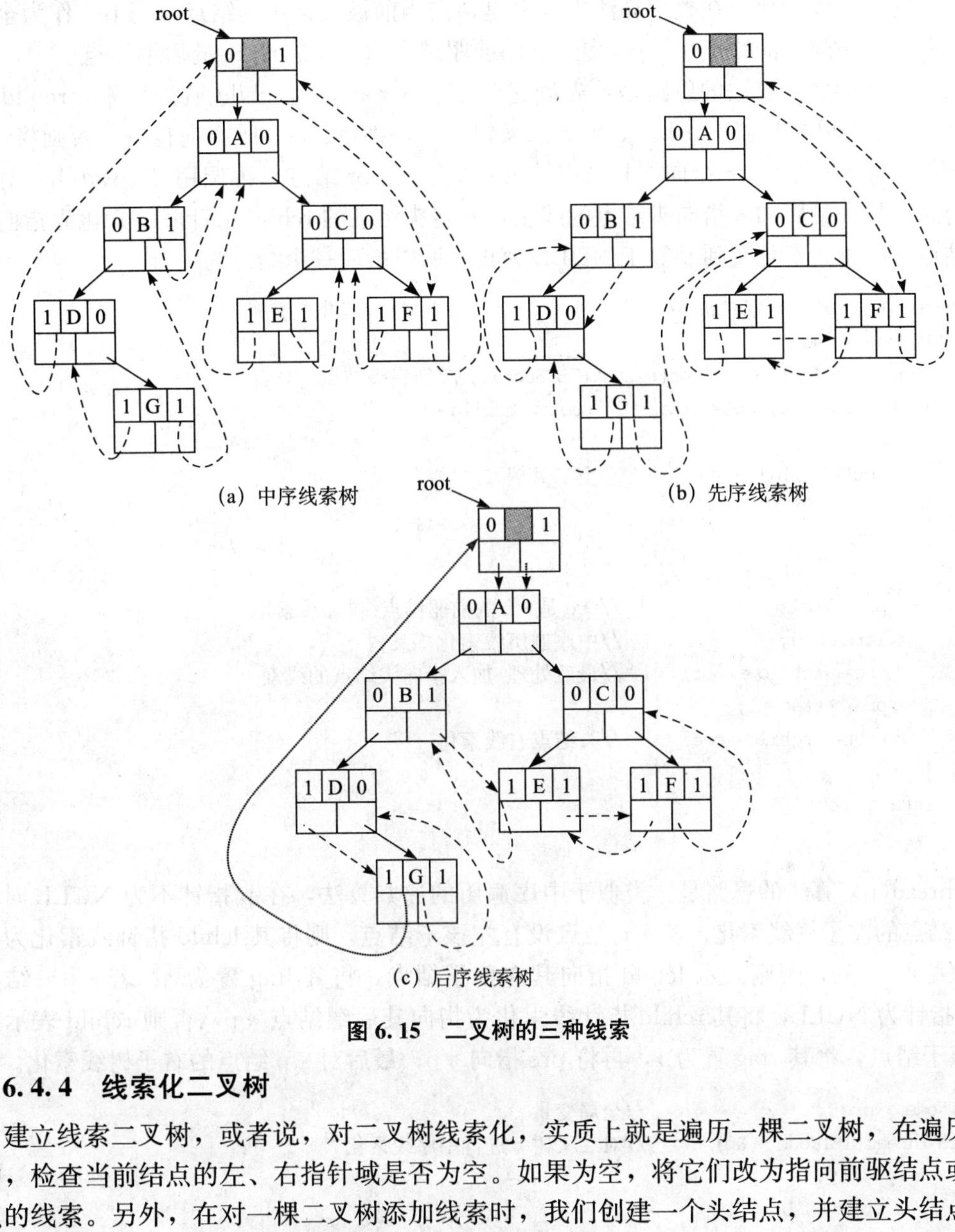

图 6.15　二叉树的三种线索

6.4.4　线索化二叉树

建立线索二叉树，或者说，对二叉树线索化，实质上就是遍历一棵二叉树，在遍历的过程中，检查当前结点的左、右指针域是否为空。如果为空，将它们改为指向前驱结点或后继结点的线索。另外，在对一棵二叉树添加线索时，我们创建一个头结点，并建立头结点与二叉树的根结点的线索。对二叉树线索化后，还需建立最后一个结点与头结点之间的线索。

下面以中序线索二叉树为例，讨论建立线索二叉树的算法。

为了实现线索化二叉树，将前面二叉树结点的类型定义修改如下：

```
typedef struct node
{  ElemType data;             //结点数据域
   int ltag,rtag;             //增加的线索标记
   struct node * lchild;      //左孩子域线索指针
   struct node * rchild;      //右孩子域线索指针
} TBTNode;                    //线索树结点类型定义
```

下面是建立中序线索二叉树的算法。CreaThread(b) 算法是将以二叉链存储的二叉树 b 进行中序线索化，并返回线索化后头结点的指针 root。Thread(p) 算法用于对以 * p 为根结点的二叉树中序线索化。在整个算法中 p 总是指向当前被线索化的结点，而 pre 作为全局变量，指向刚刚访问过的结点，* pre 是 * p 的前驱结点，* p 是 * pre 的后继结点。

CreaThread(b) 算法的思路是：先创建头结点 * root，其 lchild 域为线索，rchild 域为链指针。将 rchild 指针指向 * b，如果 b 二叉树为空，则将其 lchild 指向自身，否则将 * root 的 lchild 指向 * b 结点，p 指向 * b 结点，pre 指向 * root 结点。再调用 Thread(b) 对整个二叉树线索化。最后加入指向头结点的线索，并将头结点的 rchild 指针域线索化为指向最后一个结点（由于线索化直到 p 等于 NULL 为止，所以最后一个结点为 * pre）。

```
TBTNode * CreaThread(TBTNode * b)            //中序线索化二叉树
{  TBTNode * root;
    root = (TBTNode * )malloc(sizeof(TBTNode)); //创建头结点
    root-> ltag = 0;root-> rtag = 1; root-> rchild = b;
    if (b == NULL)
        root-> lchild = root;      //空二叉树
    else
    {
        root-> lchild = b;
        pre = root;                //pre 是 * p 的前驱结点,供加线索用
        Thread(b);                 //中序遍历线索化二叉树
        pre-> rchild = root;       //最后处理,加入指向头结点的线索
        pre-> rtag = 1;
        root-> rchild = pre;       //头结点右线索化
    }
    return root;
}
```

Thread(p) 算法的思路是：类似于中序遍历的递归算法，在 p 指针不为 NULL 时，先对 * p 结点的左子树线索化；若 * p 结点没有左孩子结点，则将其 lchild 指针线索化为指向其前驱结点 * pre，否则表示 lchild 指向其左孩子结点，将其 ltag 置为 1；若 * pre 结点的 rchild 指针为 NULL，将其 rchild 指针线索化为指向其后继结点 * p，否则 rchild 表示指向其右孩子结点，将其 rtag 置为 1，再将 pre 指向 * p；最后对 * p 结点的右子树线索化。

```
TBTNode * pre;                      //全局变量
void Thread(TBTNode * &p)           //对二叉树 b 进行中序线索化
{
    if (p! = NULL)
    {
        Thread(p-> lchild);                 //左子树线索化
        if (p-> lchild == NULL)             //前驱线索
        {
            p-> lchild = pre; p-> ltag = 1;
        }                                   //建立当前结点的前驱线索
        else
            p-> ltag = 0;
        if (pre-> rchild == NULL)           //后继线索
        {
```

```
            pre-> rchild = p;pre-> rtag = 1;
        }                                        //建立前驱结点的后继线索
        else
            pre-> rtag = 0;
        pre = p;
    Thread(p-> rchild);                          //递归调用右子树线索化
    }
}
```

6.5 二叉树的基本运算及其实现

6.5.1 二叉树基本运算概述

归纳起来，二叉树有以下基本运算：

(1) 创建二叉树 CreateBTNode(* b， * str)：根据二叉树括号表示法的字符串 * str 生成对应的链式存储结构。

(2) 查找结点 FindNode(* b，x)：在二叉树 b 中寻找 data 域值为 x 的结点，并返回指向该结点的指针。

(3) 找孩子结点 LchildNode(p) 和 RchildNode(p)：分别求二叉树中结点 * p 的左孩子结点和右孩子结点。

(4) 求高度 BTNodeDepth(* b)：求二叉树 b 的高度。若二叉树为空，则其高度为 0；否则，其高度等于左子树与右子树中的最大高度加 1。

(5) 输出二叉树 DispBTNode(* b)：以括号表示法输出一棵二叉树。

6.5.2 二叉树基本运算的算法实现

(1) 创建二叉树 CreateBTNode(* b， * str)。用 ch 扫描采用括号表示法表示二叉树的字符串。分以下几种情况：

① 若 ch='('，则将前面刚创建的结点作为双亲结点进栈，并置 k=1，表示其后创建的结点将作为这个结点的左孩子结点。

② 若 ch=')'，表示栈中结点的左右孩子结点处理完毕，退栈。

③ 若 ch=','，表示其后创建的结点为右孩子结点。

④ 其他情况，表示要创建一个结点，并根据 k 值建立它与栈中结点之间的联系。当 k=1 时，表示这个结点作为栈中结点的左孩子结点；当 k=2 时，表示这个结点作为栈中结点的右孩子结点，如此循环直到 str 处理完毕。算法中使用一个栈 St 保存双亲结点，top 为其栈指针，k 指定其后处理的结点是双亲结点（保存在栈中）的左孩子结点（k=1）还是右孩子结点（k=2）。

```
void CreateBTNode(BTNode * &b,char * str)
{
    BTNode * St[MaxSize], * p = NULL;
    int top = - 1,k, j = 0;
    char ch;
    b = NULL;                           //建立的二叉树初始时为空
    ch = str[j];
    while (ch! = '\0')                  //str 未扫描完时循环
```

```
    {
        switch(ch)
        {
            case '(':
                top++;
                St[top] = p;
                k = 1;
                break;          //为左孩子结点
            case ')':
                top--;
                break;
            case ',':
                k = 2;
                break;          //为孩子结点的右结点
            default:
                p = (BTNode *)malloc(sizeof(BTNode));
                p->data = ch;
                p->lchild = p->rchild = NULL;
            if (b == NULL)      //p为二叉树的根结点
                b = p;
            else                //已建立二叉树根结点
            {
                switch(k)
                {
                    case 1:
                        St[top]->lchild = p;
                        break;
                    case 2:
                        St[top]->rchild = p;
                        break;
                }
            }
        }
        j++;
        ch = str[j];
    }
}
```

(2) 查找结点 FindNode(* b, x)。采用先序遍历递归算法查找值为 x 的结点。找到后返回其指针，否则返回 NULL。算法如下：

```
BTNode * FindNode(BTNode * b,ElemType x)
{
    BTNode * p;
    if (b == NULL)
        return NULL;
    else if (b->data == x) ]
        return b;
    else
    {
```

```
        p = FindNode(b-> lchild, x);
        if (p! = NULL)
            return p;
        else
            return FindNode(b-> rchild, x);
        }
}
```

（3）找孩子结点 LchildNode(p) 和 RchildNode(p)。直接返回 ＊p 结点的左孩子结点或右孩子结点的指针。算法如下：

```
BTNode * LchildNode(BTNode * p)
{
    return p-> lchild;
}
BTNode * RchildNode(BTNode * p)
{
    return p-> rchild;
}
```

（4）求高度 BTNodeDepth(＊b)。求二叉树的高度的递归模型 f( )如下：

f(NULL)＝0

f(b)＝MAX {f(b-> lchild)，f(b-> rchild)} ＋1

对应的算法如下：

```
int BTNodeDepth(BTNode * b)
{
    int lchilddep, rchilddep;
    if (b == NULL) return(0); /* 空树的高度为 0 */
    else
    {
        lchilddep = BTNodeDepth(b-> lchild);
        //求左子树的高度为 lchilddep
        rchilddep = BTNodeDepth(b-> rchild);
        //求右子树的高度为 rchilddep
        return(lchilddep > rchilddep)?(lchilddep + 1):(rchilddep + 1);
    }
}
```

（5）输出二叉树 DispBTNode(＊b)。其过程是：对于非空二叉树 b，先输出其元素值，当存在左孩子结点或右孩子结点时，输出一个"(" 符号，然后递归处理左子树，输出一个"," 符号，递归处理右子树，最后输出一个")" 符号。对应的递归算法如下：

```
void DispBTNode(BTNode * b)
    {if (b! = NULL)
{     printf(" %c",b-> data);
      if (b-> lchild! = NULL || b-> rchild! = NULL)
      {  printf("(");
      DispBTNode(b-> lchild);
         /* 递归处理左子树 */
```

```
        if (b-> rchild! = NULL) printf(",");
        DispBTNode(b-> rchild);
          /* 递归处理右子树 */
        printf(")");
        }
    }
}
```

6.6 哈夫曼树及其应用

6.6.1 哈夫曼树的概念

设二叉树具有 n 个带权值的叶子结点，那么从根结点到各个叶子结点的路径长度与相应结点权值的乘积的和，叫做二叉树的带权路径长度。

$$WPL = \sum_{i=1}^{n} w_i l_i$$

其中，n 表示叶子结点的数目，w_i 和 l_i 分别表示叶子结点 k_i 的权值和根到 k_i 之间的路径长度（即从叶子结点到达根结点的分支数）。

具有最小带权路径长度的二叉树称为哈夫曼树。

6.6.2 构造哈夫曼树

根据哈夫曼树的定义，一棵二叉树要使其 WPL 值最小，必须使权值越大的叶子结点越靠近根结点，而权值越小的叶子结点越远离根结点。那么如何构造一棵哈夫曼树呢？其方法如下：

(1) 由给定的 n 个权值 $\{w_1, w_2, \cdots, w_n\}$ 构造 n 棵只有一个叶子结点的二叉树，从而得到一个二叉树的集合 $F=\{T_1, T_2, \cdots, T_n\}$。

(2) 在 F 中选取根结点的权值最小和次小的两棵二叉树作为左、右子树构造一棵新的二叉树，这棵新的二叉树根结点的权值为其左、右子树根结点权值之和。

(3) 在集合 F 中删除作为左、右子树的两棵二叉树，并将新建立的二叉树加入到集合 F 中。

(4) 重复 (2)、(3) 两步，当 F 中只剩下一棵二叉树时，这棵二叉树便是所要建立的哈夫曼树。

给定权值 w=(1, 3, 5, 7) 来构造一棵哈夫曼树，如图 6.16 所示。

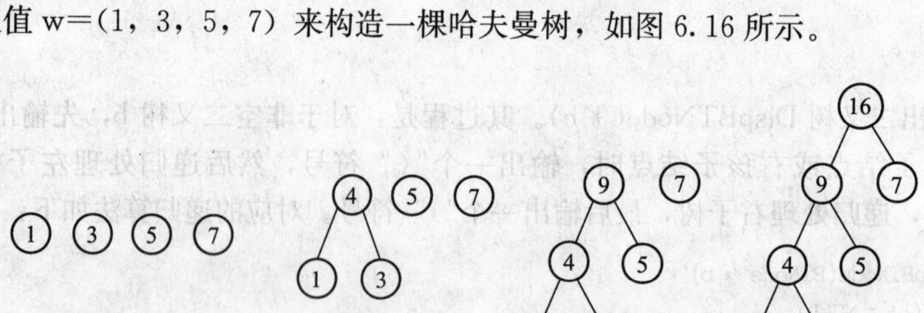

图 6.16 构造哈夫曼树的过程

6.6.3 哈夫曼编码

具体构造方法如下：设需要编码的字符集合为｛d_1，d_2，…，d_n｝，各个字符在电文中出现的次数集合为｛w_1，w_2，…，w_n｝，以 d_1，d_2，…，d_n 作为叶结点，以 w_1，w_2，…，w_n 作为各根结点到每个叶结点的权值构造一棵二叉树，规定哈夫曼树中的左分支为 0，右分支为 1，则从根结点到每个叶结点所经过的分支对应的 0 和 1 组成的序列便为该结点对应字符的编码。这样的编码称为哈夫曼编码。

上面构造的哈夫曼树对应的哈夫曼编码如下：

1:000　　3:001　　5:01　　7:1

项目实训

实训题目：二叉树及其应用

实训目的：建立一个二叉树，实现求二叉树高度；输出二叉树的所有结点；先序、中序、后序遍历该二叉树

实训内容：

1. 界面设计

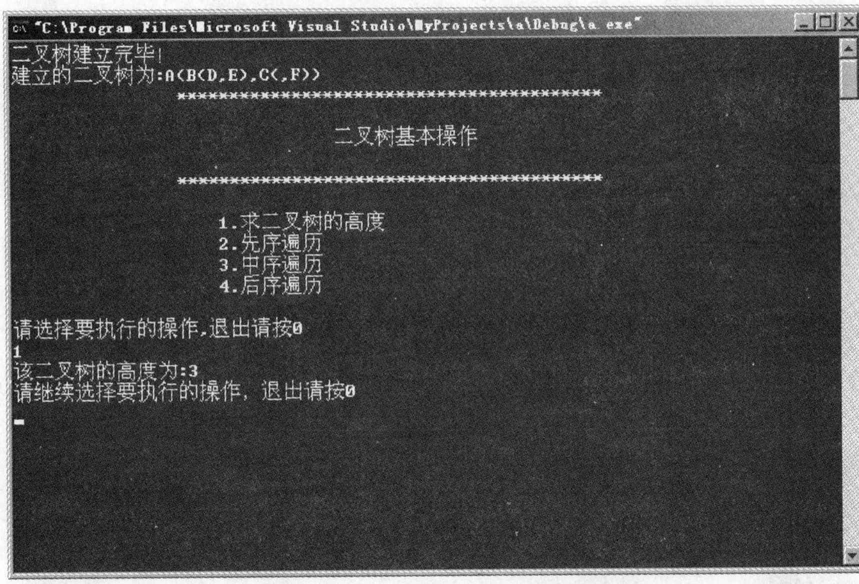

2. 代码编写

```
#include <stdio.h>
#include <malloc.h>
#define MaxSize 100
typedef char ElemType;
typedef struct node
{
     ElemType data;              //数据元素
     struct node *lchild;        //指向左孩子结点
     struct node *rchild;        //指向右孩子结点
} BTNode;
```

```
/*建立二叉树*/
void CreateBTNode(BTNode * &b,char * str)
{
    BTNode * St[MaxSize], * p = NULL;
    int top = -1,k,j = 0;
    char ch;
    b = NULL;                    //建立的二叉树初始时为空
    ch = str[j];
    while (ch! = '\0')           //str 未扫描完时循环
    {
        switch(ch)
        {
            case '(':
                top ++ ;
                St[top] = p;
                k = 1;
                break;           //为左孩子结点
            case ')':
                top--;break;
            case ',':
                k = 2; break;    //为右孩子结点
            default:
                p = (BTNode * )malloc(sizeof(BTNode));
                p-> data = ch;
                p-> lchild = p-> rchild = NULL;
            if (b == NULL)       //*p 为二叉树的根结点
                b = p;
            else                 //已建立二叉树根结点
            {
                switch(k)
                {
                    case 1:St[top]-> lchild = p;break;
                    case 2:St[top]-> rchild = p;break;
                }
            }
        }
    j ++ ;
    ch = str[j];
    }
printf("二叉树建立完毕!\n");
}

/*求二叉树的高度*/
int BTNodeHeight(BTNode * b)
{
    int lchildh,rchildh;
    if (b == NULL) return(0);                //空树的高度为 0
    else
    {
        lchildh = BTNodeHeight(b-> lchild);//求左子树的高度为 lchildh
```

```
            rchildh = BTNodeHeight(b-> rchild);//求右子树的高度为 rchildh
            return (lchildh > rchildh)? (lchildh + 1):(rchildh + 1);
        }
}

/* 显示二叉树结点 */
void DispBTNode(BTNode * b)
{
        if (b! = NULL)
        {
            printf(" %c",b-> data);
            if (b-> lchild! = NULL || b-> rchild! = NULL)
            {
                printf("(");                        //有孩子结点时才输出(
                DispBTNode(b-> lchild);             //递归处理左子树
                if (b-> rchild! = NULL) printf(","); //有右孩子结点时才输出,
                DispBTNode(b-> rchild);             //递归处理右子树
                printf(")");                        //有孩子结点时才输出)
            }
        }
}

/* 二叉树的先序遍历 */
void PreOrder(BTNode * b)                  //先序遍历的递归算法
{
        if (b! = NULL)
        {
            printf(" %c ",b-> data); //访问根结点
            PreOrder(b-> lchild);    //先序遍历左子树
            PreOrder(b-> rchild);    //先序遍历右子树
        }
}

/* 二叉树的中序遍历 */
void InOrder(BTNode * b)                   //中序遍历的递归算法
{
        if (b! = NULL)
        {
            InOrder(b-> lchild);     //中序遍历左子树
            printf(" %c ",b-> data); //访问根结点
            InOrder(b-> rchild);     //中序遍历右子树
        }
}

/* 二叉树的后序遍历 */
void PostOrder(BTNode * b)                 //后序遍历的递归算法
{
        if (b!= NULL)
        {
            PostOrder(b-> lchild);   //后序遍历左子树
```

```
        PostOrder(b->rchild);  //后序遍历右子树
        printf(" %c ",b->data); //访问根结点
    }
}

//以下主函数用做调试
void main (    )
{
    BTNode *b;
    CreateBTNode(b,"A(B(D,E),C(,F))");
    printf("建立的二叉树为:");
    DispBTNode(b);
    printf("\n");
    int sel;
    printf("\t\t\t\t\t ****************************************\n");
    printf("\n");
    printf("\t\t\t\t\t二叉树基本操作\n");
    printf("\n");
    printf("\t\t\t\t\t ****************************************\n");
    printf("\n");
    printf("\t\t\t\t\t 1. 求二叉树的高度\n");
    printf("\t\t\t\t\t 2. 先序遍历\n");
    printf("\t\t\t\t\t 3. 中序遍历\n");
    printf("\t\t\t\t\t 4. 后序遍历\n\n");
    printf("请选择要执行的操作,退出请按 0\n");
    scanf(" %d",&sel);
    while(sel! = 0)
    {
        switch(sel)
        {
            case 1:
                printf("该二叉树的高度为: %d\n",BTNodeHeight(b));
                break;
            case 2:
                printf("先序遍历结果为:");
                PreOrder(b);
                printf("\n");
                break;
            case 3:
                printf("中序遍历结果为:");
                InOrder(b);
                printf("\n");
                break;
            case 4:
                printf("后序遍历结果为:");
                PostOrder(b);
                printf("\n");
                break;
            default:
                printf("选择有误,请重新输入!\n");
```

```
        }
        printf("请继续选择要执行的操作,退出请按 0\n");
        scanf("%d",&sel);
    }
}
```

专项练习 6

一、基本题

1. 填空题

(1) 二叉树的叶结点数 n_0 与度为 2 的结点数 n_2 的关系是________。

(2) 具有 256 个结点的完全二叉树的深度为________。

(3) 深度为 k 的完全二叉树至少有________个结点，至多有________个结点。

(4) 如果结点 A 有 3 个兄弟，而且 B 是 A 的双亲，则 B 的度是________。

(5) 具有 n 个结点的二叉树，采用二叉链表存储，共有________个空链域。

(6) 线索二叉树的左线索指向其________，右线索指向其________。

(7) 具有 50 个结点的完全二叉树的高度是________。

(8) 具有 100 个结点的完全二叉树有________个叶子。

2. 选择题

(1) n 个结点的二叉树，若用二叉链表作为存储结构，非空闲的左、右孩子链域为(　　)。

A. n　　B. 2n　　C. n−1　　D. n+1

(2) 对于下边的二叉树，其中序序列为(　　)。

A. DBAFCG　　B. DBAFGC　　C. ABDCFG　　D. ABCDFG

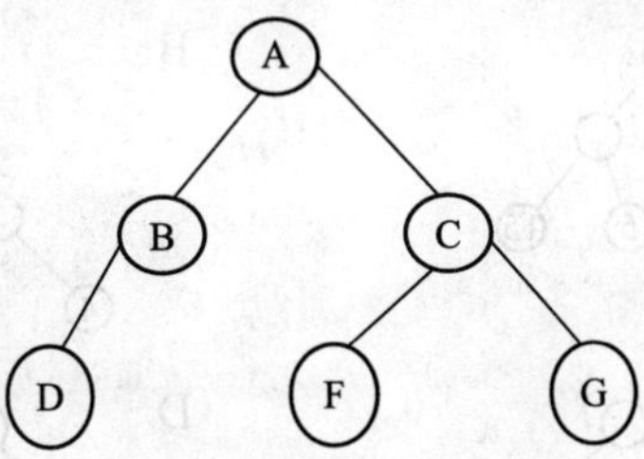

(3) 在一棵二叉树上，第 5 层的结点数最多为(　　)。

A. 8　　B. 15　　C. 16　　D. 32

(4) 对于下面的二叉树，其中序序列为(　　)。

A. ABCDEFG　　B. ABDECFG　　C. DBEAFCG　　D. ADEBCFG

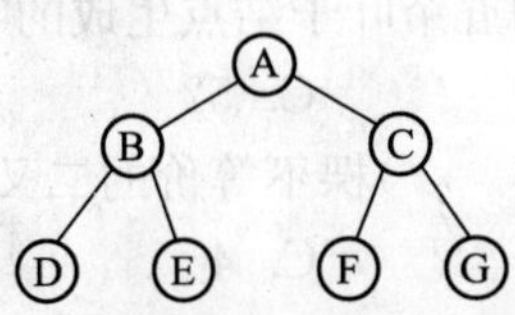

(5) 在 n 个结点的二叉树中，用二叉链表做存储，非空指针数目为(　　)。

A. n　　B. 2n　　C. n−1　　D. n+1

(6) 由权值分别为 3，8，6，2，5 的叶子结点生成一棵哈夫曼树，它的带权路径长度为(　　)。

A. 24　　B. 48　　C. 72　　D. 53

(7) 二叉树的先序遍历和中序遍历如下：

先序遍历：EFHIGJK

中序遍历：HFIEJKG

该二叉根的右子树的根是(　　)。

A. E　　B. F　　C. G　　D. H

(8) 树结构最适合用来表示(　　)。

A. 元素间具有分支层次关系的数据　　B. 无序数据

C. 有序数据　　D. 元素间没有关联的数据

(9) 具有 127 个结点的完全二叉树其深度为(　　)。

A. 8　　B. 7　　C. 6　　D. 5

(10) 哈夫曼树是(　　)。

A. 满二叉树　　B. 二叉排序树

C. 树的路径长度最短的二叉树　　D. 带权路径长度最短的二叉树

(11) 设一棵二叉树中没有度为 1 的结点，已知叶子结点数为 n，此树的结点数为(　　)。

A. 2n+2　　B. 2n+1　　C. 2n　　D. 2n−1

(12) 设二叉树中有 n_2 个度为 2 的结点，n_1 个度为 1 的结点，n_0 个叶子结点，则此二叉树中空指针域的个数为(　　)。

A. $n_0+n_1+n_2$　　B. $n_2+n_1+2n_0$　　C. $2n_2+n_1$　　D. $2n_0+n_1$

(13) 用权值分别为 15，2，4，5 的四个结点，构造出的哈夫曼树为(　　)。

A

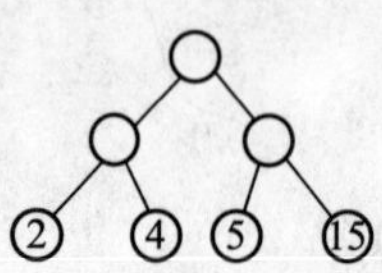

B

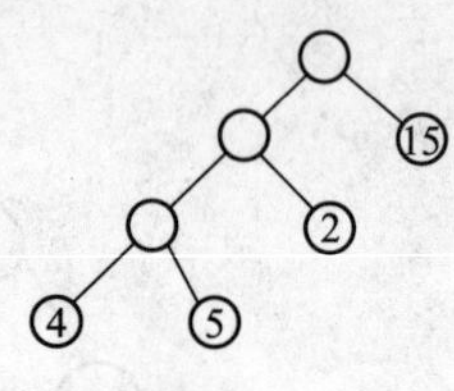

C

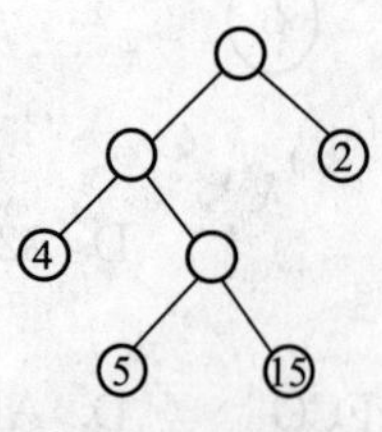

D

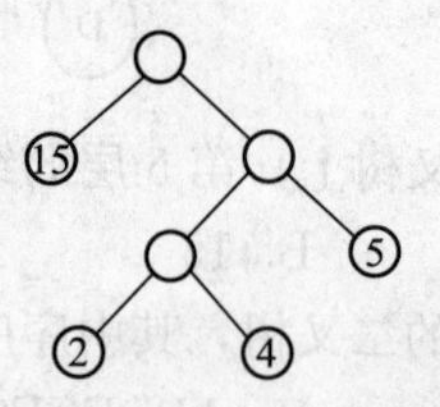

(14) 由带权 9，1，3，5，6 的五个叶子结点生成的哈夫曼树的带权路径长度为(　　)。

A. 50　　B. 60　　C. 52　　D. 65

(15) A、B 两个结点可以构成(　　)棵不等价的二叉树。

A. 2　　B. 3　　C. 4　　D. 5

(16) 设哈夫曼树的叶结点数为 n，则它的结点总数为(　　)。

A. 2n−1　　B. 2n　　C. 2n+1　　D. 不确定

(17) 深度为 k 的完全二叉树所含叶结点的个数最多为(　　)。

A. 2^k　　　　　B. 2^k-1　　　　　C. k　　　　　D. 2k

(18) 在线索化二叉树中，t 所指结点没有左子树的充要条件是(　　)。

A. t-> lchild == NULL

B. t-> ltag==1

C. t-> ltag==1且 t-> lchild==NULL

D. 以上都不对

(19) 在一非空二叉树的中序遍历序列中，根结点的右边(　　)。

A. 只有右子树上的所有结点　　　B. 只有右子树上的部分结点

C. 只有左子树上的部分结点　　　D. 只有左子树上的所有结点

(20) 任何一棵二叉树的叶子结点在先序、中序和后序遍历序列中的相对次序(　　)。

A. 不发生改变　　B. 发生改变　　C. 不能确定　　D. 以上都不对

(21) 对一个满二叉树，m 个树叶，n 个结点，深度为 h，则(　　)。

A. $n=h+m$　　B. $h+m=2n$　　C. $m=h-1$　　D. $n=2^h-1$

(22) 某二叉树的先序遍历序列和后序遍历序列正好相反，则该二叉树一定为(　　)。

A. 空或只有一个结点　　　B. 完全二叉树

C. 二叉排序树　　　　　　D. 高度等于其结点数

(23) 线索二叉树是一种(　　)结构。

A. 逻辑　　B. 逻辑和存储　　C. 物理　　D. 线性

3. 应用题

(1) 已知二叉树的中序序列为 DBHEIAFJCKG，先序序列为 ABDEHICFJGK，请画出该二叉树。

(2) 对于给定的 5 个实数 W={8, 5, 13, 2, 6}，试构造哈夫曼树，并求出该树的最小带权路径长度。

(3) 请分别写出下列二叉树的先序、中序和后序序列。

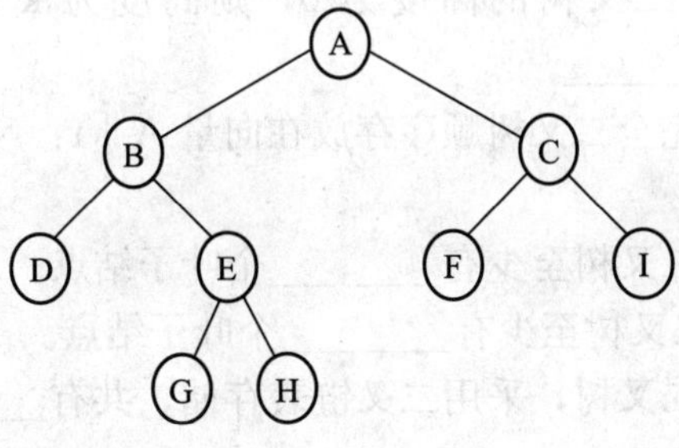

二、国家计算机等级考试试题

1. 填空题

(1) 在先左后右的原则下，根据访问根结点的次序，二叉树的遍历可以分为三种：前序遍历、________遍历和后序遍历。

(2) 设一棵完全二叉树共有 500 个结点，则在该二叉树中有________个叶子结点。

2. 选择题

(1) 在一棵二叉树上第 5 层的结点数最多是________。

A. 8　　　　B. 6　　　　C. 32　　　　D. 15

(2) 设一棵完全二叉树共有 699 个结点，则在该二叉树中的叶子结点数为________。

A. 349　　B. 350　　C. 255　　D. 351

(3) 在深度为 5 的满二叉树中，叶子结点的个数为________。

A. 32　　B. 31　　C. 16　　D. 15

(4) 用树形结构来表示实体之间联系的模型称为________。

A. 关系模型　　B. 层次模型　　C. 网状模型　　D. 数据模型

(5) 已知二叉树后序遍历序列是 dabec，中序遍历序列是 debac，它的前序遍历序列是________。

A. cedba　　B. acbed　　C. decab　　D. deabc

三、专升本试题

1. 填空题

(1) 二叉树由________，________，________三个基本单元组成。

(2) 树在计算机内的表示方式有________，________，________。

(3) 在二叉树中，指针 p 所指结点为叶子结点的条件是________。

(4) 具有 256 个结点的完全二叉树的深度为________。

(5) 已知一棵度为 3 的树有 2 个度为 1 的结点，3 个度为 2 的结点，4 个度为 3 的结点，则该树有________个叶子结点。

(6) 深度为 k 的完全二叉树至少有________个结点，至多有________个结点。

(7) 深度为 H 的完全二叉树至少有________个结点，至多有________个结点；H 和结点总数 N 之间的关系是________。

(8) 在顺序存储的二叉树中，编号为 i 和 j 的两个结点处在同一层的条件是________。

(9) 在完全二叉树中，编号为 i 和 j 的两个结点处于同一层的条件是________。

(10) 在一棵二叉树中，度为零的结点的个数为 N_0，度为 2 的结点的个数为 N_2，则有 N_0＝________。

(11) 设只含根结点的二叉树的高度为 0，则高度为 k 的二叉树的最大结点数为________，最小结点数为________。

(12) 设有 N 个结点的完全二叉树顺序存放在向量 A［1：N］中，其下标值最大的分支结点为________。

(13) 高度为 K 的完全二叉树至少有________个叶子结点。

(14) 高度为 8 的完全二叉树至少有________个叶子结点。

(15) 具有 N 个结点的二叉树，采用二叉链表存储，共有________个空链域。

2. 选择题

(1) 若一棵二叉树具有 10 个度为 2 的结点，5 个度为 1 的结点，则度为 0 的结点个数是(　　)。

A. 9　　B. 11　　C. 15　　D. 不确定

(2) 具有 10 个叶结点的二叉树中有(　　)个度为 2 的结点。

A. 8　　B. 9　　C. 10　　D. 11

(3) 一棵完全二叉树上有 1001 个结点，其中叶子结点的个数是(　　)。

A. 250　　B. 500　　C. 254　　D. 505

E. 以上答案都不对

(4) 设给定权值总数有 n 个，其哈夫曼树的结点总数为(　　)。

A. 不确定　　B. 2n　　C. 2n+1　　D. 2n−1

(5) 有关二叉树下列说法正确的是(　　)。

A. 二叉树的度为 2　　B. 一棵二叉树的度可以小于 2

C. 二叉树中至少有一个结点的度为 2　　D. 二叉树中任何一个结点的度都为 2

(6) 二叉树的第 I 层上最多含有的结点数为(　　)。

A. 2^I　　B. $2^{I-1}-1$　　C. 2^{I-1}　　D. 2^I-1

(7) 一个具有 1025 个结点的二叉树的高 h 为(　　)。

A. 11　　B. 10　　C. 11 至 1025 之间　　D. 10 至 1024 之间

(8) 深度为 h 的满 m 叉树的第 k 层有(　　)个结点。($1\leqslant k\leqslant h$)

A. m^k-1　　B. m^{k-1}　　C. m^h-1　　D. m^{h-1}

(9) 在一棵高度为 k 的满二叉树中，结点总数为(　　)。

A. 2^k-1　　B. 2^k　　C. 2^{k-1}　　D. $\lfloor\log_2 k\rfloor+1$

3. 应用题

(1) 假设一个二叉树的两种遍历如下：

前序：ABFGCHDEIJLK　　中序：FGBHCDILJKEA

① 画出这棵二叉树以及它的中序线索树；

② 写出在中序线索树的情况下，找到结点 N 的前驱结点的算法 INORDER−PRIOR (N, X)。

(2) 设有正文 AADBAACACCDACACAAD，字符集为 A，B，C，D，设计一套二进制编码，使得上述正文的编码最短。

4. 编写程序算法

利用栈的基本操作写出先序遍历二叉树的非递归算法，要求进栈的元素最少。

第 7 章　图及图的应用

教学重点

- 基本概念：图、顶点、弧、弧头、弧尾、边、有向图、无向图、完全图、有向完全图、权、网、子网、邻接点、相关联、度、入度、出度、路径、简单路径、环、连通、连通图、连通分量、强连通分量、最小生成树、最短路径、拓扑排序；
- 图的数组表示法及邻接表表示法；
- 图的遍历、深度优先搜索、广度优先搜索；
- 利用 Prim 算法和克鲁斯卡尔算法构造最小生成树。

图（Graph）是一种比线性表和树更为复杂的数据结构。在线性表中，数据元素之间仅有线性关系，每个数据元素只有一个直接前驱和一个直接后继，是一对一的关系。在树形结构中，数据元素之间有着明显的层次关系，并且每一层上的数据元素可能和下一层中多个元素相关，但只能和上一层中一个元素相关，是一对多的关系；而在图形结构中，结点之间的关系可以是任意的，图中任意两个数据元素之间都可能相关，所以是多对多的关系。因此，图状结构被用于描述各种复杂的数据对象，在自然科学、社会科学和人文科学等领域有着非常广泛的应用。

7.1　图的基本概念

7.1.1　图的定义

图是由非空的顶点集合和一个描述顶点之间的关系——边（或者弧）的集合组成的，其形式化定义为：

$$G=(V, E)$$

$$V=\{v_i \mid v_i \in V\}$$

$$E=\{(v_i, v_j) \mid v_i, v_j \in V \wedge P(v_i, v_j)\}$$

其中，G 表示一个图，V 是图 G 中顶点的集合，E 是图 G 中边（或者弧）的集合，集合 E 中 $P(v_i, v_j)$ 表示顶点 v_i 和顶点 v_j 之间由一条直线连接，即偶对 (v_i, v_j) 表示一条边。图 7.1（a）给出了一个图的示例。在该图中，

$$V=\{v_1, v_2, v_3, v_4\}$$

$$E=\{(v_1, v_2), (v_2, v_3), (v_3, v_4), (v_1, v_4)\}$$

为了与树形结构加以区别，在图结构中常将结点称为顶点，边是顶点的有序偶对，若两个顶点之间存在一条边，就表示这两个顶点具有相邻关系。

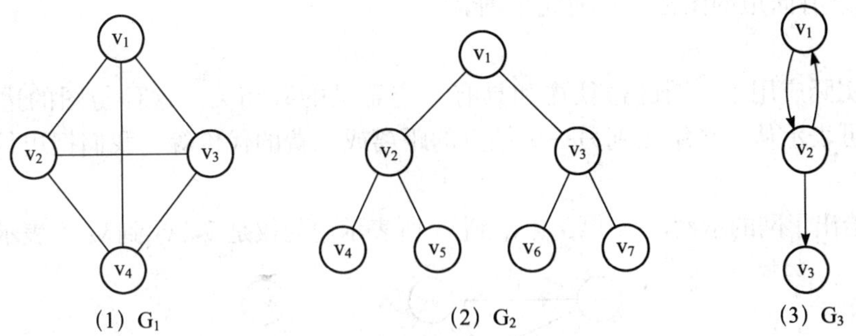

图 7.1　图的示例

7.1.2　图的相关术语

1. 无向图

在图 G 中，如果代表边的结点偶对是无序的，则称 G 为无向图。把无向图中的无序偶对用圆括号括起来，用以表示一条无向边。例如，(v_i, v_j) 表示结点 v_i 和 v_j 之间的一条无向边，显然 (v_i, v_j) 和 (v_j, v_i) 所代表的是同一条边。

在图 7.1 中，G_1 和 G_2 是两个无向图，G_2 又是一棵树，其结点集合和边的集合如下：

G_1：$V(G_1) = \{v_1, v_2, v_3, v_4\}$

$E(G_1) = \{(v_1, v_2), (v_1, v_3), (v_1, v_4), (v_2, v_3), (v_2, v_4), (v_3, v_4)\}$

G_2：$V(G_2) = \{v_1, v_2, v_3, v_4, v_5, v_6, v_7\}$

$E(G_2) = \{(v_1, v_2), (v_1, v_3), (v_2, v_4), (v_2, v_5), (v_3, v_6), (v_3, v_7)\}$

2. 有向图

在图 G 中，如果表示边的结点偶对是有序的，则称图 G 为有向图。

把有向图中的有序偶对用尖括号括起来，用以表示一条有向边，有向图中的一条边又称做弧。例如，$\langle v_i, v_j\rangle$ 表示从结点 v_i 到 v_j 的一条弧，结点 v_i 称为 $\langle v_i, v_j\rangle$ 的尾，v_j 称为 $\langle v_i, v_j\rangle$ 的头，并用尾指向头的箭头形象地表示一条弧，同时也表明弧或有向边具有一定的方向性。因此，$\langle v_i, v_j\rangle$ 和 $\langle v_j, v_i\rangle$ 是两条不同的有向边。

图 7.1 (c) 中的 G_3 是一个有向图。其结点集合和边的集合如下：

G_3：$V(G_3) = \{v_1, v_2, v_3\}$

$E(G_3) = \{\langle v_1, v_2\rangle, \langle v_2, v_1\rangle, \langle v_2, v_3\rangle\}$

注意：

若 $\langle v_i, v_j\rangle$ 或 $\langle v_j, v_i\rangle$ 是 E(G) 中的一条边，则应满足 v_i 和 v_j 不是同一结点，否则就是一个环。

边的集合表示不允许出现相同的边。

不允许同一图中既出现有向边又存在无向边，否则就是混合图。

3. 完全图

在一个具有 n 个结点的无向图中，若每一个结点与其他 n－1 个结点之间都有边的联系，则有 n(n－1)/2 条边，这是任何具有 n 个结点的无向图所具有的最大边数。

一个具有 n(n－1)/2 条边和 n 个结点的无向图称作无向完全图。例如，图 7.1 中 G_1 是一个具有 4 个结点的无向完全图。

类似地，在一个具有 n 个结点的有向图中，最多有 n(n−1) 条有向边。具有 n 个结点和 n(n−1) 条有向边的图称作有向完全图。

4. 网

在一些实际应用中，图的边往往和具有一定意义的数相关。这种与图的边相关的数叫权，这个权可表示从一个结点到另一个结点的距离或花费的代价等，我们把边具有权的图称为网。

图 7.2 给出了网的示例，图中结点 v_1 到 v_3 所表示边的权是 5，v_2 到 v_4 所表示边的权是 4。

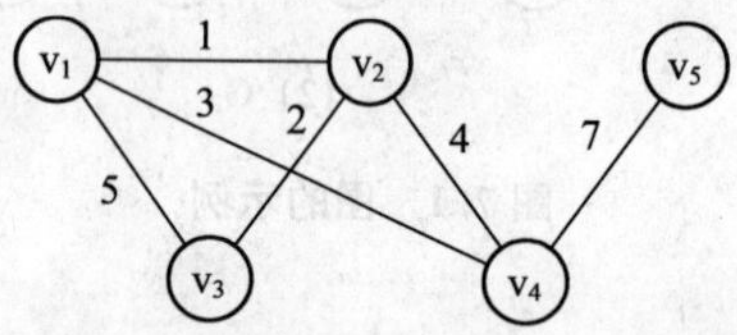

图 7.2　网的示例

5. 子图

设有图 G 和 G'，如果满足下列条件：

V(G')∈V(G)，E(G')∈E(G)

则称图 G' 是 G 的子图。图 7.3 给出了图 7.1 中 G_1 和 G_3 的一些子图。

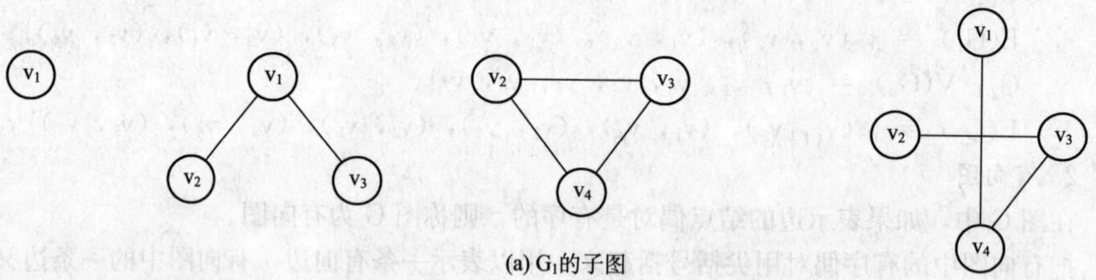

(a) G_1的子图

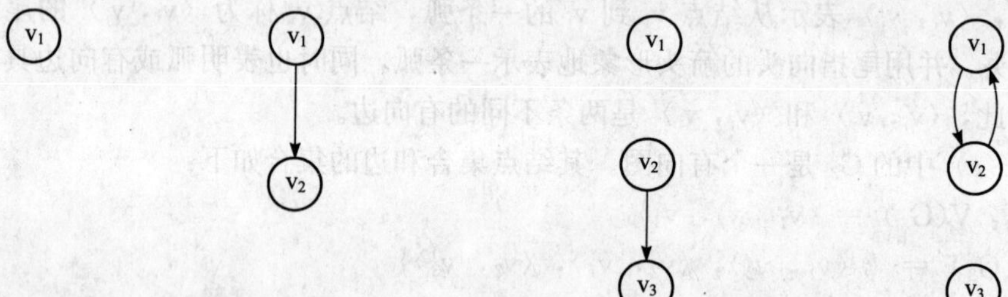

(b) G_3的子图

图 7.3　子图示例

6. 邻接

若（v_i，v_j）是 E(G) 中的一条边，则称结点 v_i 和 v_j 是邻接的结点，而称边（v_i，v_j）是依附于结点 v_i，v_j 的边。

例如，图 7.1 中的 G_2，与结点 v_2 相邻接的结点是 v_1、v_4、v_5。

若〈v_i，v_j〉是有向图中的一条边，则称结点 v_i 邻接至 v_j，结点 v_j 邻接至 v_i，弧〈v_i，v_j〉依附于结点 v_i 和 v_j。

例如，图 7.1 中的有向图 G_3，有向边〈v_2，v_3〉其结点 v_2 邻接至 v_3，弧〈v_2，v_3〉依附于结点 v_2 和 v_3，而不是弧〈v_2，v_3〉依附于结点 v_3 和 v_2。

7. 度、入度、出度

(1) 度。依附于结点的边的数目称为结点的度。

例如，图 7.1 中的无向图 G_1，结点 v_1 的度为 3。

(2) 入度和出度。在有向图中，结点的度可分为入度、出度和总度。我们把以结点 v 开始的有向边的数目称为 v 结点的出度；而把有向边射到结点 v 的数目称为 v 结点的入度；结点出度和入度的总和就是该结点的总度，也简称为结点的度。

例如，图 7.1 中的 G_3，结点 v_2 的入度为 1，出度为 2，总度为 3；结点 v_3 的入度为 1，出度为 0，总度为 1。

若在一个具有 n 个结点、e 条边的图中，D_i 为结点 v_i 的度，因增加一条边使图中结点的总度数增加 2，所以有

$$e=\frac{\sum_{i=1}^{n}D_i}{2}$$

8. 路径、路径长度、回路

(1) 路径。

在图 G 中，从结点 v_p 到 v_q 的路径是结点序列（v_p，v_{i1}，v_{i2}，…，v_{in}，v_q），且（v_p，v_{i1}），（v_{i1}，v_{i2}），…，（v_{in}，v_q）是 E(G) 中的边。若 G 是有向图，则路径也是有向的，由有向边〈v_p，v_{i1}〉，〈v_{i1}，v_{i2}〉，…，〈v_{in}，v_q〉组成。在图 7.4 中，(a) 是无向图，$v_1v_2v_5$、$v_1v_3v_5$、$v_1v_2v_4v_5$ 都表示结点 v_1 到 v_5 组成的路径，(b) 是有向图，$v_1v_2v_3$、$v_1v_2v_4v_3$、$v_1v_4v_3$ 是结点 v_1 到 v_3 组成的有向边的路径。

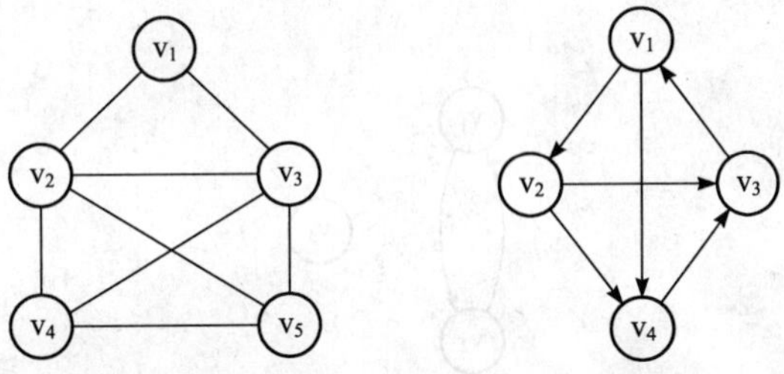

(a) 无向图　　(b) 有向图

图 7.4　路径和回路示例

(2) 路径长度。

在一条路径中，若除去第一个结点和最后一个结点之外，其余结点都各不相同，则称这样的路径为简单路径。

图 7.4 (a) 中，结点 v_1 到 v_5，$v_1v_2v_5$、$v_1v_3v_5$、$v_1v_2v_4v_5$、$v_1v_3v_2v_5$ 都是简单路径，而 $v_1v_2v_4v_3v_2v_5$ 则不是简单路径，其中结点 v_2 重复出现。

(3) 回路。

我们把第一个结点和最后一个结点相同的路径称为回路。若一条简单路径的第一个结点和最末一个结点相同，其他结点均不相同，则称为简单回路。

在图 7.4 (a) 中，$v_2v_3v_4v_2$、$v_1v_2v_3v_5v_3v_1$ 都是回路，其 $v_2v_3v_4v_2$ 是简单回路，而

$v_1v_2v_3v_5v_3v_1$ 仅是回路，而不是简单回路。

9. 连通图、连通分量、强连通图、弱连通图

（1）连通图。在无向图中，若从结点 v_i 到 v_j 存在一条路径（由于 G 是无向图，因此 v_j 到 v_i 也存在一条路径），则 v_i 和 v_j 是连通的。

在无向图 G 中，若 V(G) 中的任意两个结点 v_i 和 v_j 之间都是连通的，则称 G 是连通图。例如，图 7.4（a）是连通的，而图 7.5 中的 G_4 是不连通的，因为 v_1 与 v_5 不存在路径。

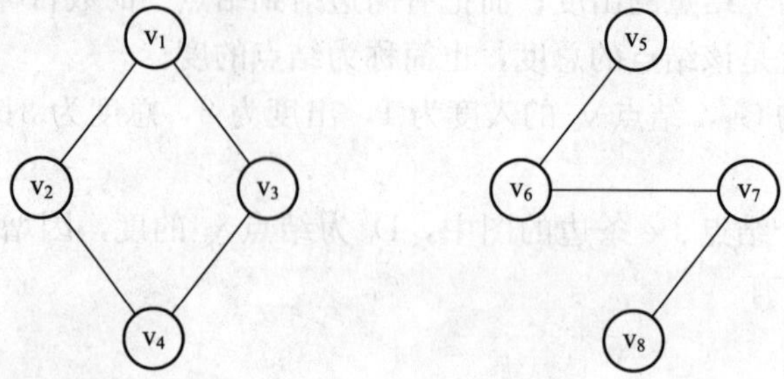

G_4

图 7.5　具有两个连通分量的图

（2）连通分量。所谓连通分量，就是指无向图中的极大连通子图。在图 7.5 中，G_4 就是具有两个连通分量的图，$v_1v_2v_3v_4$ 可构成一个连通图，$v_5v_6v_7v_8$ 也可构成一个连通图。

（3）强连通图。在有向图 G 中，若 V(G) 中的任意两个不同的结点 v_i 和 v_j 之间，既存在一条 v_i 到 v_j 的路径，又存在一条 v_j 到 v_i 的路径，则称有向图 G 是强连通图。完全有向图是强连通图。有向图中的极大强连通子图，称为图 G 的强连通分量。图 7.1 中的 G_3 不是强连通图，因为 v_2 到 v_3 有路径，而 v_3 到 v_2 没有路径，但 G_3 有两个强连通分量，如图 7.6 所示。

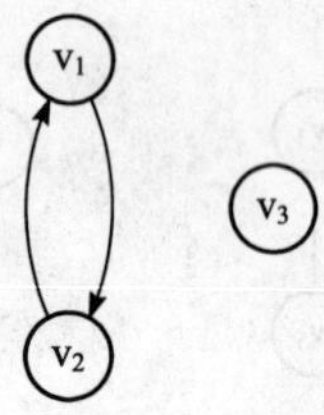

图 7.6　G_3 的强连通分量

（4）弱连通图。若把有向图看做无向图时是连通的，而该图作为有向图可以不是连通的，则称该图为弱连通图。

7.2　图的存储结构

7.2.1　邻接矩阵

1. 邻接矩阵的定义

设 G=(V，E) 是一个具有 n 个结点的图，其中 n≥1，则图 G 的邻接矩阵是一个具有下列性质的 n 阶方阵：

$$A[i,j]=\begin{cases}1\ 若\ (v_i,v_j)\ 或\ \langle v_i,v_j\rangle \in E(G)\\ 0\ 否则\end{cases}$$

即图G中若无向边（v_i，v_j）或有向边〈v_i，v_j〉在E(G)中时，则邻接矩阵中的元素A［i，j］＝1，否则A［i，j］＝0。

图7.1中的G_1、G_3和图7.6中的G_4对应的邻接矩阵分别为：

$$A_1=\begin{bmatrix}0&1&1&1\\1&0&1&1\\1&1&0&1\\1&1&1&0\end{bmatrix}$$

$$A_3=\begin{bmatrix}0&1&0\\1&0&1\\0&0&0\end{bmatrix}$$

$$A_4=\begin{bmatrix}0&1&1&0&0&0&0&0\\1&0&0&1&0&0&0&0\\1&0&0&1&0&0&0&0\\0&1&1&0&0&0&0&0\\0&0&0&0&0&1&0&0\\0&0&0&0&1&0&1&0\\0&0&0&0&0&1&0&1\\0&0&0&0&0&0&1&0\end{bmatrix}$$

在有向图中，若图G是强连通的，则它必是弱连通的，反之不然。

2. 邻接矩阵的对称性

无向图的邻接矩阵是对称的，当且仅当（v_i，v_j）是E(G)中的一条边时，（v_j，v_i）也是E(G)中的一条边。这是由于无向图中的边是没有方向的，结点v_i至v_j可达，v_j至v_i也同样可达。在图G对应的邻接矩阵A中，若A［i，j］＝1，则A［j，i］＝1，表现为矩阵A对于主对角线是对称的。而对于有向图来说，邻接矩阵则不一定是对称的。

3. 存储空间

用邻接矩阵表示一个有n个结点的图G，需要有n^2个元素。对无向图，由于其邻接矩阵是对称的，因此只需存储矩阵的上三角或下三角矩阵中的元素。故有n个结点的无向图所需的存储空间为n(n+1)/2个（实际上对角线可以不存储，因此只需n(n−1)/2个）。

4. 邻接矩阵的简单运算

邻接矩阵的基本运算如下：

(1) 根据图的邻接矩阵，可以判断V(G)中任意两个结点v_i和v_j之间是否有边相连。

(2) 通过邻接矩阵还可以方便地确定各顶点的度。就无向图而言，任意顶点v_i的度就是第i行元素之和，即

$$D_i=\sum_{j=1}^{n}A[i,j]$$

对有向图，结点v_i的出度是第i行元素之和，v_j结点的入度是第j列元素之和。

5. 网的邻接矩阵

构造网的邻接矩阵有如下的定义：

设W_{ij}是结点v_i至v_j的权，则

$$A[i,j]=\begin{cases}W_{ij};\ 若\ (v_i,v_j)\ 或\ \langle v_i,v_j\rangle \in E(G)\\ 0\ 或\infty;\ 若\ (v_i,v_j)\ 或\ \langle v_i,v_j\rangle \notin E(G)\end{cases}$$

图 7.7 给出了网 N 的示意图及其邻接矩阵 A。

用邻接矩阵所表示的图，很容易实现计算机的存储和处理，通常用二维数组 A（1：n，1：n）表示。

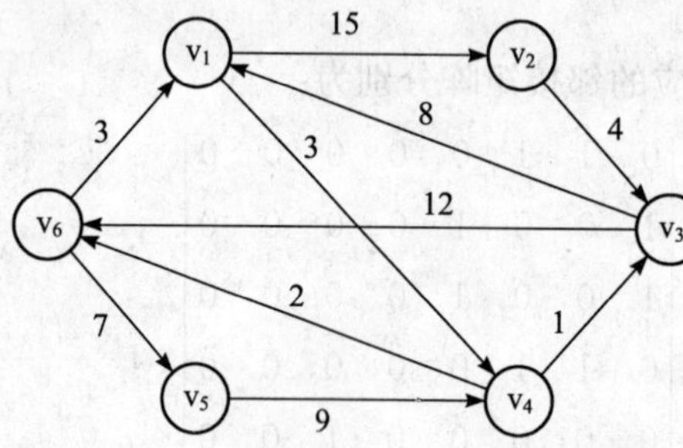

(a)

$$A=\begin{bmatrix}0 & 15 & 0 & 3 & 0 & 0\\0 & 0 & 4 & 0 & 0 & 0\\8 & 0 & 0 & 0 & 0 & 12\\0 & 0 & 1 & 0 & 0 & 2\\0 & 0 & 0 & 9 & 0 & 0\\3 & 0 & 0 & 0 & 7 & 0\end{bmatrix}$$

(b)

图 7.7　网的示例

7.2.2　邻接表和逆邻接表

图的链接存储主要有邻接表和逆邻接表。

1. 邻接表

邻接表的表示方法是为图中的每一个结点建立一个链表，即把邻接矩阵中的每一行的存储以一个链表的方式表示。

对无向图而言，第 i 个链表是把图中与 v_i 相邻接的所有结点链接在一起，链表中的每一个结点表示一条依附于 v_i 的边。

对有向图而言，第 i 个链表是把邻接自 v_i 的所有结点链接在一起，链表中的每一个结点表示一条以图中结点 v_i 为有向边的起始点。

（1）邻接表的结点结构。

图 7.8 示出了邻接表的结点结构。每个结点有两个域，结点域 vertex 表示与 v_i 相邻接的结点的序号，v_j 用以表示图 G 中有一条边（v_i，v_j）或弧〈v_i，v_j〉；指针域 next 用以表示指向依附于结点 v_i 的另一条边或弧。

对于网，链结点结构中还可以增加一个存放权的域。

vertex	next

图 7.8　邻接表的结点结构

（2）邻接表的结构。

每一个链表都有一个表头结点，表头结点的结构与链表中的结点结构是一致的。这些表头结点是按序排序的，并以线性表的向量方式存储，这样就可以方便地随机访问图 G 中任一结点的链表。为了便于满足计算机存储方式的唯一性和链表的查询，结点域 vertex 的序号也是有序的。

图 7.9 邻接表的示例中所表示的是图 G_1、G_3、G_4 的邻接表。图 7.9（a）是无向图的邻接表表示，图 7.9（b）、图 7.9（c）是有向图的邻接表表示。不难发现，头结点的表和每一条链中的结点序号都是有序的。

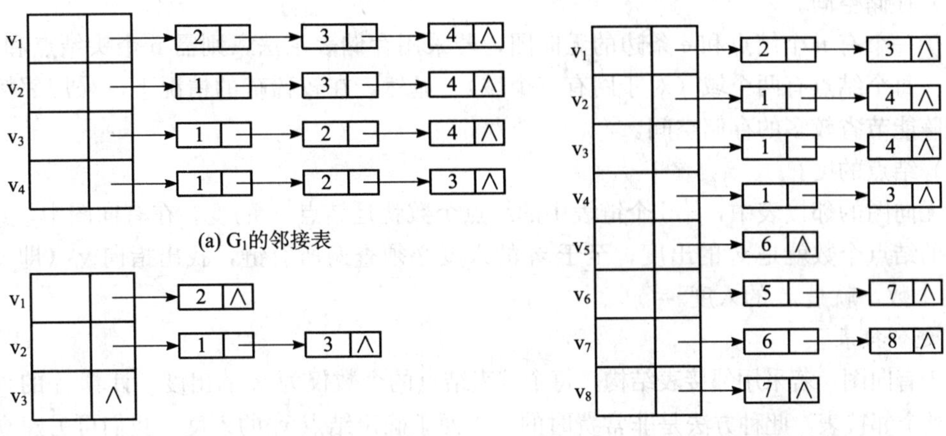

(a) G_1的邻接表　(b) G_3的邻接表　(c) G_4的邻接表

图 7.9　图的邻接表示例

(3) 建立邻接表的算法。

下面给出建立邻接表的算法：

```
vert = n + 1;
/ * n是图G的结点个数,vert为1…n * /
struct node
{
    struct node * next;
    int vertex;
}
* adjlist[vert];

/ * 建立有n个结点的图的邻接表 * /
READ/LIST(int n)
{
    int i
    for(i = 1; i < = n; i ++ )
    {
    p = malloc(sige);              //取一个新结点
    scanf(" % d",&x);              //输入结点的序号
    p-> vertex = x;
    adjlist[i] = p;                //adjlist[i]是结点的线性入口表
    scanf(" % d",&m);              //输入与第i个结点相邻接的顶点个数
    for(j = 1; j < = m; j ++ )
    {
        q = malloc(sige);          //取一个新结点
        scanf(" % d",&x);          //输入与第i个结点相邻接的顺序结点序号
        q-> vertex = x;
        p-> next = q;
        p = q;
    }
    p-> next = NULL;
```

(4) 存储空间。

对于一个有 n 个结点和 e 条边的无向图，若采用存储表示法，则需 n 个头结点和 2e 个表结点。每个结点有两个域（对于网有三个域）。显然，在较稀疏的情况下，采用邻接表比邻接矩阵能节省较多的存储空间。

(5) 结点的度。

在无向图的邻接表中，第 i 个链表中的结点个数就是结点 v_i 的度。在有向图中，第 i 个链表中的结点个数就是 v_i 的出度；至于 v_i 的入度必须查遍所有链，找出指向 v_i（即 vertex (i)）的个数，就是 v_i 的入度。

2. 逆邻接表

对于有向图，若采用邻接表结构，每个链表结点的个数仅为 v_i 的出度，计算 v_i 的入度必须扫描整个邻接表，此种方法是非常费时的。为便于确定结点 v_i 的入度，我们可另建立一个逆邻接表，把射向 v_i 结点的有向边链在一起，如图 7.10 所示是 G_3 的逆邻接表。逆邻接的第 i 个链表的结点个数就是结点 v_i 的入度。同样，对于逆邻接表计算结点出度也比较困难。

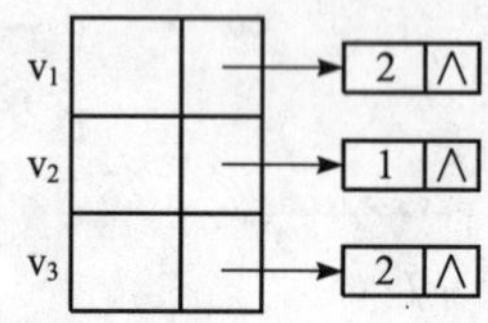

图 7.10　G_3 的逆邻接表

7.3　图的遍历

从给定图中任意指定的顶点（称为初始点）出发，按照某种搜索方法沿着图的边访问图中的所有顶点，使每个顶点仅被访问一次，这个过程称为图的遍历。如果给定图是连通的无向图或者是强连通的有向图，则遍历过程一次就能完成，并可按访问的先后顺序得到由该图所有顶点组成的一个序列。

根据搜索方法的不同，图的遍历方法有两种：一种叫做深度优先搜索法（DFS）；另一种叫做广度优先搜索法（BFS）。

7.3.1　深度优先搜索

深度优先搜索法（Depth First Search）简称 DFS。对给定的图 G，按深度优先搜索法对图中各结点进行遍历的过程是：首先以给定的任一结点 v_i 为起始点，访问该结点，然后选取一个与给定结点 v_i 相邻且未被访问的结点 v_1，注意 v_1 是按在 v_i 为入口的邻接表中以链指针为顺序，取 visited [i] 为零的未被访问的原则来选取的，以 v_1 作为新的起始点，重复上述过程。当到达一个其所有相邻接的结点都已被访问过的结点 v_j 时，就退回到最近被访问过的结点 v_{j-1}。

若 v_{j-1} 尚有未被访问的邻接的结点 v_k，则就以 v_k 作为新的起始点，再一次重复以上过程，直到所有的结点均被访问为止。这种从某一点出发，按结点的邻接表向纵深检索的方式称为深度优先搜索法。

例如，对图 7.11 中的图 G_5 进行遍历，首先要构造从 v_1 至 v_8 的邻接表，然后假设从 v_1 出发进行搜索，在访问 v_1 之后，从 v_1 的邻接表选择邻接点 v_2，由于 v_2 未被访问过，因此又从 v_2 出发进行搜索。同理在访问 v_2 之后，从 v_2 的邻接表中选择邻接点 v_4，因 v_4 未被访问过，因此又从 v_4 出发进行搜索……以此类推，接着从 v_8、v_5 出发进行搜索，在访问了 v_5 之后，由于 v_5 的邻接点都已被访问过，所以搜索回到 v_8。由于同样的理由，搜索继续回到 v_4、v_2 的邻接表，直至回到 v_1 的邻接表，此时从 v_1 的邻接表得到另一个邻接点 v_3 未被访问，则搜索又从 v_1 到 v_3，再按遍历的法则继续进行下去。由此，得到结点访问序列为：

$$v_1 \rightarrow v_2 \rightarrow v_4 \rightarrow v_8 \rightarrow v_5 \rightarrow v_3 \rightarrow v_6 \rightarrow v_7$$

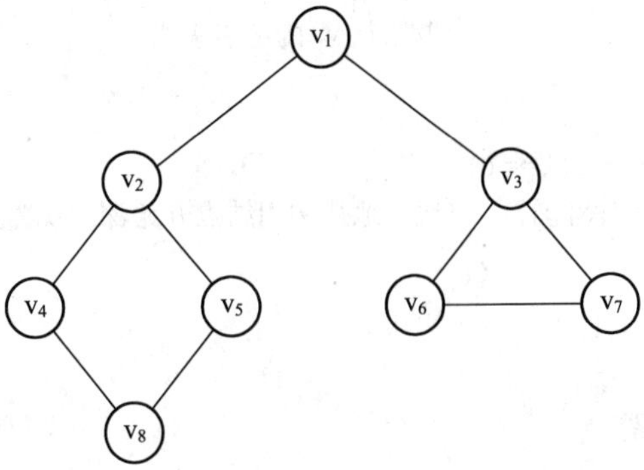

图 7.11　图 G_5

以下讨论深度优先搜索的算法。

(1) 图的存储结构。

遍历过程中需要寻找与 v_1 结点相邻接的结点，因此采用邻接表结构。

(2) 算法思想。

在深度优先遍历过程中，若遇到某个结点的所有邻接表都被访问过，则需要返回到上一个被访问过的结点。为得到上一个被访问过的结点，需要设置一个栈保存每次被访问的结点。当一个结点被访问时，此结点进栈，而当某个结点的所有邻接点都被访问过时，再从栈中取出一个上一次被访问过的结点。对图 7.11 中的图 G_5 进行遍历时，深度优先搜索过程中栈的变化情况如图 7.12 所示。

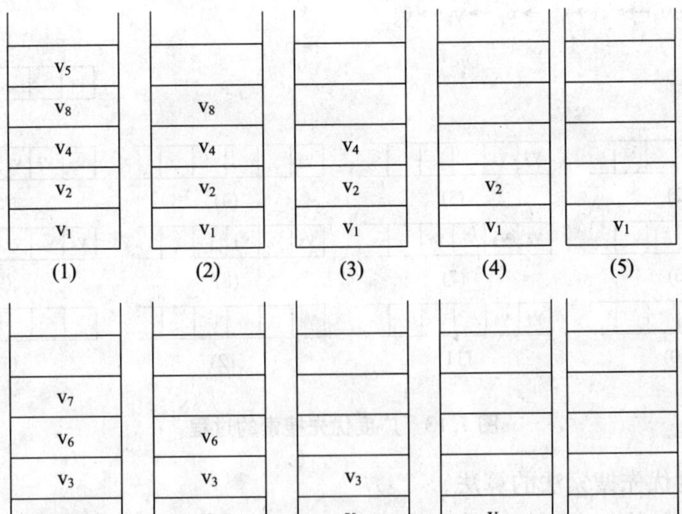

图 7.12　深度优先搜索的过程

(3) 深度优先搜索的算法。

下面给出深度优先搜索的算法：

```
DFS(adilist, vi)
{
    visited[vi] = 1;                    //置访问标志
    printf(" % d\n", vi);               //访问结点 vi
    p = adjist[vi];                     //取结点 vi 的链表表头
    while(p! = NULL)
    {
        if(visited[vertex[p]] == 0)
        DFS2(adjlist,vertex[p]);  //递归地从调用结点开始深度优先遍历
        p = link[p];
    }
}
```

7.3.2 广度优先搜索

广度优先搜索法（Breath First Search）简称 BFS。用广度优先搜索法遍历图 G 时，若从某一个结点 v_0 开始，首先访问该结点 v_0，然后按 v_0 的邻接表访问所有与 v_0 邻接的结点 v_1，v_2，…，v_i，再依次访问与 v_1，v_2，…，v_i 邻接的所有未被访问的结点。最后从这些结点出发，逐次访问所有未被访问过的图中的结点，直到图中所有的结点被访问过为止。这种图遍历的过程称作广度优先搜索法。

例如，从图 7.11 中图 G_5 的结点 v_1 出发，按广度优先搜索遍历的过程如图 7.13 所示，图中的数据结构是队列的形式。首先访问 v_1，然后按 v_1 的邻接表访问相邻接的 v_2，v_3，再依次访问 v_2 的邻接点 v_4 和 v_5，以及 v_3 的邻接点 v_6 和 v_7，最后访问 v_4 的邻接点 v_8。虽然算法仍然按以上的法则再对 v_5，v_6，v_7，v_8 进行扫描，但由于图中所有的结点都已被访问过，因此图的遍历只有在扫描了 v_8 的邻接点后，才完成对图的整个遍历。按以上的遍历方法，得到的结点访问序列为：

$$v_1 \rightarrow v_2 \rightarrow v_3 \rightarrow v_4 \rightarrow v_5 \rightarrow v_6 \rightarrow v_7 \rightarrow v_8$$

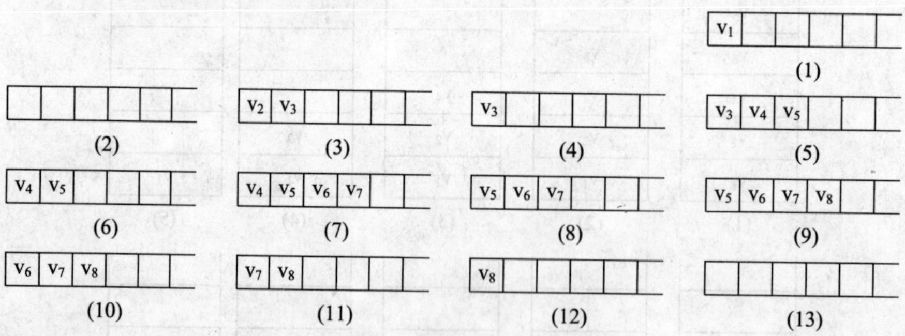

图 7.13　广度优先搜索的过程

以下讨论广度优先搜索法的算法。

(1) 图的存储结构。

遍历过程中需要寻找与 v_i 结点相邻接的结点，因此仍然采用邻接表结构。

（2）算法思想。

广度优先搜索体现了按层次遍历（开始出发的结点为第一层，其邻接点为第二层，以此类推）的思想。在遍历过程中，若第 i 层的某个结点的所有邻接点都被访问过，则需要返回第 i－1 层的第一个被访问的结点。为此，需要设置一个队列来保存每次被访问的结点。当一个结点被访问时，该结点进队，而当某个结点的所有邻接点都被访问过时，从队列中取出一个结点，即第 i－1 层的第一个被访问的结点。

（3）广度优先搜索的算法。

下面给出广度优先搜索的算法：

```
/* 在具有 n 个结点的无向图中,以邻接表的形式表示,表头指针用一维数组 adjlist 表示,从结点 vi 开始,一维数组 visited 为访问标志位,初值为零,q 为队列 */
BFS(adjlist,v0)
{ visited[vi]=1;
    printf("%d\n", vi);                //访问 vi
    ADDQ(vi, q);                       //结点 vi 进队
    while(q! = NULL)
{ DELETEQ(vi, q);                      //从队中取出结点 vi
    p=adjlist[vi];                     //取结点 vi 的链表表头
    while(p! = NULL)
    {
        if(visited[vertex[p]]==0)
        {
            visited[vertex[p]]=1;          //置访问标志
            printf("%d\n", vertex[p]);  //访问 vertex[p]结点
            ADDQ(vertex[p], q);
        }
        p=link[p];
    }
}
}
```

（4）算法分析结果。

该算法的执行时间与深度优先搜索法相同，运行时间主要花费在 while 循环上。对结点的邻接表中的每个结点至多检查一次。因表中有 2e 个结点，故完成遍历所需要的时间为 O(e)，e 为图中的边数。

7.4 图的应用

7.4.1 最小生成树

1. 最小生成树的概念

生成树：对于连通图 G＝（V，E），E(G) 是图 G 所有边的集合，V(G) 是所有顶点的集合，若图 G 有 n 个顶点，V(G) 所有的 n 个顶点和 E(G) 中 n－1 条边构成的图为图 G 的生成树。

对图 7.12 以深度优先搜索法进行遍历获得的生成树如图 7.14（a）所示，图 7.14（b）是以广度优先搜索法进行遍历得到的生成树。由此可见，某一连通图所对应的生成树不是唯一的。

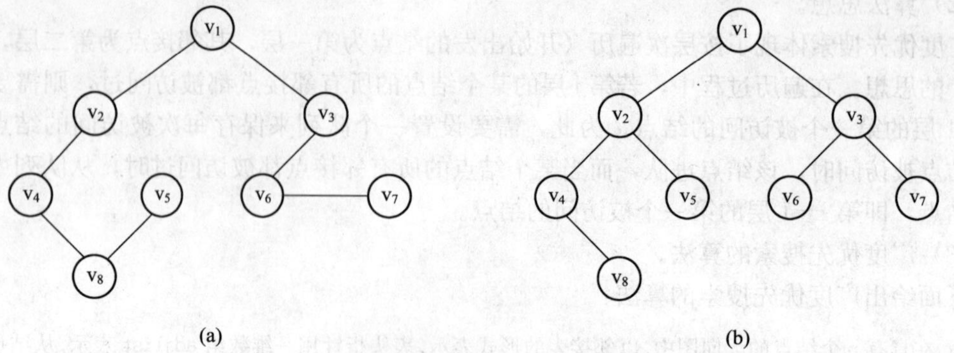

图 7.14　生成树

用连通网表示 n 个城市及 n 个城市之间可能设置的通信线路，其中顶点表示城市，边表示两城市之间的通信线路，边上的权值表示线路造价预算。对于有 n 个顶点的连通网，可以建立许多不同的生成树，每一棵生成树都可以是一个通信网。一棵生成树的代价为该生成树上各边权值之和，即该通信网的造价。在实际工程中，要构造这样一棵生成树，使得总耗费为最少，也就是选择连通网的最小代价生成树，就是最小生成树（Minimum Spanning Tree，MST）的问题。

图 7.15 表示一个带权图和它的几棵生成树，最小生成树就是所要构造的通信网。图 7.15（b）是一棵生成树，其权为 26，（c）、（d）图也是生成树，权分别为 16 和 15，可以证明（d）图是（a）图的一棵最小生成树。

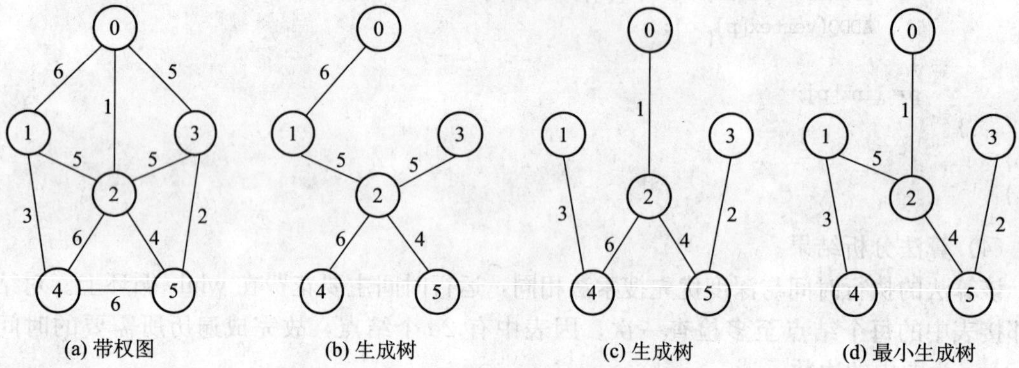

图 7.15　一个带权图和它的几棵生成树

2. Prim 算法

求最低造价通信网的问题便转化为求一个带权连通的最小生成树的问题。已有很多算法求解此问题，其中著名的有 Prim 算法和 Kruskal 算法。这里只介绍 Prim 算法的基本思想。

Prim 算法是一种构造性算法。

假设 N=(V, E) 是连通网，生成的最小生成树为 T=(V, TE)，求 T 的步骤如下：

(1) 初始化：$U=\{u_0\}$，TE={ }。

(2) 在所有 $u\in U$，$v\in V-U$ 的边 (u, v) 中，找一条权最小的边 (u_0, v_0)，$TE+\{(u_0, v_0)\}$ TE，$\{v_0\}+U\rightarrow U$。

(3) 如果 U=V，则算法结束；否则重复 (2)。

最后得到最小生成树 T=〈V，TE〉，其中 TE 为最小生成树的边集。

求图 7.15 中网的最小生成树的过程如图 7.16 所示。图 7.16（a）为一个网，V={0，1，2，3，4，5}，此时设 U={5}，V－U={0，1，2，3，4}，在和顶点 5 相关联的所有边中，(5，3) 的权值最小，因此取 (5，3) 为最小生成树的第一条边，如图 7.16（b）所示；此时，U={5，3}，V－U={0，1，2，4}，在所有和 5，3 相关联的边中，(5，2) 的权值最小，取 (5，2) 为最小生成树的第二条边，如图 7.16（c）所示；现在 U={5，3，2}，V－U={0，1，4}，在所有和 5，3，2 相关联的边中，(2，0) 的权值最小，取 (2，0) 为最小生成树的第三条边，如图 7.16（d）所示；这样，U={5，3，2，0}，V－U={1，4}，在所有和 5，3，2，0 相关联的边中，(2，1) 为权值最小的边，取 (2，1) 为生成树的第四条边，如图 7.16（e）所示；U={5，3，2，0，1}，V－U={4}，U 中顶点和 5 相关联的边中，权值最小边为 (1，4)，取 (1，4) 为最小生成树的第五条边，如图 7.16（f）所示，最后 U= {5，3，2，0，1，4}，V－U={ }，图 7.16（f）为最终得到的最小生成树，此时 U=V。在这个过程中要注意，在求权值最小边时，要求 u∈V，v∈V－U，从所有这样的边 (u，v) 中求出最小的边 (u，v)。

连通网存储结构用邻接矩阵表示。若两个顶点之间不存在边，则其权值为计算机内允许的最大值；否则为对应边上的权值。

Prim 算法的时间复杂度为 $O(n^2)$。

图 7.16（a）所示网的邻接矩阵如图 7.17 所示，用 Prim 算法的执行过程如图 7.18 所示。

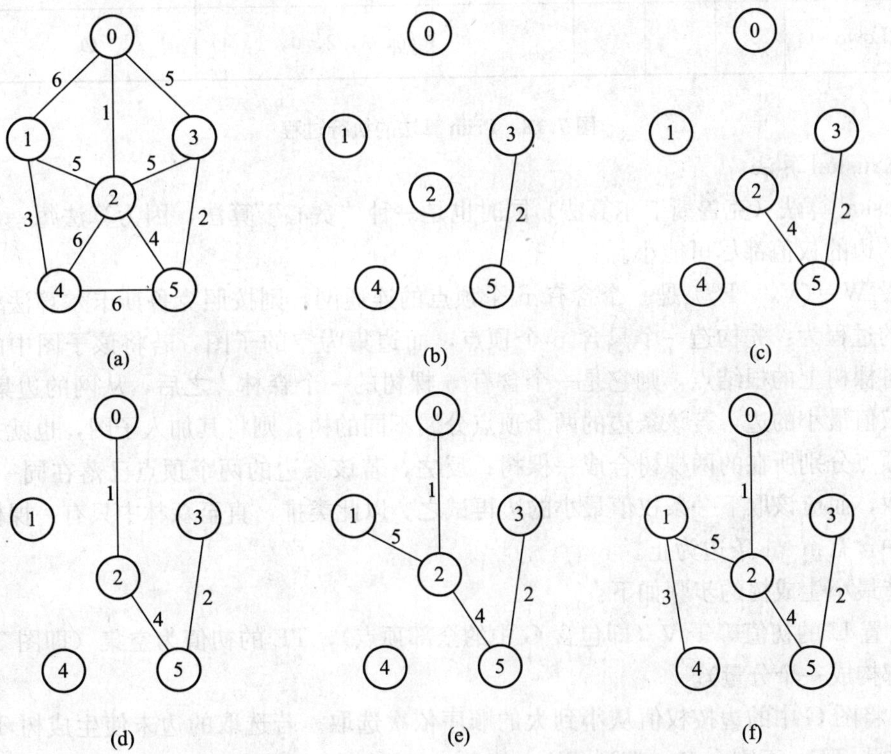

图 7.16　用 Prim 算法求最小生成树的过程

$$
\begin{array}{c}
 \\ 0 \\ 1 \\ 2 \\ 3 \\ 4 \\ 5
\end{array}
\begin{array}{c}
\begin{array}{cccccc} 0 & 1 & 2 & 3 & 4 & 5 \end{array} \\
\begin{bmatrix}
\infty & 6 & 1 & 5 & \infty & \infty \\
6 & \infty & 5 & \infty & 3 & \infty \\
1 & 5 & \infty & 5 & 6 & 4 \\
5 & \infty & 5 & \infty & \infty & 2 \\
\infty & 3 & 6 & \infty & \infty & 6 \\
\infty & \infty & 4 & 2 & 6 & \infty
\end{bmatrix}
\end{array}
$$

图 7.17　图 7.16 (a) 的邻接矩阵

顶点 closedge	0	1	2	3	4	U	V	图 7.16
adjvex Lowcost	5 ∞	5 ∞	5 4	5 2	5 6	{5}	{0, 1, 2, 3, 4}	(a)
adjvex Lowcost	3 5	5 ∞	5 4		5 6	{5, 3}	{0, 1, 2, 4}	(b)
adjvex Lowcost	2 1	2 5			5 6	{5, 3, 2}	{0, 1, 4}	(c)
adjvex Lowcost		2 5			5 6	{5, 3, 2, 0}	{1, 4}	(d)
adjvex Lowcost					1 3	{5, 3, 2, 0, 1}	{4}	(e)
adjvex Lowcost						{5, 3, 2, 0, 1, 4}	Ø	(f)

图 7.18　Prim 算法的执行过程

3. Kruskal 算法

Kruskal 算法（克鲁斯卡尔算法）同时也是一种“贪心”算法，因为算法每一步添加到森林中的边的权值都尽可能小。

假设 W=(V, {E}) 是一个含有 n 个顶点的连通网，则按照克鲁斯卡尔算法构造最小生成树的过程为：先构造一个只含 n 个顶点，而边集为空的子图，若将该子图中的各个顶点看成各棵树上的根结点，则它是一个含有 n 棵树的一个森林。之后，从网的边集 E 中选取一条权值最小的边，若该条边的两个顶点分属不同的树，则将其加入子图，也就是说，将这两个顶点分别所在的两棵树合成一棵树；反之，若该条边的两个顶点已落在同一棵树上，则不可取，而应该取下一条权值最小的边再试之。以此类推，直至森林中只有一棵树，也就是子图中含有 n−1 条边为止。

构造最小生成树的步骤如下：

(1) 置 U 的初值等于 V（即包含 G 中的全部顶点），TE 的初值为空集（即图 T 中每一个顶点都构成一个分量）。

(2) 将图 G 中的边按权值从小到大的顺序依次选取。若选取的边未使生成树 T 形成回路，则加入 TE；否则舍弃，直到 TE 中包含（n−1）条边为止，如图 7.19 所示。

为了简便，在实现克鲁斯卡尔算法 Kruskal ( )时，参数 E 存放图 G 中的所有边，假设它们是按权值由从小到大的顺序排列的。n 为图 G 的顶点个数，e 为图 G 的边数。

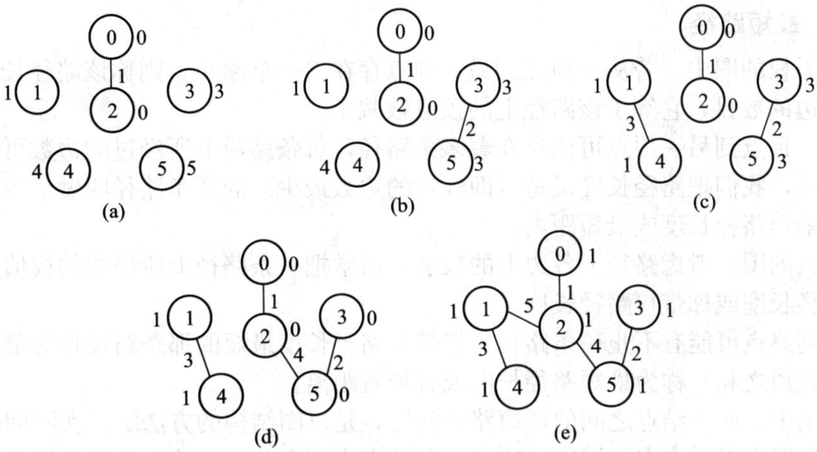

图 7.19　用克鲁斯卡尔算法求解最小生成树的过程

```
typedef struct
    {
    int u;              //边的起始顶点
    int v;              //边的终止顶点
    int w;              //边的权值
    } Edge;

void Kruskal(Edge E[ ], int n, int e)
{
    int i, j, m1, m2, sn1, sn2, k; int vset[MAXV];
    for (i = 0; i < n; i ++ ) vset[i] = i;          //初始化辅助数组
    k = 1;                                          //k 表示当前构造最小生成树的第几条边,初值为 1
    j = 0;                                          //E 中边的下标,初值为 0
    while (k < n)                                   //生成的边数小于 n 时循环
    {
        m1 = E[j].u; m2 = E[j].v;                   //取一条边的头尾顶点
        sn1 = vset[m1]; sn2 = vset[m2];             //分别得到两个顶点所属的集合编号
        if (sn1! = sn2)                             //属不同的集合->最小生成树的一条边
         {
            printf("( %d, %d): %d\n", m1, m2, E[j].w);
            k ++;                                   //生成边数增 1
            for (i = 0; i < n; i ++ )               //两个集合统一编号
            if (vset[i] == sn2)                     //集合编号为 sn2 的改为 sn1
                vset[i] = sn1;
        }
        j ++;                                       //扫描下一条边
    }
}
```

完整的克鲁斯卡尔算法应包括对边按权值递增排序，上述算法假设边已排序的情况下，时间复杂度为 $O(n^2)$。

如果给定的带权连通无向图 G 有 e 条边，n 个顶点，采用堆排序（在第 9 章中介绍）对边按权值递增排序，那么用克鲁斯卡尔算法构造最小生成树的时间复杂度降为 $O(e\log_2 e)$。由于它与 n 无关，只与 e 有关，所以克鲁斯卡尔算法适合于稀疏图。

7.4.2 最短路径

在一个无权的图中，若从一顶点到另一顶点存在着一条路径，则称该路径长度为该路径上所经过的边的数目，它等于该路径上的顶点数减 1。

由于从一顶点到另一顶点可能存在着多条路径，每条路径上所经过的边数可能不同，即路径长度不同，我们把路径长度最短（即经过的边数最少）的那条路径叫做最短路径，其路径长度叫做最短路径长度或最短距离。

对于带权的图，考虑路径上各边上的权值，通常把一条路径上所经边的权值之和定义为该路径的路径长度或称带权路径长度。

从源点到终点可能有不止一条路径，把带权路径长度最短的那条路径称为最短路径，其路径长度（权值之和）称为最短路径长度或者最短距离。

在有向图中，两个结点之间的最短路径问题，是以图结构的方法解决实际问题的典型例子。例如，在图中以结点表示城市，边表示两城市之间有公路可达，由这些结点和边以及边上表示两城市之间距离的权可组成用以表示连通各城市的公路网。当然，从实际出发边上的权数也可表示两城市之间的行车时间或这段路程的票价等。若需要查询从 A 城市前往 B 城市的公路情况，则需解决如下问题：

(1) 城市 A 至城市 B 是否可达，即是否有公路连接？

(2) 若城市 A 至城市 B 有若干条公路可通行，哪一条公路最短或行车时间最少或车费最省？这就是图结构中要讨论的最短路径问题。请注意：

- 这里所说的路径长度是指路径上各条路径长度之和，即权之和，而不是边的数目。
- 这里讨论的图是边上加权的图，也就是所定义的网。
- 考虑到公路的方向性，这里讨论的是有向图，并且把路径的起始点称为源点，把路径的最后一个结点称为终点。

本节主要讨论从某个源点到其他各顶点的最短路径。

设有一个有向图 G=〈V，E〉，图 G 中给定了各条边上的权，源点为 v_i。现在讨论从源点到图 G 中其余各结点的最短路径。以图 7.20 中的有向图为例，图中各边上的数字为边所具有的权。若 v_1 为源点，则从图上可得：从 v_1 至 v_2 的最短路径是〈v_1，v_3，v_4，v_2〉，其路径长度是：10＋15＋20＝45，虽然从 v_1 至 v_2 的这条路径由三条边组成，但仍然比路径〈v_1，v_2〉要短，因为〈v_1，v_2〉边上的权是 50；从 v_1 至 v_3 的最短短路径是〈v_1，v_3〉，其路径长度为 10；从 v_1 至 v_4 的最短路径是〈v_1，v_3，v_4〉，其路径长度为 25；从 v_1 到 v_5 的最短路径是〈v_1，v_5〉，其路径长度为 45；从 v_1 到 v_6 没有通路，故不存在最短路径。

以下讨论如何形成从源点 v_1 到其他各顶点的最短路径的算法，如图 7.21 所示。

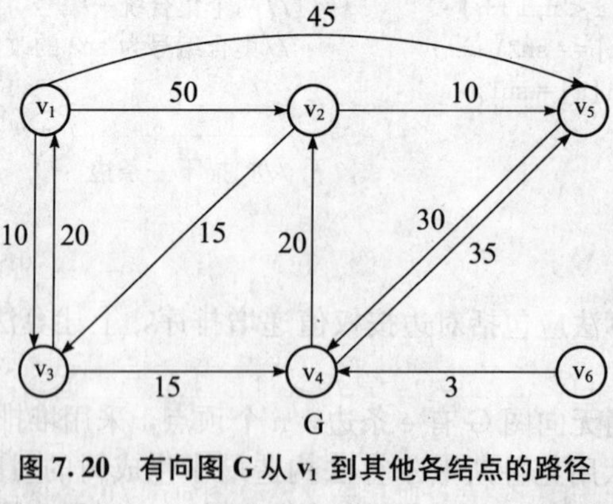

图 7.20 有向图 G 从 v_1 到其他各结点的路径

终点	从源点 v_1 到各结点的dist[ ] 值和最短路径			
v_2	50 ＜v_1，v_2＞	50 ＜v_1，v_2＞	45 ＜v_1，v_3，v_4，v_2＞	
v_3	10 ＜v_1，v_3＞			
v_4		25 ＜v_1，v_3，v_4＞	45 ＜v_1，v_5＞	
v_5	45 ＜v_1，v_5＞	45 ＜v_1，v_5＞		45 ＜v_1，v_5＞
v_6				
	$u=v_3$	$u=v_4$	$u=v_2$	$u=v_5$

图 7.21　求 v_1 到其余顶点之间的最短路径

(1) 采用迪杰斯特拉（Dijkstra）算法求解的基本思想是：

设 G=(V，E) 是一个带权有向图，把图中顶点集合 V 分成两组：

第一组为已求出最短路径的顶点集合（用S表示，初始时S中只有一个源点，以后每求得一条最短路径 v，…，v_k，就将 v_k 加入到集合S中，直到全部顶点都加入到S中，算法就结束了）。

第二组为其余未确定最短路径的顶点集合（用U表示）。

(2) 迪杰斯特拉算法的具体步骤如下：

① 初始时，S只包含源点，即 S={v}，v的距离为0。U包含除v外的其他顶点，U中顶点u的距离为边上的权（若v与u有边〈v，u〉）或∞（若u不是v的出边邻接点）。

② 从U中选取一个距离v最小的顶点k，把k加入S中（该选定的距离就是v到k的最短路径长度）。

③ 以k为新考虑的中间点，修改U中各顶点的距离。若从源点v到顶点u（u∈U）的距离（经过顶点k）比原来距离（不经过顶点k）短，则修改顶点u的距离值，修改后的距离值的顶点k的距离加上边〈k，u〉上的权。

④ 重复步骤②和③直到所有顶点都包含在S中。

在如图7.22所示的最短路径示意图中，v到j的最小距离=MIN（$c_{vk}+w_{kj}$，c_{vj}）。

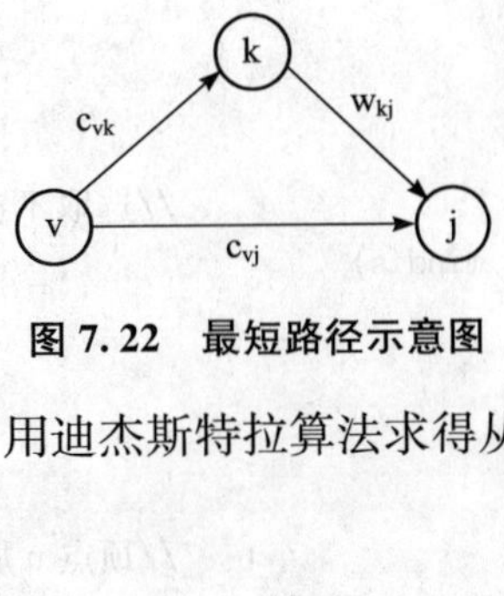

图 7.22　最短路径示意图

对图7.23（a）所示的图G，用迪杰斯特拉算法求得从源点 v_0 到其余各顶点的最短路径的执行情况如（b）图所示。

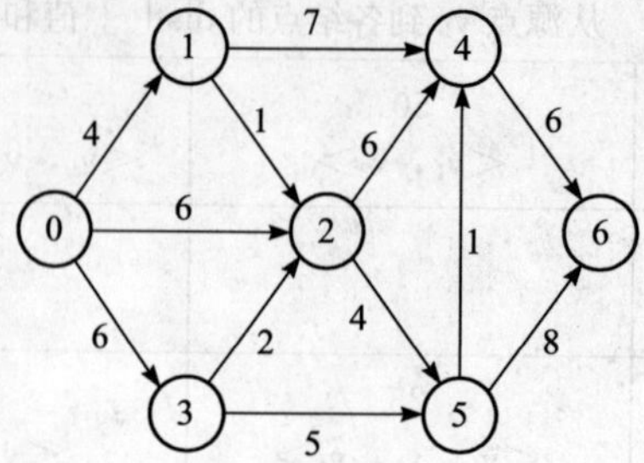

(a)图G

S	U	dist[ ]	path[ ]
		0 1 2 3 4 5 6	0 1 2 3 4 5 6
{0}	{1,2,3,4,5,6}	{0,4,6,6, ∞ , ∞ , ∞ }	{0,0,0,0,−1,−1,−1}
{0,1}	{2,3,4,5,6}	{0,4,5,6,11, ∞ , ∞ }	{0,0,1,0,1,−1,−1}
{0,1,2}	{3,4,5,6}	{0,4,5,6,11,9, ∞ }	{0,0,1,0,1,2,−1}
{0,1,2,3}	{4,5,6}	{0,4,5,6,11,9, ∞ }	{0,0,1,0,1,2,−1}
{0,1,2,3,5}	{4,6}	{0,4,5,6,10,9,17}	{0,0,1,0,5,2,5}
{0,1,2,3,5,4}	{6}	{0,4,5,6,10,9,16}	{0,0,1,0,5,2,4}
{0,1,2,3,5,4,6}	{}	{0,4,5,6,10,9,16}	{0,0,1,0,5,2,4}

(b)

图 7.23　求 v_0 到其余顶点的最短路径

(3) 迪杰斯特拉算法如下（n 为图 G 的顶点数，v_0 为源点编号）：

```
void Dijkstra(int cost[ ][MAXV], int n, int v0)
{
    int dist[MAXV],path[MAXV]; int s[MAXV];int mindis, i, j, u;
    for (i = 0;i < n;i ++ )
       {
       dist[i] = cost[v0][i];                   //距离初始化
       s[i] = 0;                                //s[]置空
       if (cost[v0][i]< INF)                    //路径初始化
              path[i] = v0;
       else
              path[i] = -1;
       }
       s[v0] = 1;path[v0] = 0;                  //源点编号 v0 放入 s 中
     for (i = 0;i < n;i ++ )                    //循环直到所有顶点的最短路径都求出
     {
       mindis = INF;
       u= -1;
       for (j = 0;j < n;j ++ )                  //选取不在 s 中且具有最小距离的顶点 u
       if (s[j] == 0 && dist[j]< mindis)
       {
            u = j;
            mindis = dist[j];
       }
       s[u] = 1;                                //顶点 u 加入 s 中
```

```
        for (j = 0;j < n;j ++ )                    //修改不在 s 中的顶点的距离
        if (s[j] == 0)
       if (cost[u][j]< INF && dist[u] + cost[u][j]< dist[j])
       {
           dist[j] = dist[u] + cost[u][j]; path[j] = u; }
       }
     Dispath(dist,path,s,n,v0);                  //输出最短路径
  }

/ * 前向递归查找路径上的顶点 * /
void Ppath(int path[ ],int i,int v0)
  {       int k;
          k = path[i];
          if (k == v0) return;                   //找到起点则返回
          Ppath(path,k,v0);                      //找 k 顶点的前一个顶点
          printf(" %d,",k);                      //输出 k 顶点
  }

void Dispath(int dist[ ],int path[ ],int s[ ],int n,int v0)
{        int i;
         for (i = 0;i < n;i ++ )
         if (s[i] == 1)
       {
           printf("从 %d 到 %d 的最短路径长度为: %d\t 路径为:",v0,i,dist[i]);
           printf(" %d,",v0);                    //输出路径上的起点
           Ppath(path,i,v0);                     //输出路径上的中间点
           printf(" %d\n",i);                    //输出路径上的终点
       }
       else
           printf("从 %d 到 %d 不存在路径\n",v0,i);
}
```

7.4.3 拓扑排序

拓扑排序是有向图的一个重要操作。在给定的有向图 G 中，若顶点序列 v_{i1}，v_{i2}，…，v_{in}满足下列条件：若在有向图 G 中从顶点 v_i 到顶点 v_j 有一条路径，则在序列中顶点 v_i 必在顶点 v_j 之前，便称这个序列为一个拓扑序列。求一个有向图拓扑序列的过程称为拓扑排序。

例如，计算机专业的学生必须完成一系列规定的基础课和专业课才能毕业，假设这些课程的名称与相应代号的关系如表 7.1 所示。

表 7.1　　课程表

课程代号	课程名称	先修课程
C_1	高等数学	无
C_2	程序设计	无
C_3	离散数学	C_1
C_4	数据结构	C_2，C_3
C_5	编译原理	C_2，C_4
C_6	操作系统	C_4，C_7
C_7	计算机组成原理	C_2

课程之间的先后关系可用有向图表示，如图 7.24 所示。

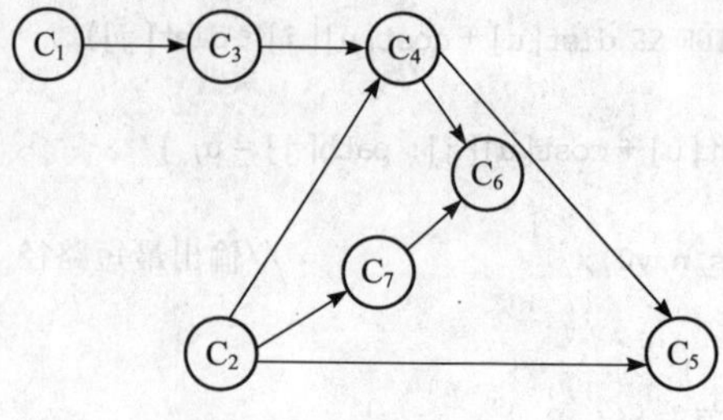

图 7.24　课程有向图

对这个有向图进行拓扑排序可得到一个拓扑序列：C_1，C_3，C_2，C_4，C_7，C_6，C_5，也可得到另一个拓扑序列：C_2，C_7，C_1，C_3，C_4，C_5，C_6，还可以得到其他的拓扑序列。学生按照任何一个拓扑序列都可以顺序地进行课程学习。

拓扑排序方法如下：

(1) 从有向图中选择一个没有前驱（即入度为 0）的顶点并且输出它。

(2) 从网中删去该顶点，并且删去从该顶点发出的全部有向边。

(3) 重复上述两步，直到剩余的网中不再存在没有前驱的顶点为止。

为了实现拓扑排序的算法，对于给定的有向图，采用邻接表作为存储结构，为每个顶点设立一个链表，每个链表有一个表头结点，这些表头结点构成一个数组，在表头结点中增加一个存放顶点入度的域 count。即将邻接表定义中的 VNode 类型修改如下：

```
typedef struct                          //表头结点类型
   {         Vertex data;               //顶点信息
             int count;                 //存放顶点入度
             ArcNode * firstarc;        //指向第一条弧
   } VNode;

void  TopSort(VNode adj[ ], int n)
{
      int i, j; int St[MAXV], top = -1;  //栈 St 的指针为 top
      ArcNode * p;
      for (i = 0; i < n; i ++)
         if (adj[i].count == 0)          //入度为 0 的顶点入栈
           {
               top ++;
               St[top] = i;
           }
      while (top > -1)                   //栈不为空时循环
       {
            i = St[top]; top--;       //出栈
            printf(" %d ", i); p = adj[i].firstarc;
            while (p! = NULL)
            {
               j = p-> adjvex; adj[j].count--;
             if (adj[j].count == 0)
               {
```

```
                top++;
                St[top] = j;
               }
            p = p-> nextarc;        //找下一个相邻顶点
          }
     }
}
```

项目实训

实训题目：图的应用

实训目的：建立并存储一个有向图，并能够按照指定规则进行遍历及搜索操作

实训内容：

一、主界面

1. 界面设计

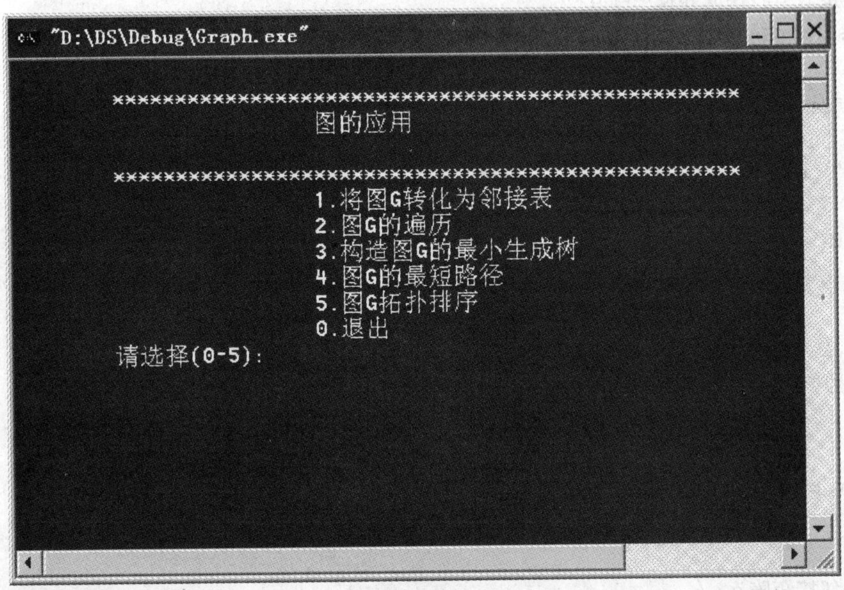

2. 代码编写

```
#include <stdio.h>
#include <stdlib.h>
#include <malloc.h>
#include "graph.h"
#define INF 32767                              //INF 表示∞
#define MaxSize 100

/*将邻接矩阵 g 转换成邻接表 G*/

void MatToList(MGraph g,ALGraph *&G)
{
int i,j,n=g.n;                                 //n 为顶点数
ArcNode *p;
```

```
G = (ALGraph * )malloc(sizeof(ALGraph));
for (i = 0;i < n;i ++ )                               //给邻接表中所有头结点的指针域置初值
    G-> adjlist[i].firstarc = NULL;
for (i = 0;i < n;i ++ )                               //检查邻接矩阵中每个元素
    for (j = n - 1;j > = 0;j--)
        if (g.edges[i][j]! = 0)                       //邻接矩阵的当前元素不为 0
        {
            p = (ArcNode * )malloc(sizeof(ArcNode)); //创建一个结点 * p
            p-> adjvex = j;
            p-> info = g.edges[i][j];
            p-> nextarc = G-> adjlist[i].firstarc;    //将 * p 链到链表后
            G-> adjlist[i].firstarc = p;
        }
G-> n = n;G-> e = g.e;
}

/ * 将邻接表 G 转换成邻接矩阵 g * /
void ListToMat(ALGraph * G,MGraph &g)
{
int i,n = G-> n;
ArcNode * p;
for (i = 0;i < n;i ++ )
{
    p = G-> adjlist[i].firstarc;
    while (p! = NULL)
    {
        g.edges[i][p-> adjvex] = p-> info;
        p = p-> nextarc;
    }
}
g.n = n;g.e = G-> e;
}

/ * 输出邻接矩阵 g * /
void DispMat(MGraph g)
{
int i,j;
for (i = 0;i < g.n;i ++ )
{
    for (j = 0;j < g.n;j ++ )
        if (g.edges[i][j] == INF)
            printf(" % 3s","∞");
        else
            printf(" % 3d",g.edges[i][j]);
    printf("\n");
}
}
```

```
/*输出邻接表G*/
void DispAdj(ALGraph *G)
{
int i;
ArcNode *p;
for (i=0;i<G->n;i++)
{
    p=G->adjlist[i].firstarc;
    printf("%3d: ",i);
    while (p!=NULL)
    {
        printf("%3d",p->adjvex);
        p=p->nextarc;
    }
    printf("\n");
}
}

/*主函数*/
void main()
{
int i,j,m,v;
MGraph g,g1;
ALGraph *G;
int A[MAXV][6]={{0,1,0,0,0,0},
    {0,0,1,0,0,0},
    {0,0,0,1,0,0},
    {0,0,0,0,0,0},
    {0,1,0,0,0,1},
    {0,0,0,1,0,0}};
g.n=6;g.e=10;
for (i=0;i<g.n;i++)
    for (j=0;j<g.n;j++)
        g.edges[i][j]=A[i][j];
printf("\n");

while(m!=0)
{
    system("cls");    //主菜单
    printf("\n");
    printf("\t*****************************************************\n");
    printf("\t\t\t图的应用\n");
    printf("\n");
    printf("\t*****************************************************\n");
    printf("\t\t\t1. 将图G转化为邻接表\n");
    printf("\t\t\t2. 图G的遍历\n");
    printf("\t\t\t3. 构造图G的最小生成树\n");
    printf("\t\t\t4. 图G的最短路径\n");
```

```
        printf("\t\t\t5. 图 G 拓扑排序\n");
        printf("\t\t\t0. 退出\n");
        printf("\t 请选择(0-5):\n");
        scanf(" %d",&m);

        switch(m)
        {
        case 1:
              MatToList(g,G);
              printf(" 有向图 G 的邻接矩阵:\n");
              DispMat(g);
              G=(ALGraph *)malloc(sizeof(ALGraph));
              printf(" 图 G 的邻接矩阵转换成邻接表:\n");
              MatToList(g,G);
              DispAdj(G);
              break;
        case 2:
              system("cls");
              TraversingG(G,g);     //遍历图
              break;
        case 3:
              system("cls");
              MCSTree(G,g);
              break;
        case 4:
              Dijkstra(g,0);
              break;
        case 5:
              G=(ALGraph *)malloc(sizeof(ALGraph));
              MatToList(g,G);
              printf(" 有向图 G 的邻接表:\n");
              DispAdj(G);
              printf("\n");
              printf("拓扑序列:");
              TopSort(G);
              printf("\n");

              break;
        case 0:
              printf("(*^__^*) 再见!\n");break;
        default:
              printf("您输入的有误!\n");
        }
        system("pause");
    }
  printf("\n");
  }
```

二、图的遍历界面

1. 界面设计

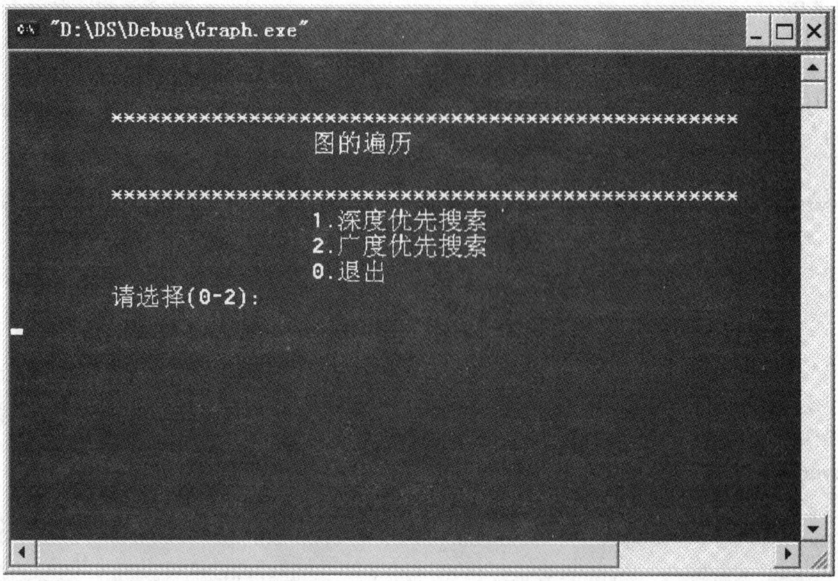

2. 代码编写

```
void BFS(ALGraph *G, int v)                          //广度优先遍历
{
ArcNode * p;
int queue[MAXV], front = 0, rear = 0;                //定义循环队列并初始化
int visited[MAXV];                                   //定义存放结点的访问标志的数组
int w, i;
for (i = 0; i < G-> n; i ++ ) visited[i] = 0;        //访问标志数组初始化
printf(" %2d", v);                                   //输出被访问顶点的编号
visited[v] = 1;                                      //置已访问标记
rear = (rear + 1) % MAXV;
queue[rear] = v;                                     //v 进队
while (front! = rear)                                //若队列不空时循环
{   front = (front + 1) % MAXV;
    w = queue[front];                                //出队并赋给 w
    p = G-> adjlist[w]. firstarc;                    //找与顶点 w 邻接的第一个顶点
    while (p! = NULL)
    {   if (visited[p-> adjvex] == 0)                //若当前邻接顶点未被访问
        {   printf(" %2d", p-> adjvex);              //访问相邻顶点
            visited[p-> adjvex] = 1;                 //置该顶点已被访问的标志
            rear = (rear + 1) % MAXV;                //该顶点进队
            queue[rear] = p-> adjvex;
            }
            p = p-> nextarc;                         //找下一个邻接顶点
    }
}
printf("\n");
}
```

```
int visited[MAXV];
void DFS(ALGraph * G, int v)                    //深度优先遍历
{
ArcNode * p;
visited[v] = 1;                                 //置已访问标记
printf(" %d ", v);                              //输出被访问顶点的编号
p = G-> adjlist[v].firstarc;                    //p 指向顶点 v 的第一条弧的弧头结点
while (p! = NULL)
{
    if (visited[p-> adjvex] == 0)               //若 p-> adjvex 顶点未访问,递归访问它
        DFS(G, p-> adjvex);
    p = p-> nextarc;                            //p 指向顶点 v 的下一条弧的弧头结点
 }
}


/ * 遍历菜单 * /
void TraversingG(ALGraph * G, MGraph g)
{
int i, j, m;

printf("\n");
printf("\n");
printf("\t ************************************************** \n");
printf("\t\t\t 图的遍历\n");
printf("\n");
printf("\t ************************************************** \n");
printf("\t\t\t1. 深度优先搜索\n");
printf("\t\t\t2. 广度优先搜索\n");
printf("\t\t\t0. 退出\n");
printf("\t 请选择(0 - 2):\n");

    scanf(" %d", &m);
    switch(m)
    {
    case 1:
            DispMat(g);
            G = (ALGraph * )malloc(sizeof(ALGraph));
            MatToList(g, G);
            printf(" 邻接表:\n");
            DispAdj(G);
            for (i = 0; i < MAXV; i ++ )
                visited[i] = 0;
            printf("深度优先序列:");
            DFS(G, 2);
            printf("\n");
            break;
    case 2:
            //BFS(G, v);
            DispMat(g);
```

```
        G=(ALGraph *)malloc(sizeof(ALGraph));
        MatToList(g,G);
        printf(" 邻接表:\n");
        DispAdj(G);
        printf("广度优先序列:");
        BFS(G,2);printf("\n");
        break;
    case 0:
        printf("( *^__^* ) 再见!\n");break;
    default:
        printf("您输入的有误!\n");
    }
}
```

三、最小生成树界面

1. 界面设计

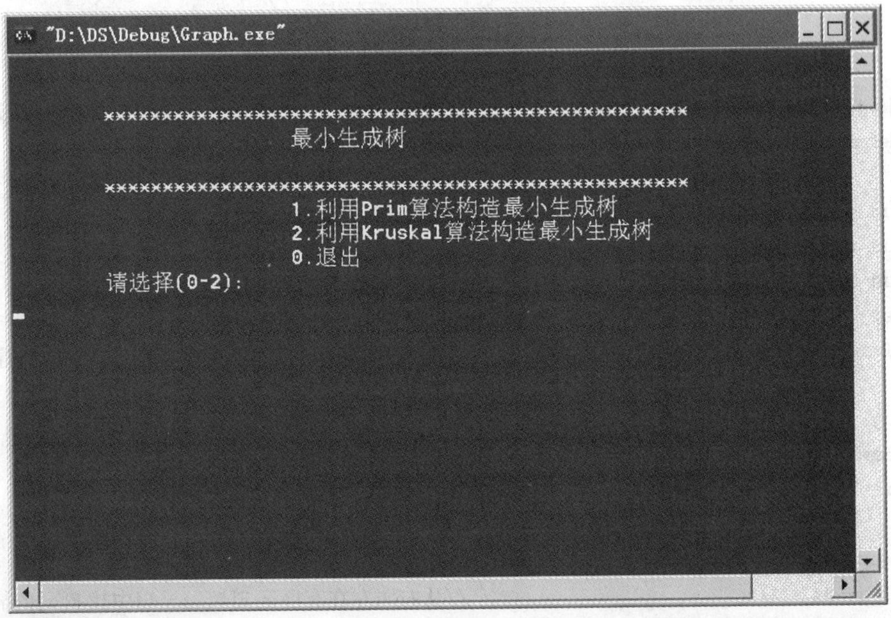

2. 代码编写

```
/利用 * Prim 算法构造最小生成树 * /
void Prim(MGraph g, int v)
{
int lowcost[MAXV];                          //顶点 i 是否在 U 中
int min;
int closest[MAXV],i,j,k;
for (i=0;i<g.n;i++)                         //给 lowcost[ ]和 closest[ ]置初值
{
    lowcost[i]=g.edges[v][i];
    closest[i]=v;
}
for (i=1;i<g.n;i++)                         //找出 n-1 个顶点
```

```
{
    min = INF;
    for (j = 0;j < g.n;j ++ )                 //在(V - U)中找出离 U 最近的顶点 k
        if (lowcost[j]! = 0 && lowcost[j]< min)
        {
            min = lowcost[j];
            k = j;                            //k 记录最近顶点的编号
        }
    printf(" 边( %d, %d)权为: %d\n",closest[k],k,min);
    lowcost[k] = 0;                           //标记 k 已经加入 U
    for (j = 0;j < g.n;j ++ )                 //修改数组 lowcost 和 closest
        if (g.edges[k][j]! = 0 && g.edges[k][j]< lowcost[j])
        {
            lowcost[j] = g.edges[k][j];
            closest[j] = k;
        }
 }
}

/利用 * Kruskal 算法构造最小生成树 * /
typedef struct
{
    int u;                                    //边的起始顶点
    int v;                                    //边的终止顶点
    int w;                                    //边的权值
} Edge;
void InsertSort(Edge E[ ],int n)              //对 E[0..n - 1]按递增有序直接进行插入排序
{
int i,j;
Edge temp;
for (i = 1;i < n;i ++ )
{
    temp = E[i];
    j = i - 1;                                //从右向左在有序区 E[0..i - 1]中找 E[i]的插入位置
    while (j > = 0 && temp.w < E[j].w)
    {
        E[j + 1] = E[j];                      //将关键字大于 E[i].w 的记录后移
        j--;
    }
    E[j + 1] = temp;                          //在 j + 1 处插入 E[i]
 }
}
void Kruskal(MGraph g)
{
int i,j,u1,v1,sn1,sn2,k;
int vset[MAXV];
Edge E[MaxSize];                              //存放所有边
k = 0;                                        //E 数组的下标从 0 开始计
```

```
for (i = 0;i < g.n;i ++ )                    //由 g 产生的边集 E
    for (j = 0;j < g.n;j ++ )
        if (g.edges[i][j]! = 0 && g.edges[i][j]! = INF)
        {
            E[k].u = i;E[k].v = j;E[k].w = g.edges[i][j];
            k ++ ;
        }
InsertSort(E,g.e);                           //采用直接插入排序对 E 数组按权值递增排序

for (i = 0;i < g.n;i ++ )                    //初始化辅助数组
    vset[i] = i;
k = 1;                                       //k 表示当前构造生成树的第几条边,初值为 1
j = 0;                                       //E 中边的下标,初值为 0
while (k < g.n)                              //生成的边数小于 n 时循环
{
    u1 = E[j].u;v1 = E[j].v;                 //取一条边的头尾顶点
    sn1 = vset[u1];
    sn2 = vset[v1];                          //分别得到两个顶点所属的集合编号
    if (sn1! = sn2)                          //两顶点属于不同的集合,该边是最小生成树的一条边
    {
        printf(" (%d, %d): %d\n",u1,v1,E[j].w);
        k ++ ;                               //生成边数增 1
        for (i = 0;i < g.n;i ++ )            //两个集合统一编号
            if (vset[i] == sn2)              //集合编号为 sn2 的改为 sn1
                vset[i] = sn1;
    }
    j ++ ;                                   //扫描下一条边
}
}

void MCSTree(ALGraph *G,MGraph g)
{
int i,j,m;
printf("\n");
printf("\n");
printf("\t**************************************************\n");
printf("\t\t\t最小生成树\n");
printf("\n");
printf("\t**************************************************\n");
printf("\t\t\t1. 利用 Prim 算法构造最小生成树\n");
printf("\t\t\t2. 利用 Kruskal 算法构造最小生成树\n");
printf("\t\t\t0. 退出\n");
printf("\t请选择(0-2):\n");

scanf("%d",&m);
    switch(m)
    {
    case 1:
```

```
            Prim(g,0);
            break;
        case 2:
            Kruskal(g);
            break;
        case 0:
            printf("(*^__^*) 再见!\n");break;
        default:
            printf("您输入的有误!\n");
        }
}
```

四、最短路径界面

1. 界面设计

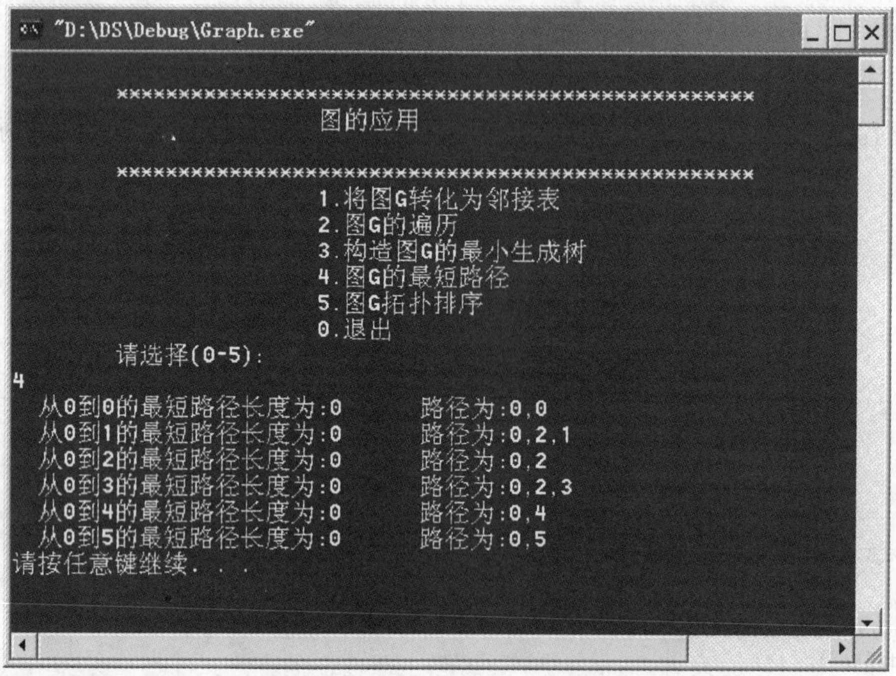

2. 代码编写

```
/*Dijkstra 最短路径*/
void Ppath(int path[ ],int i,int v)                    //前向递归查找路径上的顶点
{
int k;
k = path[i];
if (k == v) return;                                    //找到起点则返回
Ppath(path,k,v);                                       //找顶点 k 的前一个顶点
printf("%d,",k);                                       //输出顶点 k
}

void Dispath(int dist[ ],int path[ ],int s[ ],int n,int v)
{
```

```
int i;
for (i = 0;i < n;i ++ )
    if (s[i] == 1)
    {
        printf(" 从 %d 到 %d 的最短路径长度为: %d\t 路径为:",v,i,dist[i]);
        printf(" %d,",v);                     //输出路径上的起点
        Ppath(path,i,v);                      //输出路径上的中间点
        printf(" %d\n",i);                    //输出路径上的终点
    }
    else
        printf("从 %d 到 %d 不存在路径\n",v,i);
}

void Dijkstra(MGraph g,int v)
{
int dist[MAXV],path[MAXV];
int s[MAXV];
int mindis,i,j,u;
for (i = 0;i < g.n;i ++ )
{
    dist[i] = g.edges[v][i];                  //距离初始化
    s[i] = 0;                                 //s[ ]置空
    if (g.edges[v][i]< INF)                   //路径初始化
        path[i] = v;
    else
    path[i] = - 1;
}
s[v] = 1;path[v] = 0;                         //源点编号 v 放入 s 中
for (i = 0;i < g.n;i ++ )                     //循环直到所有顶点的最短路径都求出
{
    mindis = INF;                             //mindis 置最小长度初值
    for (j = 0;j < g.n;j ++ )                 //选取不在 s 中且具有最小距离的顶点 u
        if (s[j] == 0 && dist[j]< mindis)
        {
            u = j;
            mindis = dist[j];
        }
    s[u] = 1;                                 //顶点 u 加入 s 中
    for (j = 0;j < g.n;j ++ )                 //修改不在 s 中的顶点的距离
        if (s[j] == 0)
            if (g.edges[u][j]< INF && dist[u] + g.edges[u][j]< dist[j])
            {
                dist[j] = dist[u] + g.edges[u][j];
                path[j] = u;
            }
}
Dispath(dist,path,s,g.n,v);                   //输出最短路径
}
```

五、拓扑排序

1. 界面设计

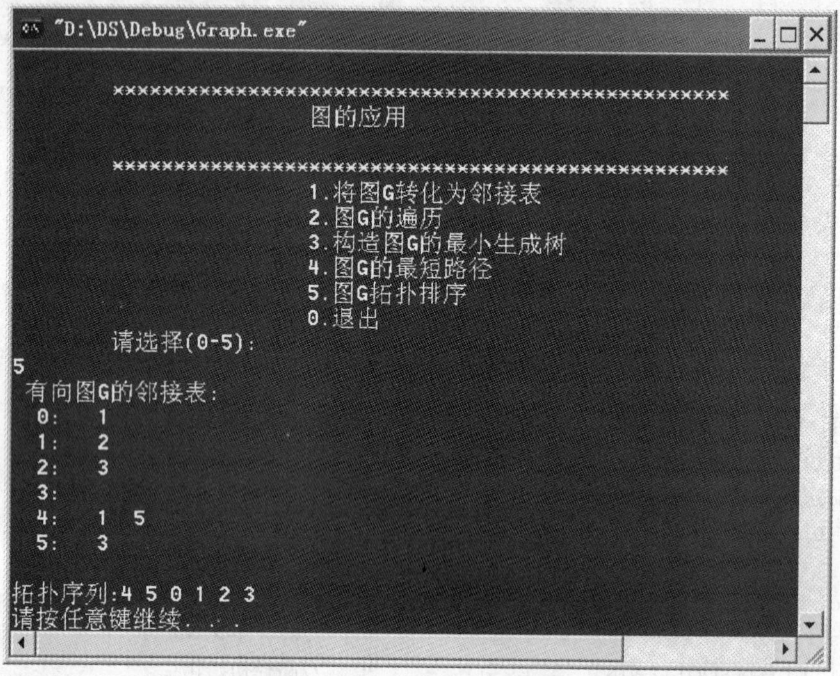

2. 代码编写

```
/*拓扑排序*/
void TopSort(ALGraph *G)
{
int i,j;
int St[MAXV],top=-1;                    //栈St的指针为top
ArcNode *p;
for (i=0;i<G->n;i++)                    //入度置初值0
     G->adjlist[i].count=0;
for (i=0;i<G->n;i++)                    //求所有顶点的入度
{
     p=G->adjlist[i].firstarc;
     while (p!=NULL)
     {
          G->adjlist[p->adjvex].count++;
          p=p->nextarc;
     }
}
for (i=0;i<G->n;i++)
     if (G->adjlist[i].count==0)        //入度为0的顶点进栈
     {
          top++;
          St[top]=i;
     }
while (top>-1)                          //栈不为空时循环
```

```
{
        i = St[top];top--;                              //出栈
        printf(" %d ",i);                               //输出顶点
        p = G-> adjlist[i].firstarc;                    //找第一个相邻顶点
        while (p! = NULL)
        {
                j = p-> adjvex;
                G-> adjlist[j].count--;
                if (G-> adjlist[j].count == 0)          //入度为 0 的相邻顶点进栈
                {
                        top ++ ;
                        St[top] = j;
                }
                p = p-> nextarc;                        //找下一个相邻顶点
        }
}
}
```

专项练习 7

一、基本题

1. 填空题

(1) 具有 n 个顶点的图用邻接矩阵存储，矩阵是________行________列。

(2) 一个 n 个顶点的连通无向图，其边的个数至少为________。

(3) 要连通具有 n 个顶点的有向图，至少需要________条边。

(4) n 个结点的完全有向图含有边的数目是________。

(5) 具有 10 个顶点的无向图，边的总数最多为________。

(6) 在图 G 的邻接表表示中，每个顶点邻接表中所含的结点数，对于无向图来说等于该顶点的________；对于有向图来说等于该顶点的________。

2. 选择题

(1) 给定下列有向图，从顶点 v_1 出发，其深度优先搜索序列为(　　)。

A. 12534　　B. 12435　　C. 14325　　D. 12345

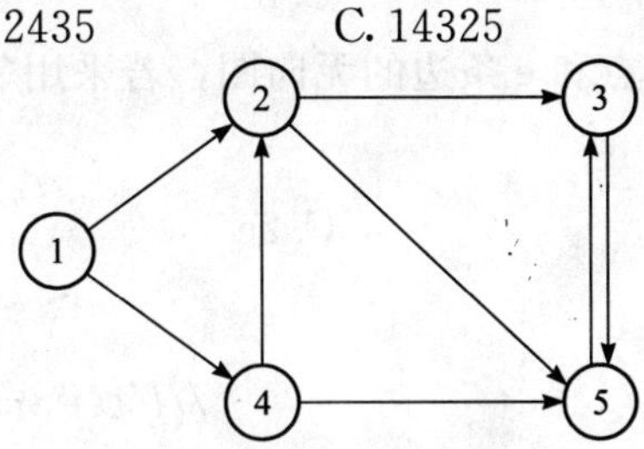

(2) 6 个顶点的连通图的深度优先生成树，其边数为(　　)。

A. 6　　B. 5　　C. 7　　D. 4

(3) 具有 8 个顶点的连通图的深度优先生成树，其边数为(　　)。

A. 8　　B. 9　　C. 7　　D. 6

(4) G 是一个非连通无向图，共有 28 条边，则该图至少有(　　)个顶点。

A. 6　　B. 7　　C. 8　　D. 9

(5) 一个 n 个顶点的连通无向图，其边的个数至少为(　　)。

A. n−1　　B. n　　C. n+1　　D. $n\log_2 n$

(6) 对于有向图的邻接矩阵 $A=\begin{bmatrix}0 & 1 & 0\\1 & 0 & 1\\0 & 1 & 0\end{bmatrix}$，该图共有(　　)条弧。

A. 5　　B. 4　　C. 3　　D. 2

(7) 对于具有 n 个顶点的强连通图，其弧条数的最小值为(　　)。

A. n+1　　B. n　　C. n−1　　D. n−2

(8) 采用邻接表存储的图按深度优先搜索方法进行遍历的算法类似于二叉树的(　　)。

A. 先序遍历　　B. 中序遍历　　C. 后序遍历　　D. 层次遍历

(9) 采用邻接表存储的图的广度优先遍历算法类似于二叉树的(　　)。

A. 先序遍历　　B. 中序遍历　　C. 后序遍历　　D. 按层遍历

(10) 对某个无向图的邻接矩阵来说，(　　)。

A. 第 i 行上的非零元素个数和第 i 列的非零元素个数一定相等

B. 矩阵中的非零元素个数等于图中的边数

C. 第 i 行上，第 i 列上非零元素总数等于顶点 v_i 的度数

D. 矩阵中非全零行的行数等于图中的顶点数

(11) 以下说法中不正确的是(　　)。

A. 无向图中的极大连通子图称为连通分量

B. 连通图的广度优先搜索中一般要采用队列来暂存刚访问过的顶点

C. 图的深度优先搜索中一般要采用栈来暂存刚访问过的顶点

D. 有向图的遍历不可采用广度优先搜索方法

(12) 对于一个具有 n 个顶点和 e 条边的无向图，若采用邻接表表示，则表头向量的大小为(　　)。

A. n　　B. n+1　　C. n−1　　D. n+e

(13) 对于一个具有 n 个顶点和 e 条边的无向图，若采用邻接表表示，所有邻接表中的结点总数为(　　)。

A. e/2　　B. e　　C. 2e　　D. n+e

3. 程序填空题

```
void DFS(ALGraph *G,int v)                    //深度优先遍历
    {
        ArcNode *p;
        visited[v] = 1;                        //置已访问标记
        printf(" %d ",v);                      //输出被访问顶点的编号
        p = G-> adjlist[v].firstarc;           //p 指向顶点 v 的第一条弧的弧头结点
        while (p! = NULL)
        {
            if (visited[p-> adjvex] == 0)      //若 p-> adjvex 顶点未访问,递归访问它
```

```
            ________;
            p = p-> nextarc;                    //p指向顶点v的下一条弧的弧头结点
        }
}
```

4. 应用题

(1) 对下图进行如下操作：

① 写出其邻接矩阵。

② 求从顶点 V_5 出发的广度优先搜索遍历序列。

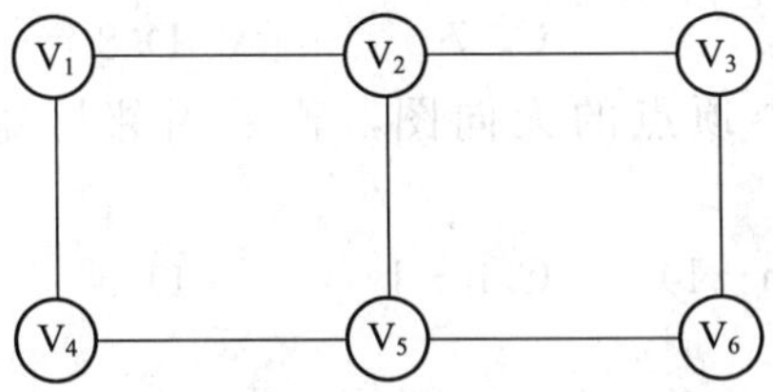

(2) 给定无向图如下，写出它的邻接矩阵，求出一棵最小生成树。

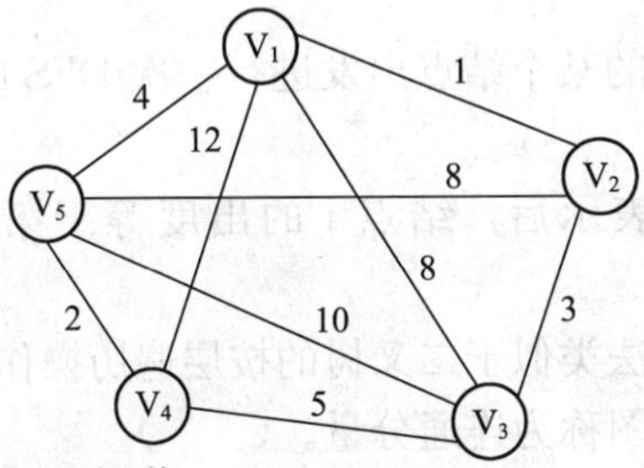

(3) 对下面给出的图进行如下操作：

① 写出图的邻接矩阵。

② 画出图的邻接表。

③ 写出从顶点 1 出发的广度优先搜索遍历序列。

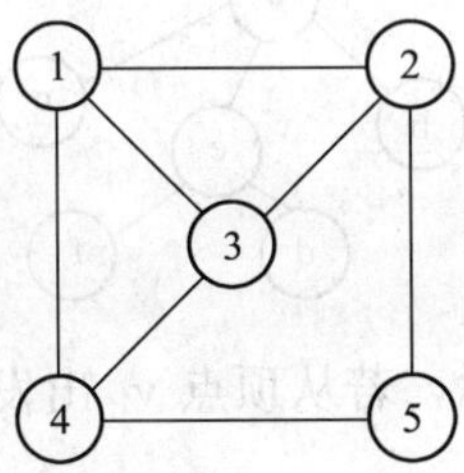

5. 编写程序算法

利用递归编写深度优先遍历图算法。

二、专升本试题

1. 填空题

(1) 有向图 G 用邻接矩阵 A [1..n, 1..n] 存储表示，其第 i 行的所有元素之和等于顶点 i 的________。

(2) n 个顶点的连通图至少有________条边。

(3) 在无权图 G 的邻接矩阵 A 中，若 (v_i, v_j) 或 $\langle v_i, v_j \rangle$ 属于图 G 的边集合，则对应元素 A [i] [j] 等于________，否则等于________。

2. 选择题

(1) 在一个图中，所有顶点的度数之和等于所有边数的(　　)倍。

A. 1/2　　B. 1　　C. 2　　D. 4

(2) 在一个有向图中，所有顶点的入度之和等于所有顶点的出度之和的(　　)倍。

A. 1/2　　B. 1　　C. 2　　D. 4

(3) 一个有 n 个顶点的无向图最多有(　　)条边。

A. n　　B. n(n−1)　　C. n(n−1)/2　　D. 2n

(4) 具有 6 个顶点的无向图至少应有(　　)条边才能确保是一个连通图。

A. 5　　B. 6　　C. 7　　D. 8

(5) 对于一个具有 n 个顶点的无向图，若采用邻接矩阵表示，则该矩阵的大小是(　　)。

A. n　　B. $(n-1)^2$　　C. n−1　　D. n^2

3. 判断题

(1) 有向图用邻接矩阵表示后，顶点 i 的入度等于邻接矩阵中第 i 列的元素个数。(　　)

(2) 对任意一个图，从它的某个结点出发进行一次 DFS 或 BFS 可访问到该图的每个结点。(　　)

(3) 有向图用邻接矩阵表示后，结点 i 的出度等于第 i 行中非 0 且非∞的元素个数。(　　)

(4) 图的广度优先搜索算法类似于二叉树的按层遍历操作。(　　)

(5) 无向图的极大连通子图称为连通分量。(　　)

(6) 有 n 个顶点的无向图最多有 n(n+1) 条边。(　　)

4. 应用题

(1) 求出下图所示的无向图 G 的邻接矩阵和邻接表两种存储结构。

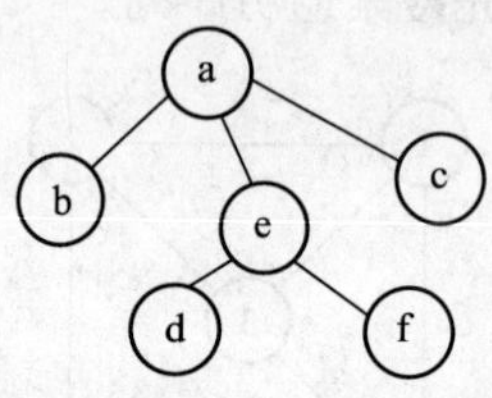

(2) 已知一个有向图如下图所示，若从顶点 v_1 出发，写出深度优先搜索遍历序列和广度优先搜索遍历序列。

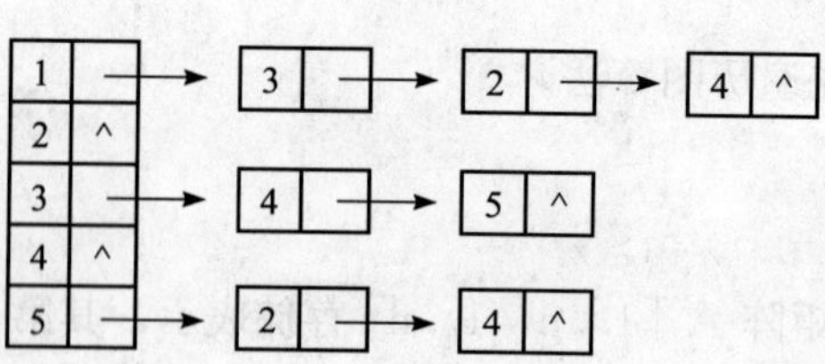

第8章 查　　找

教学重点

- 基本概念：查找、动态查找表、静态查找表、顺序查找、平均查找长度、折半查找、判定树、索引顺序表、哈希表、哈希冲突、同义词冲突；
- 折半查找过程；
- 采用折半查找索引表的分块查找算法；
- 处理冲突的方法。

被查找的对象是由一组记录组成的表或文件，而每个记录则由若干个数据项组成，并假设每个记录都有一个能唯一标志该记录的关键字。在这种条件下，查找（Searching）的定义是：给定一个值k，在含有n个记录的表中找出关键字等于k的记录。若找到，则查找是成功的，返回该记录的信息或该记录在表中的位置；否则查找不成功，此时查找的结果可给出一个“空”记录或“空”指针。

8.1　静态查找表

若在查找的同时对表做修改运算（如插入和删除），则相应的表称为动态查找表，否则称为静态查找表。静态查找表可以有不同的表示方法，在不同的表示方法中，实现查找操作的方法也不同。

8.1.1　顺序表的查找

线性表有顺序表和链式表两种存储结构。本节只介绍以顺序表作为存储结构时实现的顺序查找算法。

顺序查找：是一种最简单的查找方法。它的查找过程是从表的一端开始，顺序扫描线性表，依次将扫描到的关键字和给定值k相比较，若当前扫描到的关键字与k相等，则查找成功；若扫描结束后，仍未找到关键字等于k的记录，则查找失败。

顺序查找的算法描述如下（在顺序表R[0..n－1]中查找关键字为k的记录，成功时返回找到的记录位置，失败时返回－1)：

```
int SeqSearch(SeqList R, int n, KeyType k)
{ int i = 0;
  while (i < n && R[i].key! = k) i++;        /* 从表头往后找 */
```

```
    if (i>=n)
        return -1;
    else
        return i;
}
```

由于查找运算的主要运算是关键字的比较，所以通常把查找过程中对关键字需要执行的平均比较次数（也称为平均查找长度）作为衡量一个查找算法效率高低的标准。平均查找长度 ASL（Average Search Length）的定义为：

$$ASL=\sum_{i=1}^{n}p_i c_i$$

其中，n 是查找表中记录的个数。p_i 是查找第 i 个记录的概率，一般地，均认为每个记录的查找概率相等，即 $p_i=1/n$（$1\leqslant i\leqslant n$），c_i 是找到第 i 个记录所需进行的比较次数。

从顺序查找过程可以看到（不考虑越界比较 i<n），c_i 取决于所查记录在表中的位置。例如，查找表中第 1 个记录 R［0］时，仅需比较一次；而查找表中最后一个记录 R［n－1］时，需比较 n 次，即 $c_i=i$。因此，成功时的顺序查找的平均查找长度为：

$$ASL_{SS}=\sum_{i=1}^{n}p_i c_i=\frac{1}{n}\sum_{i=1}^{n}i=\frac{1}{n}\times\frac{n(n+1)}{2}=\frac{n+1}{2}$$

查找成功时的平均比较次数约为表长的一半。

8.1.2　有序表的查找

以有序表表示静态查找表时，Search 函数可用折半查找来实现。折半查找也称为二分查找。

折半查找（Binary Search）的查找过程是：要求线性表中的结点必须已按关键字值的递增或递减顺序排列。它首先用要查找的关键字 k 与中间位置的结点的关键字相比较，这个中间结点把线性表分成了两个子表，若比较结果相等则查找完成；若不相等，再根据 k 与该中间结点关键字的比较大小确定下一步查找哪个子表，这样递归进行下去，直到找到满足条件的结点或者该线性表中没有这样的结点。

例如，在关键字有序序列｛2，4，7，9，10，14，18，26，32，40｝中采用折半查找法查找关键字为 7 的元素。

开始：2　4　7　9　10　14　18　26　32　40

　　low＝0　　　　　　　　high＝9　　　　　mid＝（0＋9）/2＝4

第 1 次比较：2　4　7　9　10　14　18　26　32　40

　　low＝0　high＝3　　　　　　　　mid＝（0＋3）/2＝1

第 2 次比较：2　4　7　9　10　14　18　26　32　40

　　low＝2 high＝3　　　　　　　mid＝（2＋3）/2＝2

第 3 次比较：2　4　7　9　10　14　18　26　32　40

　　R［2］. key＝7

查找成功，返回序号 2

从上述例子可见，折半查找过程以处于区间位置记录的关键字和给定值进行比较，若相等，则查找成功，若不等，则缩小范围，直至新的区间中间位置记录的关键字等于给定值或者查找区间的大小小于零时（表明查找不成功）为止。

其算法如下（在有序表 R［0..n－1］中进行二分查找，成功时返回记录的位置，失败时返回－1）：

```
int BinSearch(SeqList R, int n, KeyType k)
{   int low = 0, high = n - 1, mid;
    while (low <= high)
      {  mid = (low + high)/2;
          if (R[mid].key == k)          /* 查找成功返回 */
             return mid;
          if (R[mid].key > k)           /* 继续在 R[low..mid - 1]中查找 */
              high = mid - 1;
          else
              low = mid + 1;            /* 继续在 R[mid + 1..high]中查找 */

      }
    return  - 1;
}
```

下面对折半查找进行性能分析：

折半查找过程可用二叉树来描述，我们把当前查找区间的中间位置上的记录作为根，左子表和右子表中的记录分别作为根的左子树和右子树，由此得到的二叉树，称为描述折半查找的判定树或比较树，如图 8.1 所示。

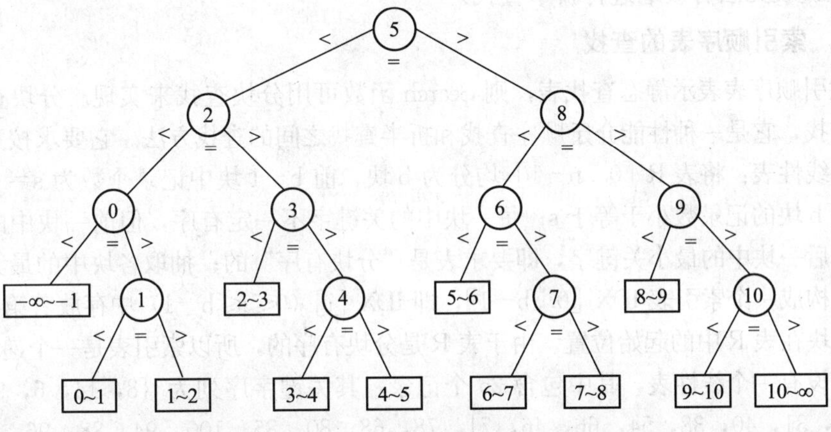

图 8.1　R［0..10］的折半查找的判定树（n=11）

例如，对于给定 11 个数据元素的有序表{2，3，10，15，20，25，28，29，30，35，40}，采用折半查找法（如图 8.2 所示），试问：

（1）若查找给定值为 20 的元素，将依次与表中哪些元素比较？

（2）若查找给定值为 26 的元素，将依次与哪些元素比较？

（3）假设查找表中每个元素的概率相同，求查找成功时的平均查找长度和查找不成功时的平均查找长度。

解：

（1）若查找给定值为 20 的元素，依次与表中的 25，10，15，20 元素比较，共比较 4 次。

（2）若查找给定值为 26 的元素，依次与 25，30，28 元素比较，共比较 3 次。

（3）在查找成功时，会找到图中某个圆形结点，则成功时的平均查找长度为：

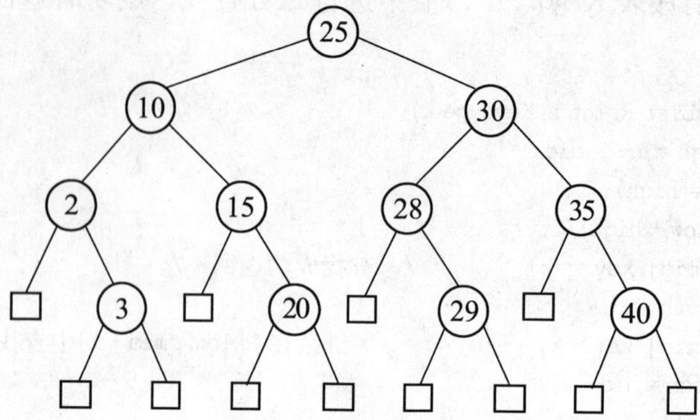

图 8.2　折半查找判定树

$$ASL_{succ}=\frac{1\times1+2\times2+4\times3+4\times4}{11}=3$$

在查找不成功时，会找到图中某个方形结点，则不成功时的平均查找长度为：

$$ASL_{unsucc}=\frac{4\times3+8\times4}{12}=3.67$$

可见，折半查找的效率比顺序查找高，但折半查找只适用于有序表，且限于顺序存储结构（对线性链表无法有效地进行折半查找）。

8.1.3　索引顺序表的查找

若以索引顺序表表示静态查找表，则 Search 函数可用分块查找来实现。分块查找又称为索引顺序查找，它是一种性能介于顺序查找和折半查找之间的查找方法。它要求按如下的索引方式来存储线性表：将表 R［0..n－1］均分为 b 块，前 b－1 块中记录个数为 s=⌈n/b⌉，最后一块即第 b 块的记录数小于等于 s；每一块中的关键字不一定有序，但前一块中的最大关键字必须小于后一块中的最小关键字，即要求表是“分块有序”的；抽取各块中的最大关键字及其起始位置构成一个索引表 IDX［0..b－1］，即 IDX［i］（0⩽i⩽b－1）中存放着第 i 块的最大关键字及该块在表 R 中的起始位置。由于表 R 是分块有序的，所以索引表是一个递增有序表。

例如，设有一个线性表，其中包含 25 个记录，其关键字序列为｛8，14，6，9，10，22，34，18，19，31，40，38，54，66，46，71，78，68，80，85，100，94，88，96，87｝，假设将 25 个记录分为 5 块，每块中有 5 个记录，该线性表的索引存储结构如图 8.3 所示。

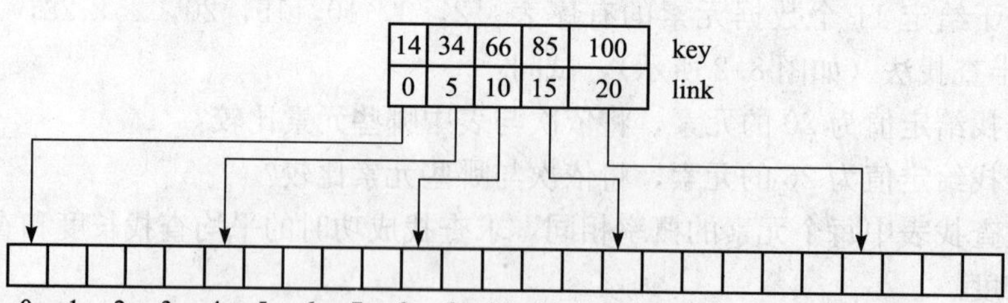

图 8.3　索引存储结构

采用折半查找索引表的分块查找算法如下（索引表 I 的长度为 m）：

```
int IdxSearch(IDX I,int m,SeqList R,int n,KeyType k)
```

```
{ int low = 0,high = m - 1,mid, i;
  int b = n/m;                       /* b 为每块的记录个数 */
  while (low < = high)                /* 在索引中二分查找 */
      { mid = (low + high)/2;
        if (I[mid].key > = k) high = mid - 1;
        else low = mid + 1;
      }
if (low<m)                           /* 在块中顺序查找 */
       {  i = I[low].link;
          while (i < = I[low].link + b - 1 && R[i].key! = k) i ++ ;
     if (i < = I[low].link + b - 1)
          return i;
     else
          return -1;
       }
          return -1;
}
```

若以折半查找来确定块，则分块查找成功时的平均查找长度为：

$$ASL_{blk}=ASL_{bn}+ASL_{sq}=\log_2(h+1)\ -1+\frac{s+1}{2}\approx\log_2(n/s+1)\ +\frac{s}{2}$$

若以顺序查找确定块，则分块查找成功时的平均查找长度为：

$$SL'_{blk}=ASL_{bn}+ASL_{sq}=\frac{b+1}{2}+\frac{s+1}{2}=\frac{1}{2}\ (\frac{n}{s}+s)\ +1$$

8.2 哈希表

8.2.1 什么是哈希表

哈希表（Hash Table）又称散列表，是除顺序表存储结构、链接表存储结构和索引表存储结构之外的又一种存储线性表的存储结构。哈希表存储的基本思路是：设要存储的对象个数为 n，设置一个长度为 m（m≥n）的连续内存单元，以线性表中每个对象的关键字 k_i（$0\leqslant i\leqslant n-1$）为自变量，通过一个称为哈希函数的函数 $H(k_i)$，把 k_i 映射为内存单元的地址（或称下标）$H(k_i)$，并把该对象存储在这个内存单元中。$H(k_i)$ 也称为哈希地址（又称散列地址）。把如此构造的线性表存储结构称为哈希表。

但是存在这样的问题，对于两个关键字 k_i 和 k_j（$i\neq j$），有 $k_i\neq k_j$（$i\neq j$），但 $H(k_i)=H(k_j)$。我们把这种现象叫做哈希冲突。

通常把这种具有不同关键字而具有相同哈希地址的对象称作“同义词”，由同义词引起的冲突称作同义词冲突。在哈希表存储结构的存储中，同义词冲突是很难避免的，除非关键字的变化区间小于等于哈希地址的变化区间，而这种情况当关键字取值不连续时是非常浪费存储空间的。通常的实际情况是关键字的取值区间远大于哈希地址的变化区间。

归纳起来：

（1）哈希函数是一个映象，即将关键字的集合映射到某个地址集合上，它的设置很灵活，只要这个地址集合的大小不超出允许范围即可。

（2）由于哈希函数是一个压缩映象，因此，在一般情况下，很容易产生“冲突”现象，即 $key_1\neq key_2$，而 $f(key_1)=f(key_2)$。

（3）很难找到一个不产生冲突的哈希函数。一般情况下，只能选择恰当的哈希函数，使冲突尽可能少地产生。

8.2.2 哈希函数的构造方法

构造哈希函数的目标是使得到的哈希地址尽可能均匀地分布在n个连续内存单元地址上，同时使计算过程尽可能简单以达到尽可能高的时间效率。

1. 直接定址法

直接定址法是以关键字k本身或关键字加上某个数值常量c作为哈希地址的方法。直接定址法的哈希函数H(k)为：

$$H(k) = k + c \qquad (c \geqslant 0)$$

这种哈希函数计算简单，并且不可能有冲突发生。当关键字的分布基本连续时，可用直接定址法的哈希函数；若关键字分布不连续将造成内存单元的大量浪费。

2. 除留余数法

除留余数法是用关键字k除以某个不大于哈希表长度m的数p所得的余数作为哈希地址的方法。除留余数法的哈希函数H(k)为：

$H(k) = k \bmod p$（mod为求余运算，$p \leqslant m$），p最好取小于m的质数（素数）

3. 数字分析法

该方法是提取关键字中取值较均匀的数字位作为哈希地址的方法。它适合于所有关键字值都已知的情况，并需要对关键字中每一位的取值分布情况进行分析。

例如：对于一组关键字：｛92317602，92326875，92739628，92343634，92706816，92774638，92381262，92394220｝

通过分析可知，每个关键字从左到右的第1、2、3位和第6位取值较集中，不宜作为哈希函数，剩余的第4、5、7和8位取值较分散，可根据实际需要取其中的若干位作为哈希地址。若取最后两位作为哈希地址，则哈希地址的集合为｛2，75，28，34，16，38，62，20｝。

8.2.3 处理冲突的方法

哈希函数可以减少冲突，但不能避免，因此，如何处理冲突是哈希表不可缺少的另一方面。

通常用的处理冲突的方法有下列几种。

1. 开放定址法

开放定址法是一类以发生冲突的哈希地址为自变量，通过某种哈希冲突函数得到一个新的空闲的哈希地址的方法。

（1）线性探查法。

线性探查法是从发生冲突的地址（设为d）开始，依次探查d的下一个地址（当到达下标为m－1的哈希表表尾时，下一个探查的地址是表首地址0），直到找到一个空闲单元为止（当m≥n时一定能找到一个空闲单元）。线性探查法的数学递推描述公式为：

$$d_0 = H(k)$$

$$d_i = (d_{i-1} + 1) \bmod m \qquad (1 \leqslant i \leqslant m-1)$$

（2）平方探查法。

设发生冲突的地址为d，则平方探查法的探查序列为：$d+1^2$，$d-1^2$，$d+2^2$，$d-2^2$，…。平方探查法的数学描述公式为：

$d_0 = H(k)$

$d_i = (d_0 + i^2) \bmod m \quad (1 \leqslant i \leqslant m-1)$

平方探查法是一种较好的处理冲突的方法，可以避免出现堆积问题。它的缺点是不能探查到哈希表上的所有单元，但至少能探查到一半单元。

2. 再哈希法

$H_i = RH_i(key)\ i \qquad i=1, 2, \cdots, k$

RH_i 是不同的哈希函数，即在同义词产生地址冲突时计算另一个哈希函数地址，直到冲突不再发生。这种方法不易产生“聚集”，但增加了计算的时间。

3. 拉链法

拉链法是把所有的同义词用单链表链接起来的方法。在这种方法中，哈希表每个单元中存放的不再是记录本身，而是相应同义词单链表的头指针。由于单链表中可插入任意多个结点，所以此时装填因子 α 根据同义词的多少既可以设定为大于 1，也可以设定为小于或等于 1，通常取 α=1。

4. 建立一个公共溢出区

假设哈希函数的值域为［0，m−1］，则设向量 HashTable［0..m−1］为基本表，每个分量存放一个记录，另设立向量 OverTable［0..v］为溢出表。所有关键字和基本表中关键字均为同义词的记录，不管它们由哈希函数得到的哈希地址是什么，一旦发生冲突，都填入溢出表。

项目实训

实训题目：查找的应用

实训目的：用折半查找法和顺序查找法在一数列中查找某数

(1) 将 15 个数按从大到小存放在一个数组中，输入一个数要求用折半查找法找出该数组中第几个元素的值；

(2) 用顺序查找法，输入姓名查找相关个人信息。

实训内容：

1. 界面设计

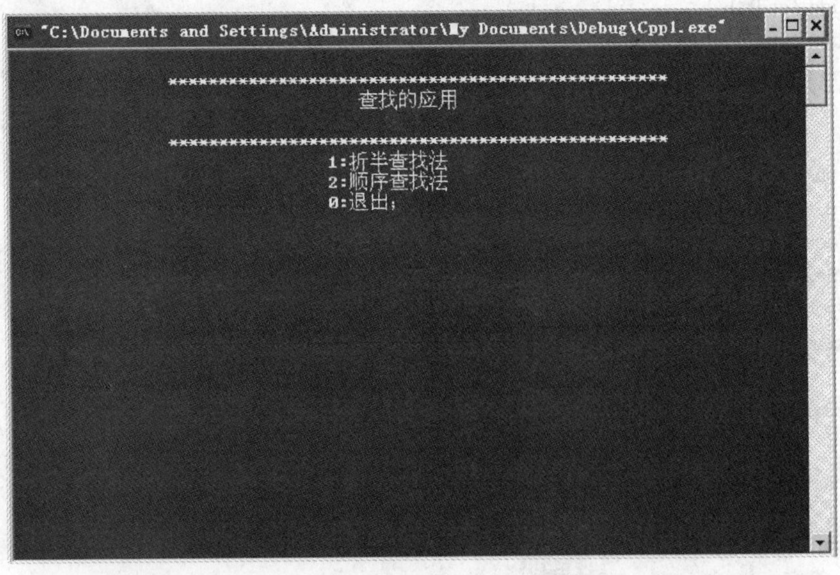

2. 代码编写

```
/*查找的应用主界面*/
#include "stdio.h"
main ( )
{ printf("\n\t\t*************************************************** \n");
  t\t0:退出;\n ");
}

/*折半查找法的应用*/
#include< stdio.h>
void main ( )
{
    int a[15],x,i,start,end;
    printf("input 15 numbers:\n");
    for(i=0;i<15;i++) scanf("%d",&a[i]);
    printf("please enter the number:\n");
    scanf("%d",&x);
    for(start=0,end=14;start<=end;)
    {
        i=start+(end-start)/2;
        if (x==a[i])
        {
            printf("%d",i+1);
            getch ( );
            return;
        }
        else if (x>a[i]) end = i-1;
        else start=i+1;
    }

/*顺序查找的应用*/
#include <stdio.h>
#include <stdlib.h>
#include <string.h>
#define num 4
struct chain
{
  char name[20];
  char city[20];
  char age[20];
  char sex[10];
  char job[20];
  struct chain *next;
}
struct chain datas[num] =
{
  "sun","Weifang","Male","24","student",NULL,
  "Tom","Beijing","Male","31","doctor",NULL,
   "Marry","Shanghai","Female","19","techer",NULL,
```

```
  "Willing","Tianjing","Female","21","worker",NULL
}
  void print_data(struct chain *p);
  struct chain *squlesearch(struct chain *head,char name[ ]);
  struct chain *create ( );
void main ( )
{
  struct chain *head, *p;
  char name[30];
  head = create ( );
  printf("input what you want to find!!\n");
  scanf("%s",name);
  p = squlesearch(head,name);
  print_data(p);
}
struct chain *create ( )
{
  int i;
  struct chain *head, *tail, *p;
  head = tail = NULL;
  for(i = 0;i < num;i ++ )
 {
  strcpy(p->name,datas[i].name);
  strcpy(p->city,datas[i].city);
  strcpy(p->age,datas[i].age);
  strcpy(p->sex,datas[i].sex);
  strcpy(p->job,datas[i].job);
 if(head == NULL)
  head = tail = p;
 else
 {
  p = tail->next;
  tail = tail->next;
 }
 }
 return head;
 }
 struct chain *squlesearch(struct chain *head,char name[ ])
 {
  struct chain *temp;
  temp = head;
  for(;temp! = NULL;temp = temp->next)
 {
  if(strcmp(temp->name,name) == 0);
  break;
 }
  if(temp == NULL)
  printf("can not find it!!\n");
  return temp;
 }
```

```
void print_data(struct chain * p)
{
  if(p == NULL)
  return;
  printf(" %s\n",p->name);
  printf(" %s\n",p->city);
  printf(" %s\n",p->sex);
  printf(" %s\n",p->age);
  printf(" %s\n",p->job);
}
```

专项练习 8

一、基本题

1. 填空题

(1) 以二分查找法从长度为 10 的有序表中查找一个元素时，平均查找长度为________。

(2) 顺序查找 n 个元素的顺序表，若查找成功，则比较关键字的次数最多为________次；当使用监视哨时，若查找失败，则比较关键字的次数为________。

(3) 在顺序表（8，11，15，19，25，26，30，33，42，48，50）中，用二分（折半）法查找关键码值 20，需做的关键码比较次数为________。

(4) 在有序表 A［1..12］中，采用二分查找法查等于 A［12］的元素，所比较的元素下标依次为________。

(5) 在有序表 A［1..20］中，按二分查找法进行查找，查找长度为 5 的元素个数是________。

(6) 高度为 4 的 3 阶 b－树中，最多有________个关键字。

(7) 在有序表 A［1…20］中，按二分查找法进行查找，查找长度为 4 的元素的下标从小到大依次是________。

(8) 给定一组数据｛6，2，7，10，3，12｝，以它构造一棵哈夫曼树，则树高为________，带权路径长度 WPL 的值为________。

2. 选择题

(1) 在顺序表（3，6，8，10，12，15，16，18，21，25，30）中，用折半法查找关键码值 11，所需的关键码比较次数为(　　)。

A. 2　　B. 3　　C. 4　　D. 5

(2) 对线性表进行二分法查找，其前提条件是(　　)。

A. 线性表以链接方式存储，并且按关键码值排好序

B. 线性表以顺序方式存储，并且按关键码值的检索频率排好序

C. 线性表以顺序方式存储，并且按关键码值排好序

D. 线性表以链接方式存储，并且按关键码值的检索频率排好序

(3) 若查找每个记录的概率均等，则在具有 n 个记录的连续顺序文件中采用顺序查找法查找一个记录，其平均查找长度 ASL 为(　　)。

A. (n－1)/2　　B. n/2　　C. (n＋1)/2　　D. n

(4) 对 N 个元素的表做顺序查找时，若查找每个元素的概率相同，则平均查找长度

为（　　）。

A.（N+1）/2　　B. N/2　　C. N　　D.［（1+N）＊N］/2

（5）顺序查找法适用于查找顺序存储或链式存储的线性表，平均比较次数为（　　），二分法查找只适用于查找顺序存储的有序表，平均比较次数为（　　）。在此假定 N 为线性表中的结点数，且每次查找都是成功的。

A. N+1　　B. $2\log_2 N$　　C. $\log_2 N$　　D. N/2

E. $N\log_2 N$　　F. N^2

（6）下面关于二分法查找的叙述正确的是（　　）。

A. 表必须有序，表可以以顺序方式存储，也可以以链表方式存储

B. 表必须有序且表中数据必须是整型、实型或字符型

C. 表必须有序，而且只能从小到大排列

D. 表必须有序，且表只能以顺序方式存储

（7）对线性表进行二分查找时，要求线性表必须（　　）。

A. 以顺序方式存储　　B. 以顺序方式存储，且数据元素有序

C. 以链接方式存储　　D. 以链接方式存储，且数据元素有序

（8）适用于折半查找的表的存储方式及元素排列要求为（　　）。

A. 链接方式存储，元素无序　　B. 链接方式存储，元素有序

C. 顺序方式存储，元素无序　　D. 顺序方式存储，元素有序

（9）用二分法（对半）查找表的元素的速度比用顺序法（　　）。

A. 必然快　　B. 必然慢　　C. 相等　　D. 不能确定

3. 程序填空题

（1）以下代码是实现对长度为 n 的顺序表 R 查找 k 的折半查找算法，请将程序补充完整。

二分查找的递归算法。

```
Int Binsch(ElemType A[ ], int low, int high, KeyType K)
{
if ________{
    int mid = (low + high)/2;
    if (________) return mid;             //查找成功,返回元素的下标
    else if (K < A[mid].key)
      return Binsch(A, low, mid - 1, K);  //在左子表上继续查找
    else return ________;                 //在右子表上继续查找
  }
else ________;                            //查找失败,返回 - 1
}
```

（2）以下代码是实现对长度为 n 的顺序表 R 查找 k 的折半查找算法，请将程序补充完整。

```
int BinSearch(SeqList R, int n, KeyType k)
{
int low = ________, high = ________, mid;
while (low < = high)
{
```

```
        mid = ________;
        if (R[mid].key == k)                        //查找成功返回
            return mid;
        if (R[mid].key > k)                         //继续在R[low..mid-1]中查找
            high = ________;
        else
            low = ________;                         //继续在R[mid+1..high]中查找
    }
    return -1;
}
```

4. 应用题

(1) 对以下关键字序列建立哈希表：(SUN，MON，TUE，WED，THU，FRI，SAT)，哈希函数为 H(k) ＝（k 中最后一个字母在字母表中的序号）mod 7。用线性探测法处理冲突，要求构造一个装填因子为 0.7 的哈希表，并计算出在等概率情况下查找成功的平均查找长度。

(2) 设哈希表长度为 11，哈希函数 H(k) ＝（k 的第一字母在字母表中的序号）mod 11，若输入顺序为（D，BA，TN，M，CI，I，K，X，TA），处理冲突方法为线性探测再散列或链地址法，要求构造哈希表，并求出等概率情况下查找成功的平均查找长度。

二、国家计算机等级考试试题

1. 填空题

(1) 设一哈希表表长 m 为 100，用除留余数法构造哈希函数，即 H(k) ＝k mod p（p≤m），为使函数具有较好性能，p 应选________。

(2) 在各种查找方法中，平均查找长度与结点个数无关的是________。

(3) 顺序查找 n 个元素的顺序表，若查找成功，则比较关键字的次数最多为________次；最少为________次。

(4) 以二分法查找一个线性表时，此线性表必须是________存储的________表。

(5) 已知有序表为（12，18，24，35，47，50，62，83，90，115，134），当用二分法查找 90 时，需________次查找成功，查 47 时，需________项才能成功，查 100 时，需________次才能确定不成功。

(6) 哈希表是通过将查找码按选定的________和________，把结点按查找码转换为地址进行存储的线性表。哈希方法的关键是________和________。一个好的哈希函数其转换地址应尽可能________，而且函数运算应尽可能________。

2. 选择题

(1) 若采用链地址法构造散列表，散列函数为 H(key) ＝key mod 17，则需(　　)个链表。这些链的链首指针构成一个指针数组，数组的下标范围为(　　)。

① A. 17　　B. 13　　C. 16　　D. 任意

② A. 0 至 17　　B. 1 至 17　　C. 0 至 16　　D. 1 至 16

(2) 以下关于哈希查找说法不正确的有(　　)个。

① 采用链地址法解决冲突时，查找一个元素的时间是相同的

② 采用链地址法解决冲突时，若插入规定总是在链首，则插入任一个元素的时间是相同的

③ 用链地址法解决冲突易引起聚集现象

④ 再哈希法不易产生聚集

A. 1　　B. 2　　C. 3　　D. 4

(3) 设哈希表长为 14，哈希函数是 H(key) =key % 11，表中已有数据的关键字为 15，38，61，84 共四个，现要将关键字为 49 的结点加到表中，用二次探测再散列法解决冲突，则放入的位置是(　　)。

A. 8　　B. 3　　C. 5　　D. 9

(4) 假定有 k 个关键字互为同义词，若用线性探测法把这 k 个关键字存入散列表中，至少要进行多少次探测？(　　)

A. k−1 次　　B. k 次　　C. k+1 次　　D. k (k+1)/2 次

(5) 哈希查找中 k 个关键字具有同一哈希值，若用线性探测法将这 k 个关键字对应的记录存入哈希表中，至少要进行(　　)次探测。

A. k　　B. k+1　　C. k (k+1)/2　　D. 1+k (k+1)/2

(6) 散列函数有一个共同的性质，即函数值应当以(　　)取其值域的每个值。

A. 最大概率　　B. 最小概率　　C. 平均概率　　D. 同等概率

(7) 散列表的地址区间为 0～17，散列函数为 H(k) =k mod 17。采用线性探测法处理冲突，并将关键字序列 26，25，72，38，8，18，59 依次存储到散列表中。

① 元素 59 存放在散列表中的地址是(　　)。

A. 8　　B. 9　　C. 10　　D. 11

② 存放元素 59 需要搜索的次数是(　　)。

A. 2　　B. 3　　C. 4　　D. 5

(8) 将 10 个元素散列到 100000 个单元的哈希表中，则(　　)产生冲突。

A. 一定会　　B. 一定不会　　C. 仍可能会

三、专升本试题

1. 填空题

(1) 平衡二叉树又称________，其定义是________。

(2) 在哈希函数 H(key) =key % p 中，p 值最好取________。

(3) 对于长度为 255 的表，采用分块查找，每块的最佳长度为________。

(4) 在 n 个记录的有序顺序表中进行折半查找，最大比较次数是________。

(5) 有一个 2000 项的表，欲采用等分区间顺序查找法进行查找，则每块的理想长度是________，分成________块最为理想，平均查找长度是________。

(6) 假定有 k 个关键字互为同义词，若用线性探测再散列法把这 k 个关键字存入散列表中，至少要进行________次探测。

(7) 分块检索中，若索引表和各块内均用顺序查找，则有 900 个元素的线性表分成________块最好：若分成 25 块，其平均查找长度为________。

(8) 执行顺序查找时，存储方式可以是________，二分法查找时，要求线性表________，分块查找时要求线性表________，而散列表的查找，要求线性表的存储方式是________。

(9) 如果按关键码值递增的顺序依次将关键码值插入到二叉排序树中，则对这样的二叉排序树检索时，平均比较次数为________。

2. 选择题

(1) 对包含n个元素的哈希表进行查找，平均查找长度为(　　)。

A. $O(\log_2 n)$　　B. $O(n)$　　C. $O(n\log_2 n)$　　D. 不直接依赖于n

(2) 下面关于m阶B树说法正确的是(　　)。

① 每个结点至少有两棵非空子树

② 树中每个结点至多有 m−1 个关键字

③ 所有叶子在同一层上

④ 当插入一个数据项引起B树结点分裂后，树长高一层

A. ①②③　　B. ②③　　C. ②③④　　D. ③

(3) 下面关于B和B+树的叙述中，不正确的是(　　)。

A. B树和B+树都是平衡的多叉树

B. B树和B+树都可用于文件的索引结构

C. B树和B+树都能有效地支持顺序检索

D. B树和B+树都能有效地支持随机检索

(4) m阶B−树是一棵(　　)。

A. m叉排序树　　B. m叉平衡排序树

C. m−1叉平衡排序树　　D. m+1叉平衡排序树

(5) 在一棵含有n个关键字的m阶B−树中进行查找，至多读盘(　　)次。

A. $\log_2 n$　　B. $1+\log_2 n$

C. $1+\log_{\left\lceil\frac{m}{2}\right\rceil}\left(\frac{n+1}{2}\right)$　　D. $1+\log_{\left\lceil\frac{n}{2}\right\rceil}\left(\frac{m+1}{2}\right)$

(6) 在一棵m阶的B+树中，每个非叶结点的孩子数S应满足(　　)。

A. $\left\lceil\frac{m+1}{2}\right\rceil \leqslant S \leqslant m$　　B. $\left\lceil\frac{m}{2}\right\rceil \leqslant S \leqslant m$

C. $1 \leqslant S \leqslant \left\lceil\frac{m+1}{2}\right\rceil$　　D. $1 \leqslant S \leqslant \left\lceil\frac{m}{2}\right\rceil$

(7) 设有一组记录的关键字为{19，14，23，1，68，20，84，27，55，11，10，79}，用链地址法构造散列表，散列函数为H(key) =key mod 13，散列地址为1的链中有(　　)个记录。

A. 1　　B. 2　　C. 3　　D. 4

(8) 下面关于哈希查找的说法正确的是(　　)。

A. 哈希函数构造得越复杂越好，因为这样随机性好，冲突小

B. 除留余数法是所有哈希函数中最好的

C. 不存在特别好与坏的哈希函数，要视情况而定

D. 若需在哈希表中删去一个元素，不管用何种方法解决冲突都只要简单地将该元素删去即可

3. 判断题

(1) 二分查找只适用于有序表。(　　)

(2) 二分查找对线性表的存储结构无任何要求。(　　)

(3) 采用顺序查找的平均查找长度为 (n−1) /2。(　　)

(4) 采用线性探测法处理散列时的冲突，当从哈希表删除一个记录时，不应将这个记录

的所在位置置空，因为这会影响以后的查找。(　　)

(5) 在散列检索中，"比较"操作一般也是不可避免的。(　　)

(6) 散列函数越复杂越好，因为这样随机性好，冲突概率小。(　　)

(7) 哈希函数的选取平方取中法最好。(　　)

(8) 哈希表的平均查找长度与处理冲突的方法无关。(　　)

(9) 负载因子（装填因子）是散列表的一个重要参数，它反映散列表的装满程度。(　　)

(10) 散列法的平均检索长度不随表中结点数目的增加而增加，而随负载因子的增大而增大。(　　)

4. 应用题

设有序表为 {a, b, c, d, e, f, g, h, i, j, k, p, q}，请分别画出对给定值 b，g 和 n 进行折半查找的过程。

第9章　排　　序

教学重点

- 基本概念：排序、记录、关键字、内部排序、外部排序、稳定性、直接插入排序、冒泡排序、选择排序、归并排序；
- 插入排序（直接插入排序、折半排序），交换排序（冒泡排序、快速排序），选择排序（简单选择排序、堆排序），二路归并排序等排序的方法、算法及性能分析方法；
- 各种排序方法的比较。

排序（Sorting）是把一个无序的数据元素序列按某个关键字进行有序（递增或递减）排列的过程。排序中经常把数据元素称为记录（Record），把记录中作为排序依据的某个数据项称为排序关键字，简称关键字（Key）。

排序是计算机数据处理及其他许多软件系统中常用的一种操作。排序的目的通常是为了便于查找或为了适应某些查找算法的需要。例如，在统计高考成绩的系统中，要产生几个表。第一个表按考生的报考号从小到大的顺序，列出所有考生的成绩；第二个表按考生姓名拼音的顺序，列出所有考生的成绩；第三个表按考生的考试成绩从高到低的顺序，列出所有考生的成绩。在这样的系统中就要多次进行排序操作。

9.1　基本概念

所谓排序，就是把一组杂乱无章的记录按照某种次序排列起来，使其具有一定的顺序。设一个由记录 $\{R_1, R_2, \cdots, R_n\}$ 组成的文件，其相应的关键字值为 $\{k_1, k_2, \cdots, k_n\}$ 按关键字值的某种次序，寻求一种排列 p（1），p（2），…，p（n），使其相应的关键字满足非减关系：

$$k_{p_i} \leqslant k_{p_{(i+1)}} \qquad 1 \leqslant i \leqslant n-1$$

或满足非增关系：

$$k_{p_i} \geqslant k_{p_{(i+1)}} \qquad 1 \leqslant i \leqslant n-1$$

从而得到文件中各记录的一种线性有序序列

$$\{R_{p_1}, R_{p_2}, \cdots, R_{p_n}\}$$

这个过程叫做排序。

简而言之，排序就是根据关键字值的非减或非增次序，把文件中的记录依次排列起来，使一个无序的文件变成一个有序的文件。

若文件中有多个记录的关键字值相等，则上面定义的排列将不是唯一的。在这种情况下，我们约定：在未排序的文件中，如果有 i，j 且 k［i］＝k［j］，则在经过排序的文件中，R［i］仍处在 R［j］的前面，即具有相同关键字值的记录在排序过程中其相对位置不变。能产生这种排序的方法为稳定的，反之为不稳定的。

排序的方法可根据记录的存放位置不同，分为内部排序和外部排序两大类。

内部排序是指在排序过程中，全部记录都存放在内存中的排序方法，即待排序的文件小到使整个排序过程都可在内存中进行的排序方法。内部排序速度较快，一般用于小型文件。

外部排序是用于大型文件的排序方法，因为文件较大，全部数据不能全部放入内存中，在排序过程中，首先取一部分记录，在内存中用内部排序方法进行排序，把排序的结果写回外存，再取另一部分记录到内存中用内部排序方法进行排序，然后把排序的结果写回到外存……从而在外存得到一系列有序子文件，最后用归并的方法得到最终的有序文件。在排序过程中，记录要在内、外存之间来回调动。

在这一章中，主要讨论几种基本的内部排序方法，对外部排序不做介绍。

内部排序的方法很多，下面只介绍其中主要的几种。在学习这些排序方法时，除了掌握算法本身之外，更重要的是了解该算法在进行排序时所依据的原则和算法的基本思想，以利于了解和创造更新的算法。每一种排序方法均可在不同的存储结构上实现。通常，文件可有下列三种存储结构。

（1）文件中相邻的两个记录 R［i］和 R［i+1］在存储器中的物理位置也是相邻的，这类似于线性表，以向量做存储结构，此时需移动记录来实现排序。

（2）文件中记录的物理位置是任意的，但相邻的两个记录之间用指针相连，即以链表作为存储结构，排序时无须移动记录，仅修改地址向量中相应分量的值即可。此类排序又可作为表排序。

（3）记录的物理位置可以不受约束，同时另设一个地址向量依次指示文件中每个记录的物理位置，排序过程也无须移动记录，仅需修改地址向量中相应分量的值，最后再按照地址向量调整记录之间的相互位置。此类排序称为地址排序。

本章仅就第一种存储结构讨论各种排序方法的实现，因此，对算法的分析有两个方面：记录比较次数和记录移动次数。

9.2 插入排序

9.2.1 直接插入排序

1. 插入排序的过程

插入排序的基本思想是把一个记录插入到一个有序的文件中，在插入后使该文件仍然是有序的。设有一个包含 n 个记录 R［n］的源文件。假设有一个子文件，它是由源文件的第一个记录 R［1］构成的，显然，这个只有一个记录的源文件是有序的。然后，把源文件的第二个记录 R［2］按记录关键值的有序性插入到只包含一个记录 R［1］的子文件中。

为了使插入后得到的新子文件也是有序的，R［2］必须在子文件中的适当位置上。接着再把 R［3］插入到包含 R［1］、R［2］两个记录的有序子文件中的适当位置上。同样，务必使插入后得到的新子文件仍是有序的，照此继续，把第 i 个记录插入到包含 i－1 个记录的有序子文件中的适当位置上，使插入后的子文件仍保持有序性。经过 n－1 次插入后，一个具有 n 个记录的无序文件就变成了有序文件，从而完成了排序。这个过程如图 9.1 所示。

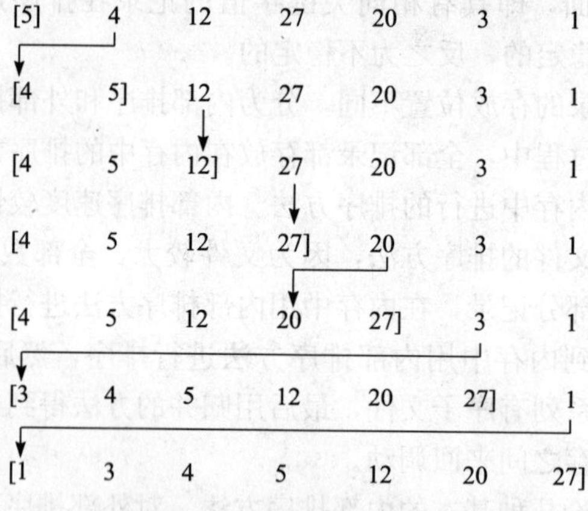

图 9.1 插入排序示例

2. 直接插入排序的算法

为了把第 i 个记录插入到包含 i－1 个记录的有序子文件的适当位置，我们虚设一个记录 R［0］，其关键字为 k［0］，这个记录的作用相当于顺序查找中的边界标志，从 j＝i－1 个记录开始向前比较，将第 j 个记录赋值给第 j＋1 个记录，直至关键字不大于待插入记录的关键字为止，此时第 j 个位置即为第 i 个记录插入的适当位置。算法如下：

```
/* R[0:n]为记录的一维数组,其中 R[1]至 R[n]存储待排序文件的记录,R[0]作为边界标志,k[i]为第 i
个记录的关键字,排完序的文件仍存放在 R[1]至 R[n],max 为计算机允许的最大值 */
  INSORT(R)
  {
     k[0] = - max;                  //虚设一个记录 R[0]的关键值 k[0],其关键字为负无穷
     for(i = 2; i < = n;i ++ )      //从第二个记录起进行插入
    {
    t = k[i];                       //保存待插入的记录
    j = i - 1;
    while(k[i]< k[j])
    {
         k[j + 1] = k[j];
       j--;
    }//将第 j 个记录赋值给第 j + 1 个记录,直至关键字值不大于待插入记录的关键字为止
    k[j + 1] = t;                   //将第 i 个记录插入
    }
  }
```

（1）比较次数。

为了寻找第 1 个记录的插入位置，最多要比较 n－1 次，最少为 1 次。因此，对有 n 个记录的文件进行插入排序的最大、最小和平均比较次数如下：

最小比较次数：若待排序文件已经有序，每个记录都只比较一次就找到了其应插入的位置，则从第 2 到第 n－1 个记录总共只需比较 n－1 次。

最大比较次数：若待排序文件与要求的顺序逆序，由于第 2 个记录找到其应插入的位置最多需要比较两次，第 3 个记录最多需要比较三次，第 i 个记录最多需要比较 i 次，第 n 个记录最多比较 n 次，因此，从第 2 到第 n 个记录共 n－1 个记录，需要比较的最多次数为：

$$\frac{(n+2)(n-1)}{2}$$

则执行量级为 $O(n^2)$。

平均比较次数为：

$$\frac{(n+2)(n-1)}{2}+\frac{n-1}{2}$$

则执行量级为 $O(n^2)$。

（2）移动次数。

直接插入排序所需移动记录的次数的量级为 $O(n^2)$。顺序插入排序是稳定的。

9.2.2 希尔排序

1. 希尔排序过程

希尔排序（Shell's Sort）也称为"缩小增量法排序"，是由 D. L. Shell 对直接插入排序进行改进后提出来的。其基本思想是：不断地把待排序的一组记录按间隔值分成若干小组，分别进行组内直接插入排序，待整个序列中的记录"基本有序"时，再对全体记录进行依次直接插入排序。

对间隔值（用 d 表示）的取法有多种，希尔提出的方法是：$d_1=[n/2]$，$d_i+1=[d_i/2]$，最后一次排序时间的间隔值必须为 1，其中 n 为记录数。

例如，设待排序的记录数 n 为 8，它们的关键字分别为｛47，55，10，40，15，94，5，70｝，间隔值序列取 4，2，1。希尔排序过程如图 9.2 所示。

```
            r[1]  r[2]  r[3]  r[4]  r[5]  r[6]  r[7]  r[8]
初始关键字： 47    55    10    40    15    94    5     70
(1) 第一趟排序（d=4）分 4 组，组内采用直接插入排序法。
            {47                     15}
                  {55                     94}
                        {10                     5}
                              {40                     70}
结果：       15    55    5     40    47    94    10    70
(2) 第二趟排序（d=2）：分 2 组：组内采用直接插入排序法。
            {15         5           47          10}
                  {55         40          94          70}
结果：       5     40    10    55    15    70    47    94
(3) 第三趟排序（d=1）：整个数据合成 1 组，采用直接插入排序法。
            {5     40    10    55    15    70    47    94}
最后结果：   5     10    15    40    47    55    70    94
```

图 9.2 希尔排序示例

2. 希尔排序算法

希尔排序算法描述如下：

```
/*希尔排序*/
Shellsort (Recordnode r[ ],int n)
{
        int i,j,d;
        struct recordnode x;
        d=n/2;                          //设置初值
        while(d>1)
        {
            for(i=d+1;i<=n;i++)
            {
                j=i-d;
                while(j>=0)
        if (r[j].key>r[j+d].key)
        {
          x=r[j];                       //将r[j]与r[j+d]进行交换
          r[j]=r[j+d];
          r[j+d]=x;
           j=j-d;
        }
        else
          j=0;
        }
        d=d/2;                          //减小间隔值
        }
}
```

3. 算法分析

该算法通过三重循环来实现，外循环由不同间隔值 d 来控制，直到 d=1 为止，中间循环则在某个 d 值下对各组进行排序，用变量 i 控制。

可以看出，希尔排序实际上是对直接插入排序的一种改进，它的排序速度一般要比直接插入排序快。希尔排序的时间复杂度取决于所取的间隔，一般认为是 $O(n\log_2 n)$。希尔排序是一个较复杂的问题，并且它还是一种不稳定的排序方法。

9.3 交换排序

9.3.1 冒泡排序

1. 冒泡排序过程

冒泡排序是一种简单常用的排序方法。其排序思想是：通过相邻记录关键字间的比较和交换，使关键字最小的记录像气泡一样逐渐上浮。比较可以采用不同的方法，本算法从最下面的记录开始，对两个相邻的关键字进行比较，并且使关键字较小的记录换至关键字较大的记录之上，使得经过一次冒泡后，关键字最小的记录到达最上端，接着，再在剩下的记录中找关键字最小的记录，把它换到第二个位置上。以此类推，直到所有记录都有序为止。一般情况下，记录数为 n，需要做 n－1 次冒泡。

例如，设待排记录的关键字分别为 {37，19，90，64，13，49，20，40}，进行冒泡排序的具体过程如图 9.3 所示。

	初始（n=8）	i=1	i=2	i=3	i=4	i=5	i=6	i=7
r［1］	37	13	13	13	13	13	13	13
r［2］	19	37	19	19	19	19	19	19
r［3］	90	19	39	20	20	20	20	20
r［4］	64	90	20	37	37	37	37	37
r［5］	13	64	90	40	40	40	40	40
r［6］	49	20	64	90	49	49	49	49
r［7］	20	49	40	64	90	64	64	64
r［8］	40	40	49	49	64	90	90	90

图 9.3 冒泡排序示例

从排序的过程看，记录数为 8，需要做 7 次冒泡，但实际进行到第 5 次冒泡时，整个记录已经有序了，因此，不需要再进行 6、7 次冒泡了。也就是说，在某次比较过程中，如果没有交换记录，则排序可提前结束。这点在算法中予以考虑，可节省排序时间，为此在算法中设置一个变量 F 来监视排序情况，F=1 时表示有记录交换，F=0 时表示无记录交换。

2. 冒泡排序算法

冒泡排序算法描述如下：

```
/*冒泡排序*/
Bubblesort (Recordnode r[ ],int n)
{
    int i,j,f;
    f=1;
    for(i=1;i<=n-1&&F==1;i++)
    {
        f=0;
        for(j=n;j>=i+1;j--)
            if(r[j].key<r[j-1].key)
            {
              f=1;
              r[0]=r[j];                    //r[0]用于中转
              r[j]=r[j-1];
              r[j-1]=r[0];
            }
    }
}
```

3. 算法分析

冒泡排序是一种稳定的排序方法，算法的执行时间与原始记录的有序程度有很大关系，当原始记录已经是有序排列时，比较次数为 n−1 次，交换次数为 0；当原始记录是“逆序”排列时，总的比较次数为 n(n−1)/2，交换次数为 3n(n−1)/2。所以，算法的平均时间复杂度为 $O(n^2)$。

9.3.2 快速排序

1. 排序过程

快速排序（Quick Sort）是目前排序中速度较快的方法之一，其实质是在分区内交换未排的记录而完成排序。该文件的存储结构是一个向量，即线性表。

快速排序又叫分区交换排序，它是对冒泡排序的一种改进。其排序的基本思想是：取记录序列中一个合适的关键字（通常选取序列中的第一个），以此关键字取对应的记录 R[i]

作为基准，把一个序列分割成两个独立的子序列，使得基准位置前的所有记录的关键字都小于 R[i]. key，而基准位置后的所有记录的关键字都大于 R[i]. key。这里把这样的一次过程称作一次快速排序，在第一次快速排序中，确定了所选取的基准记录 R[i] 在序列中的最终排列位置，同时也把剩余的记录分成了两个序列，然后对每个序列再进行分割，重复上述过程，直到所有记录全部排好序为止。

下面具体介绍一次快速排序的过程：设置两个指示器 i，j 分别表示当前待排记录序列中的第一个记录和最后一个记录位置；将第一个记录作为基准关键字放到变量 x 中，使它所处的位置腾空，然后从序列的两端开始逐步向中间扫描：

(1) 在序列的右端扫描时，从序列的当前右端 j 处开始，把记录 R[i]. key 与基准关键字 x. key 进行比较，若前者大于后者，令 j=j－1，继续进行比较，直到前者小于或等于后者，此时，若 j>i，则将 R[j] 放到腾空的位置上，使 R[j] 腾空，同时使 i＋1。

(2) 在序列的左端扫描时，从序列的当前左端 i 处开始将 R[i]. key 与 x. key 进行比较，若前者小于后者，令 i=i＋1，继续向右扫描，直到前者大于等于后者，此时，若 i<j，则将 R[j] 放到记录 R[j] 中（R[j] 已经腾空），使 j 减 1。然后继续进行（1）。

（1）和（2）交替反复执行，当 i≥j 时，扫描结束。

例如，设待排记录的关键字分别是 {37，19，90，64，13，49，20，40}，第一次快速排序过程如图 9.4 所示。

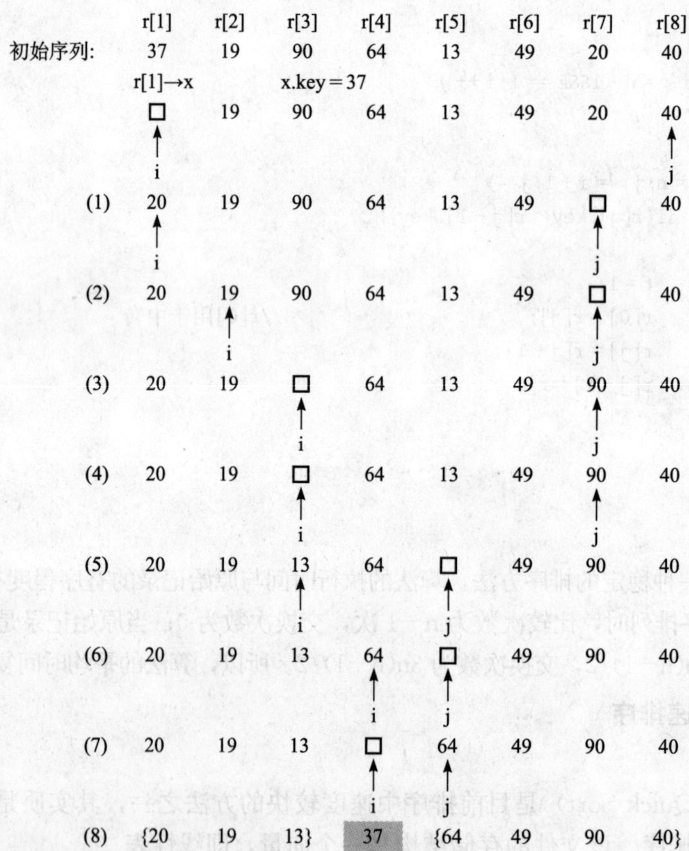

图 9.4　快速排序示例

第一次快速排序后，用同样的方法对产生的两个子序列继续进行快速排序，下面给出整个排序过程：

初始关键字序列：{37 19 90 64 13 49 20 40}
第一次排序结果：{20 19 13} 37 {64 49 90 40}
第二次排序结果：{13 19} 20 37 {40 49} 64 {90}
第三次排序结果：13 {19} 20 37 40 {49} 64 90
最后结果：13 19 20 37 40 49 64 90

2. 算法描述

快速排序算法描述如下：

```
/* 快速排序 */
Quicskort(Recordnode r[ ],int low,int high)                    //low 和 high 为记录序列的下界和上界
{
    int i,j;
    struct Recordnode x;
     i = low;
     j = high;
     x = r[low];
    while(i < j)        //在序列的右端扫描
    {
        while(i < j&&r[j].key > = x.key)
        j--;
        if(i < j)       //在序列的左端扫描
        {
            r[i] = r[j];
            i++ ;
        }
        while(i < j&&r[i].key<x.key)
                i++ ;
        if(i < j) {r[j] = r[i];j--;}
    }
     r[i] = x;          //对序列进行快速排序,使用递归方法
     if(low<i) Quicksort(r,low,i - 1);
     if(i < high) Quicksort(r,j + 1,high);
}
```

在上述算法程序中，待排记录序列顺序存放在 r[low]，r[low+1]，…，r[high] 中，另外，该程序采用了递归的方法，快速排序也可用非递归的方法实现，有兴趣的读者不妨将该函数改写为非递归的形式。

快速排序并没有每次比较都进行交换，只是移动一个数据，等到所选出的元素找到了合适的位置才存入，因此，排序速度快。

3. 算法分析

快速排序的执行时间和基准记录的选取有关，若基准记录的关键字能把当前记录从中间分成两个相等的子区间，则运行效率最高；若基准记录的关键字在记录排序的首或尾，即只有一个子区间，该算法就退化成冒泡排序法，最好和最坏情况的平均时间复杂度为 $O(n\log_2 n)$。快速排序也是一种不稳定的排序方法。

9.4 选择排序

9.4.1 简单选择排序

1. 简单选择排序过程

选择排序的基本思想是：第一趟在 n−i+1（i=1，2，…，n−1）个记录中选择关键字进行 n−i 次比较，从 n−i+1 个记录中选出关键字最小的记录和第 i 个记录进行交换。具体步骤是：

（1）在未排序的文件中找出关键字值最小的记录，然后把这个记录与第一个位置上的记录对换，使得关键字值最小的记录定位。

（2）在余下的记录中找出关键字值最小的记录，并把它与第二个位置上的记录进行对调，使关键字值次小的记录在已排序的序列中定位。

（3）以此类推，直到所有的记录逐个在排序的序列中定位。

按以上的步骤就能得到按关键字值从小到大的次序排序的文件。图 9.5 是简单选择排序的一个示例。

图 9.5 简单选择排序示例

2. 排序算法

按以上的选择排序的算法思想，该算法描述如下：

```
/* 用选择排序对文件 R1,R2,…,Rn 进行排序,k 是记录的关键字值 */
SELECTSORT(r)
{
    for(i = 1;i < = n - 1; i++ )          //共进行 n - 1 趟排序
        min = i;                          //min 是在未排序的记录中,指示关键字值最小记录的序号
        for(j = i + 1;j < = n;j ++ )
            if(k[j]< k[min])
                min = j;
        if(min! = j)
        {
            t = k[i];
            k[i] = k[min];
            k[min] = t;
    }   //选出第 i 个最小关键字的记录
}
```

3. 算法分析

(1) 比较次数。

无论文件中记录排列的初始状态如何，第一次找出关键字最小的记录需要进行 n－1 次比较；找出第二小的关键字记录需进行 n－2 次比较；找出第 i 小的记录的关键字需进行 n－i 次比较。因此该算法的总比较次数为：

$$(n-1)+(n-2)+\cdots+(n-i)+\cdots+2+1=n(n-1)/2$$

具有 n 个记录的文件，选择排序所需时间的量级为 $O(n^2)$。从整个算法分析，外层 for 语句和内层 for 语句的循环，形成排序所需时间的量级为 $O(n^2)$。

(2) 移动次数。

在算法的外循环 for 语句中，每次循环选择关键值最小的记录的指针 min，若 min 与 i 不等，也就是说，最小关键值记录指针 min 的位置不是在未排序记录中的第一个，即第 i 位序号，则要进行一次两个记录的对换，而两个记录的位置交换需要三次移动记录。由于 n 个记录的选择排序要进行 n－1 次最小关键字值选择，因此记录的移动次数最多为 3（n－1）。

9.4.2 堆排序

1. 排序过程

堆排序是借助于一种称为堆的完全二叉树结构进行排序的。排序过程中，将向量中存储的数据看成是一棵完全二叉树的顺序存储结构，利用完全二叉树中的父结点和孩子结点之间的内在关系来选择关键字最小的记录。

具体做法是：把待排序的记录存放在数组 R［1‥n］中，将 R 看做一棵二叉树，每个结点表示一个记录，第一个记录 R［1］作为二叉树的根，以后各记录 R［2］，…，R［n］依次逐层从左到右顺序排列，构成一棵完全二叉树，任意结点 R［i］的左孩子是 R［2i］，右孩子是 R［2i＋1］，双亲是 R［i/2］。

对这棵完全二叉树的结点进行调整，使各结点的关键字满足下列条件：

$$R[i]\leqslant R[2i] \text{ 且 } R[i]\leqslant R[2i+1]$$

即每个结点的值均大于或小于它的两个子结点的值，称满足这个条件的完全二叉树为堆树。显然在这个堆树中根结点的关键字最小，这种堆被称为“小根堆”，如图 9.6 所示。

各结点的值满足 R［i］⩾R［2i］并且 R［i］⩾R［2i＋1］的堆，称为“大根堆”，如图 9.7 所示。大根堆中根结点的关键字值最大。

1	2	3	4	5	6	7
12	25	16	60	65	38	72

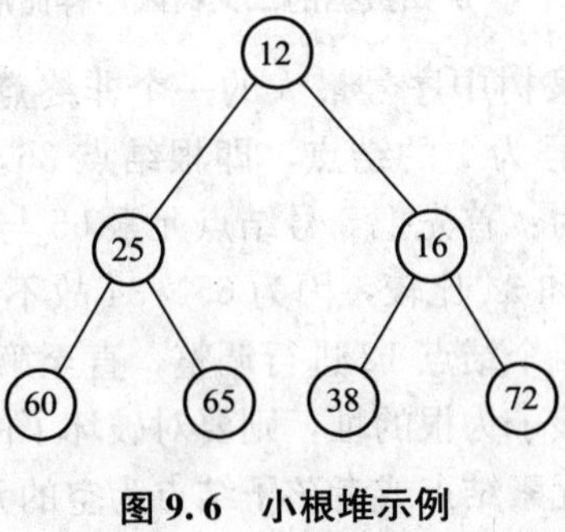

图 9.6 小根堆示例

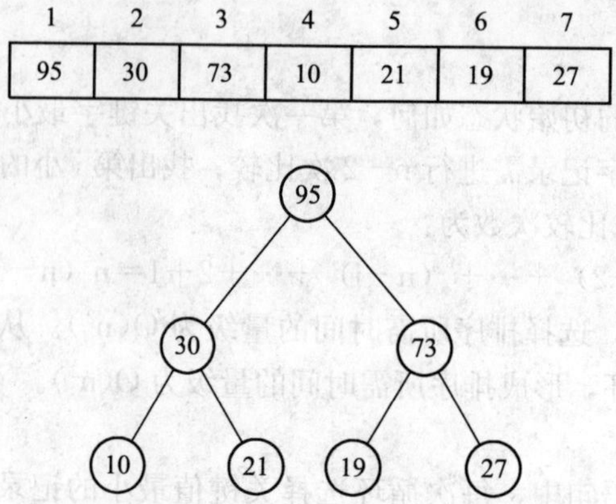

图 9.7　大根堆示例

在堆中，根结点又被称为堆顶元素，当把二叉树转换成大根堆后，堆顶元素最大。把堆顶元素输出，重新调整二叉树的剩余结点，使其成为一个新堆，再输出堆顶元素，便可求得次最大值，如此反复进行，就可得到一个有序序列，这就是利用大根堆排序的基本方法。读者不难推导出小堆根的排序方法。

完成堆排序必须解决以下两个问题：

(1) 如何将原始记录序列构造成一个堆，即建立初始堆。

(2) 输出堆顶元素后，如何将剩余记录调整成一个新堆。

可见，堆排序的关键是构造初始堆，其实构造初始堆的过程就是将待排元素序列对应的完全二叉树调整形成一个堆，所以解决问题的关键在于如何调整元素间的关系使之形成初始堆。下面用图 9.8 进行说明。

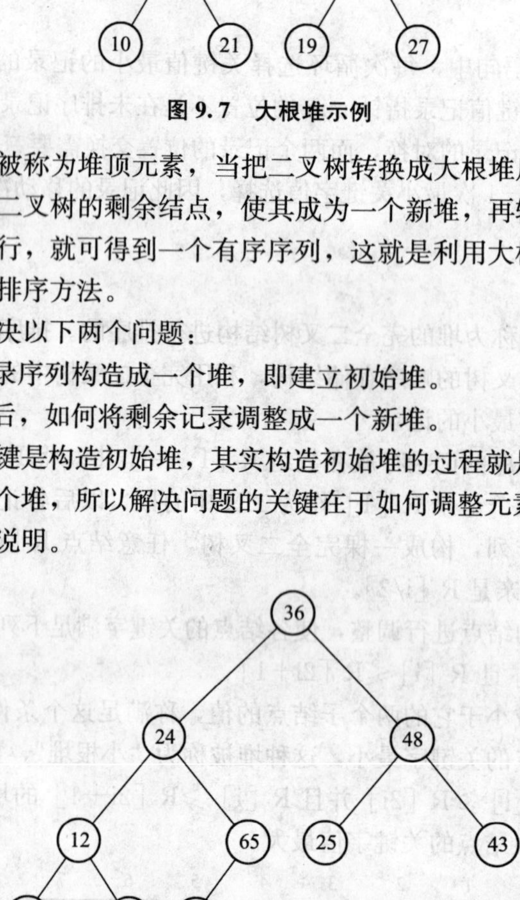

图 9.8　原始数据的二叉树顺序存储形式

由二叉树的性质可知，二叉树中序号最大的一个非终点是 [n/2]，即图中的 5 号结点 65，序号最小的列终结点是序号为 1 的结点，即根结点 36，对这些结点需一一进行调整，使其满足堆的条件。调整过程为：首先把 5 号结点元素 65 与其两个孩子中值大者进行比较，由于只有 1 个左孩子 34，故只和 34 比较，因为 65>34 故不必交换，则即以 65 为根的子树为堆，接着用相同的步骤对第 4 个结点 12 进行调整，直至第 1 个结点 36。如果在中间调整过程中，由于交换破坏了以其孩子为根的堆，则要对破坏了的堆进行调整，以此类推，直到父结点大于等于左、右孩子的元素结点或者孩子结点为空的元素结点。当这一系列调整过程完成时，图 9.9 所示的二叉树即成为一个堆树，这个调整过程也叫做“筛选”。

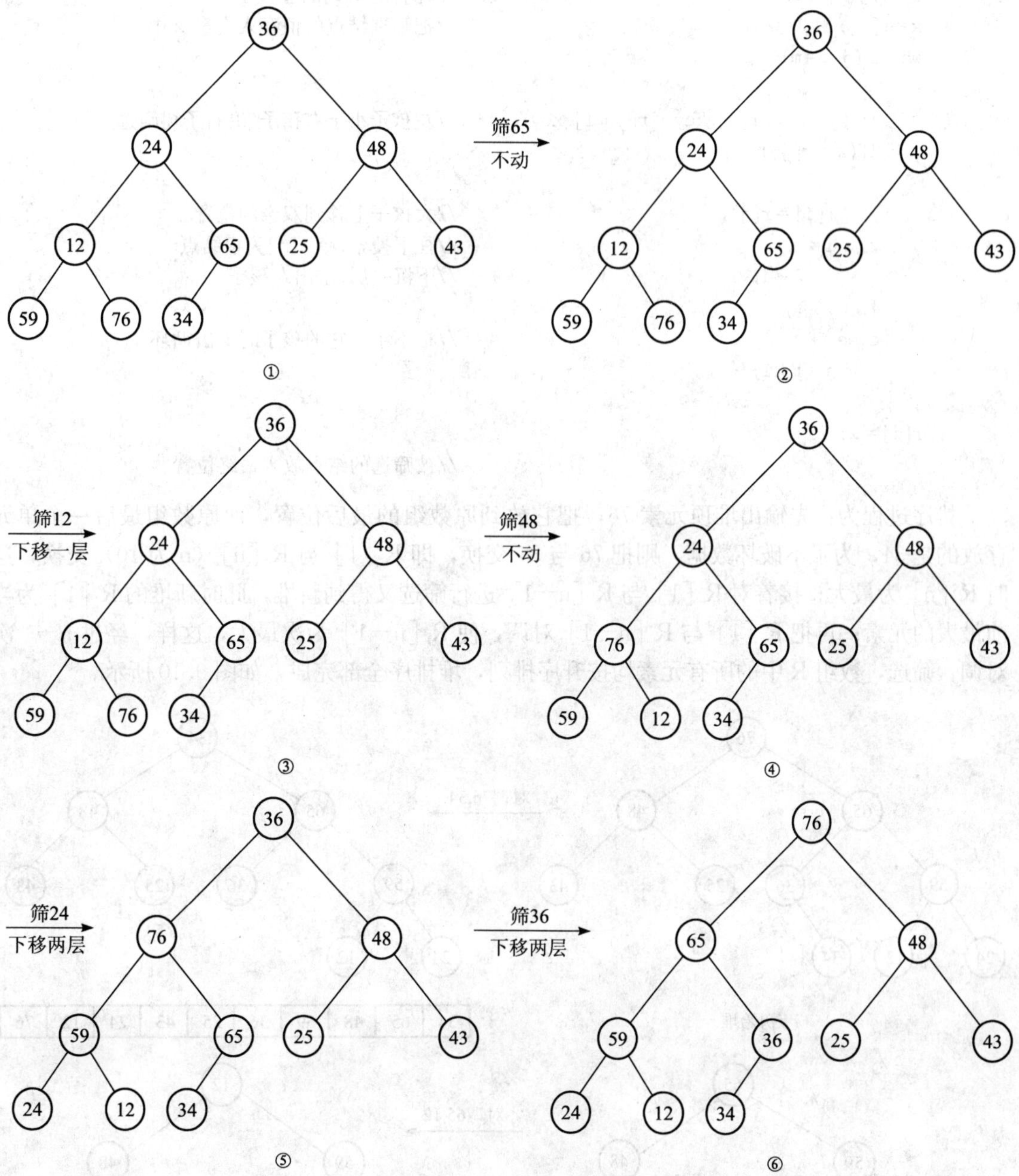

图 9.9　建立初始堆示例

2. 堆排序算法

下面给出建立初始堆的筛选过程及其算法：

```
/ * 建立初始堆 * /
sift (Recordnode r[ ], int L, int m)                    //对有 n 个元素的数组 r 中的第 L 个元素进行筛选
{
    int i, j;
```

```
    struct Recordnode x;
    i = L; j = 2 * i;                               //r[j]是 r[i]的左孩子
    x = r[i];                                       //把筛选结点的值存入变量 x 中
    while (j < = m)
    {
        if (j < m && r[j].key < r[j + 1].key) j ++ ;//左孩子小于右孩子,沿右子树筛选
        if(x < r[j])
        {
            r[i] = r[j];                            //大孩子上移到双亲的位置
            i = j;                                  //往下搜索,令 r[j]为根结点
            i = 2 * i;                              //下沉一层,求出左孩子
        }
        else                                        //根不小于它的孩子时退出循环
            j = m + 1;
    }
    r[i] = x;
}                                                   //被筛选的结点放入最终位置
```

排序过程为：先输出堆顶元素 76，把它放到原数组的最后位置，而原数组最后一个单元存放的是 34，为了不破坏数据，则把 76 与 34 交换，即 R［1］与 R［n］（n 为 10）交换，这时 R［n］为最大；接着对 R［1］与 R［n−1］进行筛选又得到新堆，此时新堆的 R［1］为当前最大的元素；再把 R［1］与 R［n−1］对调，使 R［n−1］为次最大，这样，经过 n−1 次对调、筛选，数组 R 中的所有元素均按升序排列，堆排序全部完成，如图 9.10 所示。

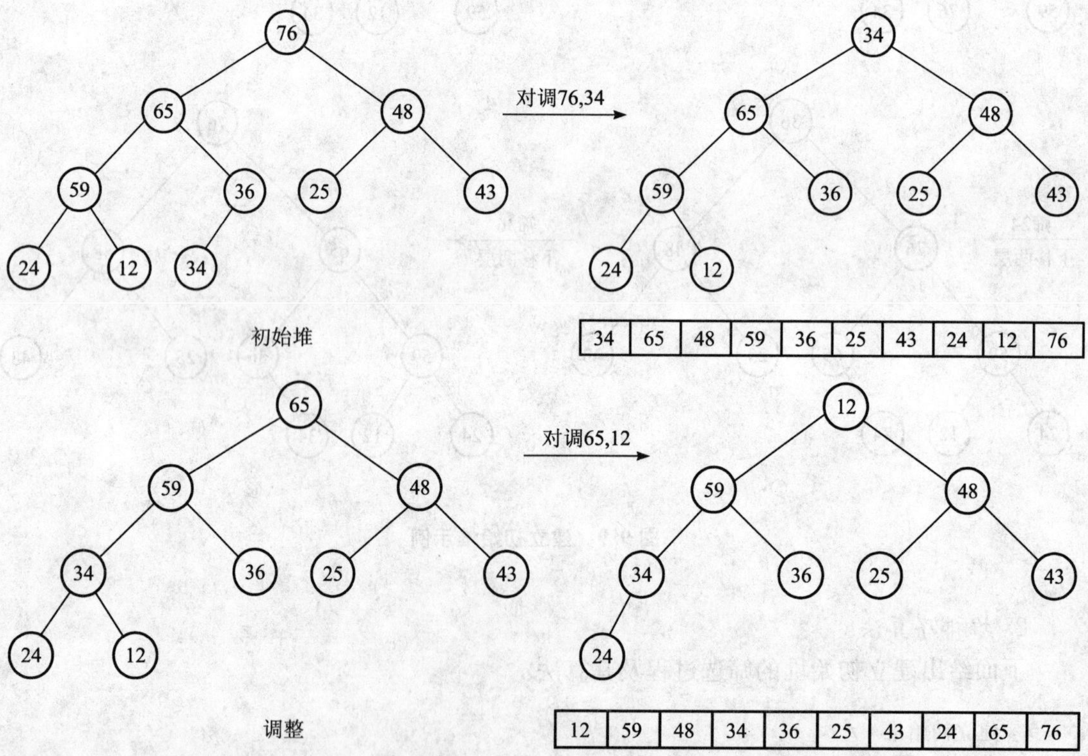

图 9.10　大根堆调整过程

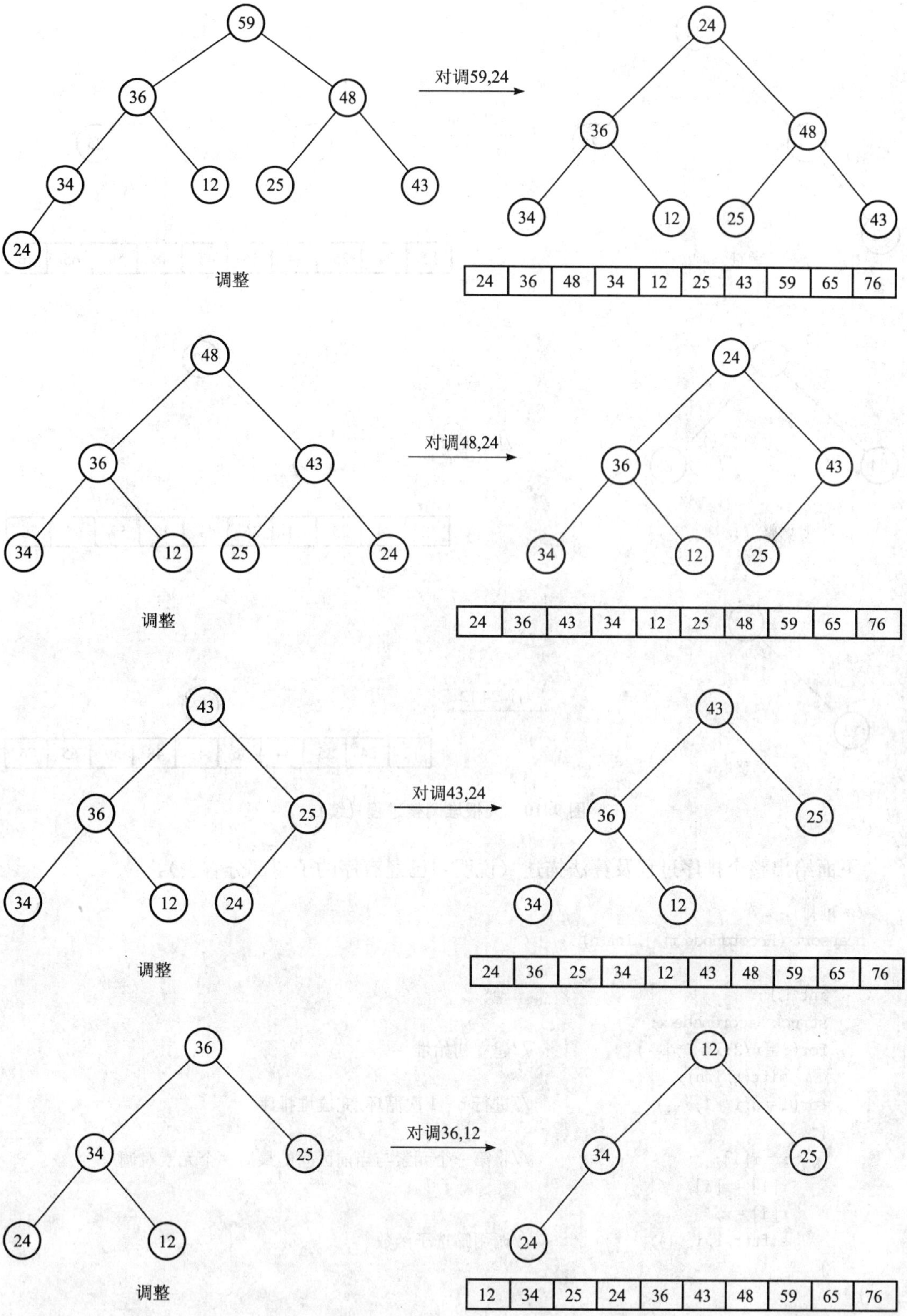

图 9.10　大根堆调整过程（续）

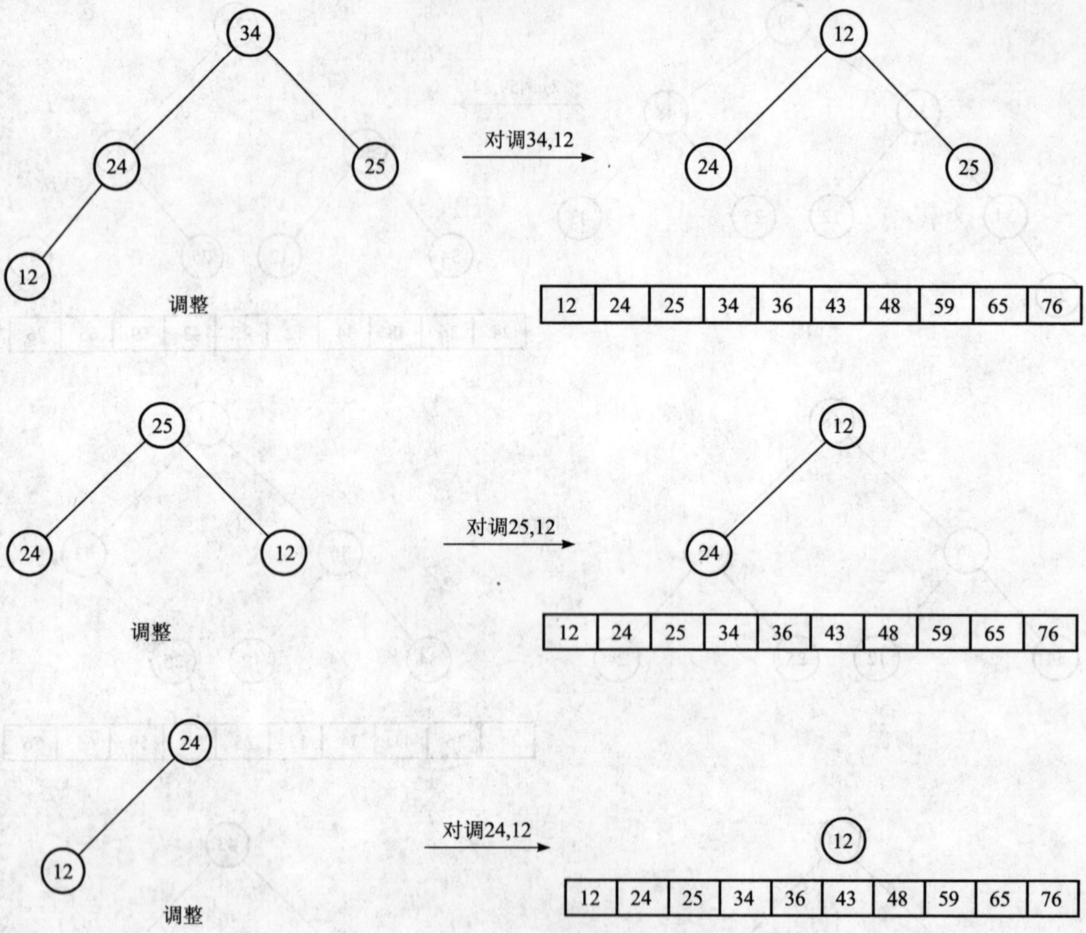

图 9.10　大根堆调整过程（续）

下面给出整个排序过程及算法描述（说明：已经有序的子树部分省去）：

```
/*堆排序*/
heapsort (Recordnode r[ ],int n)
{
    int i,k;
    struck Recordnode x;
    for(i = n/2;i > 0;i--)              //建立初始堆
        sift(r,i,n);
    for(i = n;i > 1;i--)                //进行 n-1 次循环,完成堆排序
    {
        x = r[1];                       //将第一个元素与当前区间的最后一个元素对调
        r[1] = r[i];
        r[i] = x;
        sift(r,1,i-1);                  //调用筛选子函数
    }
}
```

3. 算法分析

从堆排序的算法知道，堆排序所需的比较次数是建立初始堆与重新建堆所需的比较次数

之和，其平均时间复杂度和最坏的时间复杂度均为 $O(n\log_2 n)$。它是一种不稳定的排序方法。

9.5 归并排序

9.5.1 归并排序的过程

归并排序的过程为：把源文件中的 n 个记录看成是 n 个子文件，每个子文件只有一个记录，因此，这 n 个子文件是有序的。这样可利用归并办法把这 n 个有序的子文件两两归并。经一趟归并后的每个子文件包含两个记录，若 n 是奇数，则尚有一个只包含一个记录的子文件，然后，再继续两两归并下去，最后便得到一个包含全部 n 个记录的有序文件，这个过程叫做二路归并排序。

图 9.11 为利用归并排序方法对具有 10 个记录的文件进行排序的过程。

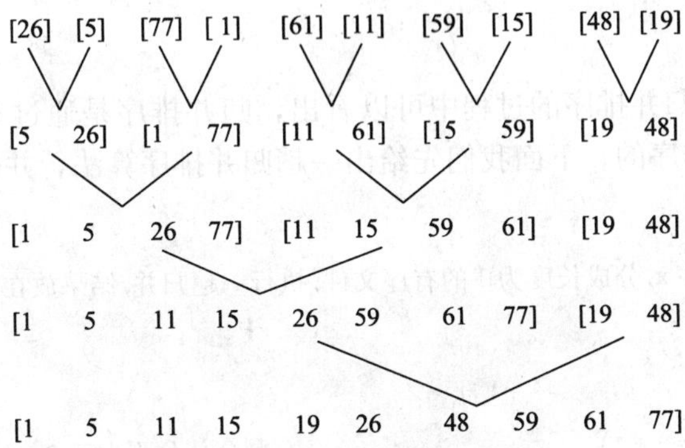

图 9.11 二路归并排序过程示例

9.5.2 归并排序的算法

1. 基本归并算法

归并排序就是用归并的方法对文件进行排序。因此，在讨论归并排序之前，首先确定如何把两个有序文件 $\{X_1, X_2, \cdots, X_m\}$ 和 $\{X_{m+1}, X_{m+2}, \cdots, X_n\}$ 归并成一个有序文件 $\{Z_1, Z_2, \cdots, Z_n\}$。可以设立三个指针 i、j、p，分别指向三个文件的表头。把指针 i 所指记录和 j 所指记录进行比较，取其中较小者作为新子文件的第 p 个记录。在取出记录的那个子文件中移动指针（即指针加 1），从而指向下一个记录，再与另一个文件中指针所指的记录进行比较。依次进行下去，当某个子文件中的记录全部取完后，就将另一个子文件中的剩余记录按顺序复制到新子文件中，从而完成了两个子文件的基本归并过程。

基本归并算法如下：

```
/* 把两个首尾相接的各自有序的文件 x[1, …, m]和 x[m+1, …, n]归并成一个有序文件 z[1, …,n] */
MERGE(x,l,m,n,z)
{   i=1;
    j=m+1;
    p=1;                                    //三个子文件指针初始化
    while((i<=m)&&(j<=n))                   //当两个文件都没有结束时
    {
        if(k[i]<k[j])
        {
```

```
                z[p] = k[i];                         //k[i]作为新文件 z 中第 p 个记录
                i = i + 1;                           //移动指针
            }
        else
            {
                z[p] = k[j];
                j = j + 1;
            }
        p = p + 1;                                   //移动新文件的指针
    }
    if(i > m)
        [z(p), …, z(n)] = [k(j), …, k(n)]
    else
        [z(p), …, z(n)] = [k(i), …, k(m)]            //把剩余子文件的记录复制到新文件 z 中
}
```

2. 一趟归并算法

从图 9.11 所示的归并排序的过程中可以看出，归并排序是通过对待排序文件的记录进行若干趟归并后完成排序的。下面我们先给出一趟归并排序算法，并作为二路归并排序的调用函数。

```
/* 把 n 个记录的文件 x,分成长度为 l 的有序文件,执行一趟归并,结果放在 y 文件中 */
MERGEPASS(n, l, x, y)
{
    i = 1;
    while(i <= n - 2 * l + 1)                       //剩余部分不少于 2 * l 个记录
    {
        MERGE(x, i, i + l - 1, i + 2 * l - 1, y);   //归并两个长度为 2 * l 的文件
        i = i + 2 * l;                              //移动指针,归并下一个长度为 2 * l 的两个子文件
    }
    if((i + l - 1) < n)
        MERGE(x, i, i + l - 1, n, y); //剩余部分有一部分长度为 l,另一部分长度不够 l,归并这两部分
    else
        [y(i), …, y(n)] = [x(i), …, x(n)];          //剩余部分长度不够 l,复制余下的记录
}
```

3. 二路归并排序算法

利用一趟归并排序过程就可以很方便地写出二路归并排序算法。由于文件 X 排序后仍放在 X 中，因此，在循环体中调用后已得到有序文件。但为了把排序结果放在 X 中，仍需再次调用才能完成排序。

以下是二路归并排序算法：

```
/* 归并有 n 个记录的有序文件 x,排序后结果仍放在 x 中 */
MERGESORT(n, x)
{
    l = 1;                                          //待归并的有序子文件的初始长度
    while(l < n)                                    //若还没有得到长度为 n 的有序文件
    {
        MERGESORT(n, l, x, y);
```

```
    //把有 n 个记录的文件 x 分成长度为 l 的有序子文件,执行一趟归并,结果放在 y 中
    l = 2 * l;                              //改变待归并有序子文件的长度 l
    MERGESORT(n, l, y, x);
    //把有 n 个记录的文件 y 分成长度为 l 的有序子文件,执行一趟归并,结果放在 x 中
    l = 2 * l;                              //改变待归并有序子文件的长度
    }
}
```

9.5.3 算法分析

(1) 比较次数。

在二路归并排序算法中，第一趟归并，大小为 1 的子文件得到归并；在第二趟中，归并的子文件长度为 2；在第 i 趟中，归并文件的长度为 2i。因此，对包含 n 个记录的文件，完成归并排序总共需要做 $\log_2 n$ 趟归并。而完成一趟归并所需要的时间为 O(n)，因此对有 n 个记录的文件进行归并排序所需要的时间为 $O(n\log_2 n)$。

(2) 空间。

完成归并排序除了需要待排序文件长度为 n 的存储空间外，还需要附加产生与新文件同样长度的存储空间。因此，附加存储量是比较大的。

9.6 各种内部排序的比较

一个好的排序方法所需要的比较次数和占用的存储空间应该少。从表 9.1 可以看出，每种排序方法各有优缺点，不存在十全十美的排序方法。因此，在不同的情况下可选择不同的方法。选取排序方法时，一般需要考虑以下几点：

(1) 算法的简单性。它分为简单算法和改进后的算法，简单算法有直接插入、直接选择和冒泡法，这些方法都简单明了。改进的算法有希尔排序、快速排序和堆排序等，这些算法比较复杂。

(2) 待排序的记录多少。记录数越少越适合简单算法，记录数越多越适合改进算法，这样，效率可以明显提高。

(3) 记录本身所带的信息量的大小。记录的信息量越大，用的字节越多，那么移动这些记录需花费的时间也就越多，所以选择算法应尽量避免选用移动次数较多的算法。

表 9.1　几种排序方法的性能比较

排序方法	平均时间	最坏情况	辅助空间	稳定性
直接插入排序	$O(n^2)$	$O(n^2)$	O(1)	√
希尔排序	$O(n\log_2 n)$	$O(n\log_2 n)$	O(1)	×
冒泡排序	$O(n^2)$	$O(n^2)$	O(1)	√
快速排序	$O(n\log_2 n)$	$O(n^2)$	栈 $O(\log_2 n)$	×
直接选择排序	$O(n^2)$	$O(n^2)$	O(1)	×
堆排序	$O(n\log_2 n)$	$O(n\log_2 n)$	O(1)	×
归并排序	$O(n\log_2 n)$	$O(n\log_2 n)$	O(n)	√

项 目 实 训

实训题目：内部排序的综合应用

实训目的：输入待排序记录关键字，选择不同排序方式，按递增方式排序

实训内容：

一、主界面

1. 界面设计

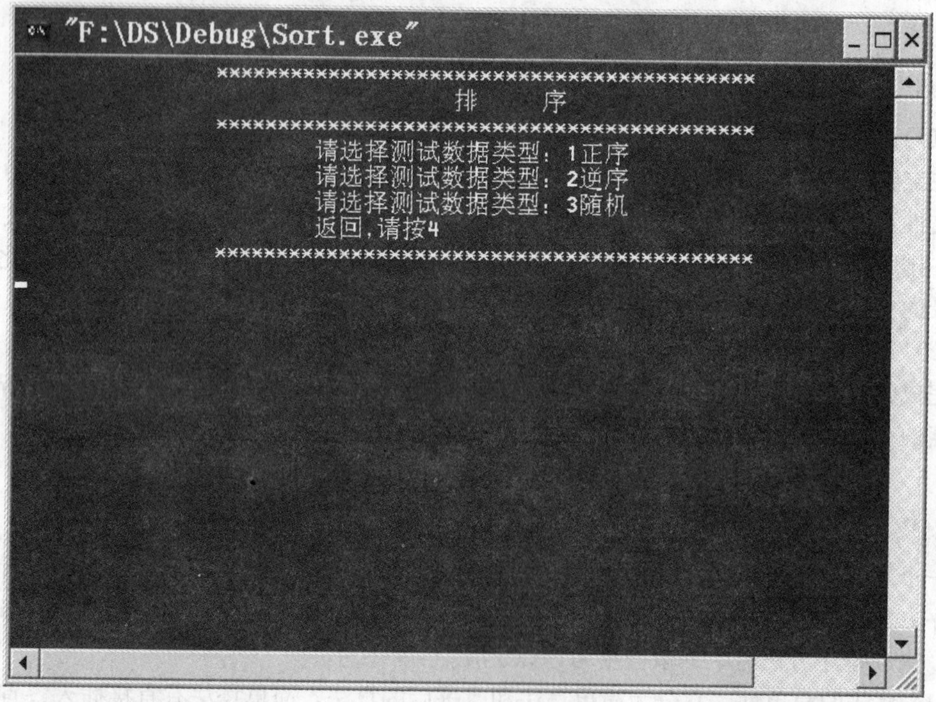

2. 代码编写

```
void main ( )
{
  const int numv = 12;
    int [3][numv] = {{0,6,13,19,23,37,39,41,45,48,58,86},{0,86,58,48,45,41,39,37,23,19,13,
6},{0,23,13,48,86,19,6,41,58,37,45,39}};
  int z1[numv],z2[numv];
  int m,n,i,j,k;
  printf("\t\t*********************************************\n");
  printf("\t\t\t\t  排  序\n");
  printf("\t\t*********************************************\n");

  printf("\t\t\t 请选择测试数据类型:1 正序 \n" );
  printf("\t\t\t 请选择测试数据类型:2 逆序\n" );
  printf("\t\t\t 请选择测试数据类型:3 随机\n" );
  printf("\t\t\t 返回,请按 4\n" );
  printf("\t\t*********************************************\n");
  scanf(" %d",&m);
  while(m > 0 && m < 4)
  {
  system("cls");
```

```
printf("\t\t*******************************************\n");
printf("\t\t\t\t\t  排序方法选择\n");
printf("\t\t*******************************************\n");

printf("\t\t\t请选择排序算法:1 直接插入排序 \n");
printf("\t\t\t请选择排序算法:2 希尔排序 \n");
printf("\t\t\t请选择排序算法:3 冒泡排序 \n");
printf("\t\t\t请选择排序算法:4 快速排序\n");
printf("\t\t\t请选择排序算法:5 简单选择排序\n");
scanf("%d",&n);
switch(n)
{
case 1:
  printf("直接插入排序前:\n");
  for(j=1;j<numv;j++) printf("%d ",a[m-1][j]);
  printf("\n直接插入排序结果为:\n");
  BiInsertsort(a[m-1],numv-1);
  break;
  case 2:
  printf("\n希尔排序前:\n");
  for(j=1;j<numv;j++) printf("%d ",a[m-1][j]);
  printf("\n希尔排序结果为:\n");
  ShellSort(a[m-1], numv-1);
  break;
  case 3:
  printf("\n冒泡排序前:\n");
  for(k=1;k<numv;k++) printf("%d ",a[m-1][k]);
  printf("\n冒泡排序结果为:\n");
  BubbleSort(a[m-1], numv-1);
  break;
  case 4:
  printf("\n快速排序前:\n");
  for(j=1;j<numv;j++) printf("%d ",a[m-1][j]);
  printf("\n快速排序结果为:\n");
  QuickSort(a[m-1],0,numv-1);
  for(i=1;i<numv;i++)
  printf("%d ",a[m-1][i]);
  printf("\n");
  break;
  case 5:
  printf("\n简单选择排序前:\n");
  for(j=1;j<numv;j++) printf("%d",a[m-1][j]);
  printf("\n简单选择排序结果为:\n");
  SelectSort(a[m-1],numv-1);
  break;

  default:
  printf("输入错误!");
 }
```

```
system("pause");     //等待
m = 0;
system("cls");
printf("\t\t ******************************************* \n");
printf("\t\t\t\t  排  序\n");
printf("\t\t ******************************************* \n");

printf("\t\t\t 请选择测试数据类型:1 正序 \n" );
printf("\t\t\t 请选择测试数据类型:2 逆序\n" );
printf("\t\t\t 请选择测试数据类型:3 随机\n" );
printf("\t\t\t 返回,请按 4\n" );

printf("\t\t ******************************************* \n");
scanf(" %d",&m);
}
if(m == 4)
  printf("( *^__^* ) 再见!");
else
  printf("输入错误!");
}
```

二、排序方法选择界面

1. 界面设计

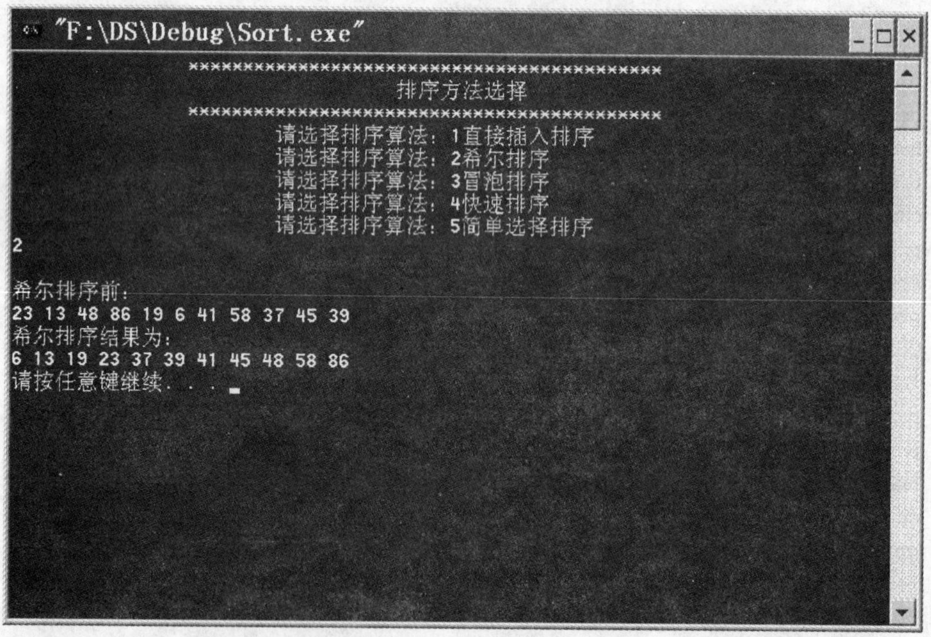

2. 代码编写

```
void BiInsertsort(int r[ ], int n)                    //插入排序(折半)
{
for(int i = 2;i <= n;i ++ )
{
```

```
if (r[i]< r[i-1])
{
        r[0] = r[i];                              //设置哨兵
         int low = 1,high = i-1;                  //折半查找
        while (low < = high)
 {
            int mid = (low + high)/2;
             if (r[0]< r[mid])
            high = mid-1;
            else
            low = mid+1;
        }
        int j;
        for (j = i-1;j > high;j--) r[j+1] = r[j];//后移
            r[j+1] = r[0];
        }
  }
  for(int k = 1;k < = n;k ++ ) printf(" %d ",r[k]);
      printf("\n");
}

/*希尔排序*/
void ShellSort (int r[ ], int n)
{
    for(int d = n/2;d > = 1;d = d/2)                    //以 d 为增量进行直接插入排序
  {
        for (int i = d+1;i < = n;i ++ )
        {
            r[0] = r[i];                               //暂存被插入记录
            int j;
            for(j = i-d; j < 0 && r[0]< r[j]; j = j-d) r[j+d] = r[j];    //记录后移 d 个位置
                r[j+d] = r[0];
            }
  }
  for(int i = 1;i < = n;i ++ ) printf(" %d ",r[i]);
      printf("\n");
}

/*冒泡排序*/
void BubbleSort(int r[ ], int n)
{
int temp,exchange,bound;
   exchange = n;                                       //第一趟冒泡排序的范围是 r[0]到 r[n-1]
while (exchange)                                       //仅当上一趟排序有记录交换才进行本趟排序
{
  bound = exchange;
  exchange = 0;
  for (int j = 1; j < bound; j ++ )                   //一趟冒泡排序
     if (r[j]> r[j+1])
  {
```

```
        temp = r[j];
        r[j] = r[j + 1];
        r[j + 1] = temp;
        exchange = j;                                  //记录每一次发生记录交换的位置
          }
    }
    for(int i = 1;i < = n;i ++ ) printf(" % d ",r[i]);
        printf("\n");
    }


    int Partition(int r[ ], int first, int end)        //快速排序一次划分
    {
    int i = first;                                     //初始化
    int j = end;
    r[0] = r[first];
    while (i< j)
    {
          while (i< j && r[0]< = r[j]) j--;            //右侧扫描
          r[i] = r[j];
          while (i< j && r[i]< = r[0]) i ++ ;          //左侧扫描
          r[j] = r[i];
    }
    r[i] = r[0];
        return i;                                      //i 为轴值记录的最终位置
    }

    /* 快速排序 */
    void QuickSort(int r[ ], int first, int end)
    {
            if (first<end)
        {                                              //递归结束
          int pivot = Partition(r, first, end);        //一次划分
          QuickSort(r, first, pivot - 1);              //递归地对左侧子序列进行快速排序
          QuickSort(r, pivot + 1, end);                //递归地对右侧子序列进行快速排序
        }
    }

    /* 简单选择排序 */
    void SelectSort(int r[ ], int n)
    {
        int i, j, index, temp;
        for (i = 1; i< n; i ++ )                       //对 n 个记录进行 n - 1 趟简单选择排序
        {
          index = i;
          for (j = i + 1; j < = n; j ++ )              //在无序区中选取最小记录
              if (r[j]< r[index]) index = j;
              if (index! = i)
              {
                temp = r[i];
```

```
            r[i] = r[index];
            r[index] = temp;
            }
    }
      for(i = 1;i <= n;i ++ ) printf(" %d ",r[i]);
      printf("\n");
}
```

专项练习 9

一、基本题

1. 填空题

(1) 每次从无序表中取出一个元素，把它插入到有序表中的适当位置，此种排序方法叫做________排序；每次从无序表中挑选出一个最小或最大元素，把它交换到有序表的一端，此种排序方法叫做________排序。

(2) n 个元素进行冒泡排序，最少的比较次数是________。

(3) 若不考虑基数排序，则在排序过程中，主要进行的两种基本操作是关键字的________和记录的________。

(4) 不受待排序初始序列的影响，时间复杂度为 $O(n^2)$ 的排序算法是________，在排序算法的最后一趟开始之前，所有元素都可能不在其最终位置上的排序算法是________。

(5) 直接插入排序使用监视哨的作用是________。

(6) 对 n 个记录的表 R［1..n］进行简单选择排序，所需进行的关键字间的比较次数为________。

(7) 从平均时间性能而言，________排序最佳。

(8) 在数据表有序时，快速排序算法的时间复杂度为________。

2. 选择题

(1) 希尔排序的平均时间复杂度为(　　)。

A. $O(n)$　　B. $O(n\log_2 n)$　　C. $O(n^2)$　　D. $n^{1.3}$

(2) 下列排序中，占用的辅助空间最多的是(　　)。

A. 快速排序　　B. 冒泡排序　　C. 直接选择排序　　D. 二路归并排序

(3) 下列排序算法中不稳定的是(　　)。

A. 直接选择排序　B. 插入排序　　C. 冒泡排序　　D. 归并排序

(4) 在文件局部有序的情况下，最好的内部排序应该是(　　)。

A. 直接插入排序　B. 冒泡排序　　C. 直接选择排序　　D. 快速排序

(5) n 个关键字的直接插入排序所需的最小移动次数是(　　)。

A. $2(n-1)$　　B. 0　　C. $(n+3)(n-2)/2$　　D. $n^2/2$

(6) 如表 R 有 100000 个元素，前 99999 个元素递增有序，则采用(　　)方法比较次数较少。

A. 直接插入排序　B. 快速排序　　C. 归并排序　　D. 选择排序

(7) 初始文件中有两个关键字相同的记录，通过不稳定的排序方法排序后，(　　)。

A. 使得领先关系不发生变化　　B. 领先关系一定发生变化

C. 两个位置都不会发生变化　　　　　　D. 领先关系可能发生变化

（8）每一趟都能选出一个元素放在其最终位置上，并且不稳定的排序算法是（　　）。

A. 冒泡排序　　B. 简单选择排序　　C. 希尔排序　　D. 直接插入排序

（9）下列排序算法中，最坏情况下，时间复杂度为 $O(n^2)$ 的排序算法是（　　）。

A. 堆排序　　B. 希尔排序　　C. 归并排序　　D. 快速排序

3. 程序填空题

（1）以下代码是选择排序算法，请将程序补充完整。

```
void SelectSort(int R[ ],int n)
{
  int i,j,k,l;
  int temp;
  for (i=0;i<n-1;i++)                  //做第 i 趟排序
  {
    k=i;
    for (j=i+1;j<n;j++)                //在当前无序区 R[i..n-1]中选 key 最小的 R[k]
      if (R[j].key<R[k].key)
        ________;                      //k 记下目前找到的最小关键字所在的位置
      if (k!=i)                        //交换 R[i]和 R[k]
      {
        ________;
        ________;
        ________;
      }
    printf("i=%d: ",i);
    for (l=0;l<n;l++)
      printf(" %d ",R[l].key);
    printf("\n");
  }
}
```

（2）以下算法是对 R 进行冒泡排序，请将程序补充完整。

```
void BubbleSort(RecType R[ ],int n)
{
  int i,j,k;
  RecType tmp;
  for (i=0;i<n-1;i++)
  {
    for (j=________;j>i;j--)           //比较，找出本趟最小关键字的记录
      if (R[j].key<R[j-1].key)
      {
        ________;                      //R[j]与 R[j-1]进行交换，将最小关键字记录前移
        ________;
        ________;
      }
    for (k=0;k<n;k++)
      printf(" %d ",R[k].key);
    printf("\n");
```

```
    }
}
```

4. 应用题

(1) 假定有以下关键字序列，试给出快速排序的第一趟排序结果。

[80 15 85 25 65 90 05 95]

(2) 用直接选择排序的方法对下列关键字序列进行排序，请写出每一趟排序的结果。

60 40 20 80 30 10 50

(3) 假定有以下关键字序列，试给出两两归并排序的每一趟排序结果。

70 80 76 25 94 16 05 68

5. 编写程序算法

冒泡排序算法是把大的元素向上移（气泡的上浮），把小的元素向下移（气泡的下沉），请给出上浮和下沉过程交替的冒泡排序算法。

二、专升本试题

1. 判断题

(1) 当待排序的元素很大时，为了交换元素的位置，移动元素要占用较多的时间，这是影响时间复杂度的主要因素。(　　)

(2) 内排序要求数据一定要以顺序方式存储。(　　)

(3) 排序算法中的比较次数与初始元素序列的排列无关。(　　)

(4) 排序的稳定性是指排序算法中的比较次数保持不变，且算法能够终止。(　　)

(5) 在执行某个排序算法过程中，若出现了排序码朝着最终排序序列位置相反方向移动的现象，则该算法是不稳定的。(　　)

(6) 直接选择排序算法在最好情况下的时间复杂度为 O(n)。(　　)

(7) 快速排序的速度在所有排序方法中为最快，而且所需附加空间也最少。(　　)

(8) 在用堆排序算法排序时，如果要进行增序排序，则需要采用“大根堆”。(　　)

(9) 快速排序和归并排序在最坏情况下的比较次数都是 $O(n\log_2 n)$。(　　)

(10) 外部排序是把外存文件调入内存，可利用内部排序的方法进行排序，因此排序所花的时间取决于内部排序的时间。(　　)

(11) 冒泡排序和快速排序都是基于交换两个逆序元素的排序方法，冒泡排序算法的最坏时间复杂性是 $O(n*n)$，而快速排序算法的最坏时间复杂性是 $O(n\log_2 n)$，所以快速排序比冒泡排序算法效率更高。(　　)

2. 选择题

(1) 下列排序算法中，(　　)是稳定的。

A. 堆排序，冒泡排序　　B. 快速排序，堆排序

C. 直接选择排序，归并排序　　D. 归并排序，冒泡排序

(2) 若需在 $O(n\log_2 n)$ 的时间内完成对数组的排序，且要求排序是稳定的，则可选择的排序方法是(　　)。

A. 快速排序　　B. 堆排序　　C. 归并排序　　D. 直接插入排序

(3) 排序趟数与序列的原始状态有关的排序方法是(　　)排序法。

A. 插入　　B. 选择　　C. 希尔　　D. 快速

(4) 对一组数据（84，47，25，15，21）排序，数据的排列次序在排序的过程中的变化为：

A. 84 47 25 15 21　　B. 15 47 25 84 21

C. 15 21 25 84 47　　D. 15 21 25 47 84

则采用的排序是（　　）。

A. 选择排序　　B. 冒泡排序　　C. 快速排序　　D. 插入排序

(5) 一组记录的关键码为（46，79，56，38，40，84)，则利用快速排序的方法，以第一个记录为基准得到的一次划分结果为(　　)。

A. （38，40，46，56，79，84)　　B. （40，38，46，79，56，84)

C. （40，38，46，56，79，84)　　D. （40，38，46，84，56，79)

(6) 在下面的排序方法中，辅助空间为 O(n) 的是(　　)。

A. 希尔排序　　B. 堆排序　　C. 选择排序　　D. 归并排序

(7) 在文件"局部有序"或文件长度较小的情况下，最佳内部排序的方法是(　　)。

A. 直接插入排序　　B. 冒泡排序　　C. 简单选择排序　　D. 归并排序

(8) 在待排序的元素序列基本有序的前提下，效率最高的排序方法是(　　)。

A. 插入排序　　B. 选择排序　　C. 快速排序　　D. 归并排序

(9) 在排序算法中，每次从未排序的记录中挑出最小（或最大）关键字的记录，加入到已排序记录的末尾，该排序方法是(　　)。

A. 选择排序　　B. 冒泡排序　　C. 插入排序　　D. 堆排序

(10) 直接插入排序在最好情况下的时间复杂度为(　　)。

A. $O(\log_2 n)$　　B. $O(n)$　　C. $O(n\log_2 n)$　　D. $O(n^2)$

3. 程序填空题

(1) 用链表表示的数据的简单选择排序，结点的域为数据域 data，指针域 next；链表首指针为 head，链表无头结点。

```
selectsort(head)
    p = head;
while (p(1)________)
{q = p; r = (2)________
    while((3)________ )
{if ((4)________ ) q = r;
    r = (5)________;
}
    tmp = q->data; q->data = p->data; p->data = tmp; p = (6)________;
    }
```

(2) 下面的排序算法的思想是：第一趟比较将最小的元素放在 R[1] 中，最大的元素放在 R[n] 中，第二趟比较将次小的放在 R[2] 中，将次大的放在 R[n－1] 中，…，依次下去，直到待排序列为递增序。(注：<-->代表两个变量的数据交换)。

```
void sort(SqList &r, int n) {
        i = 1;
while((1)__) {
min = max = 1;
for (j = i + 1; (2)________; ++ j)
```

```
{if((3)________) min = j; else if(r[j].key > r[max].key) max = j; }
if((4)________) r[min] 〈 ---- 〉r[j];
if(max! = n - i + 1){if ((5)___) r[min] 〈 ---- 〉 r[n - i + 1]; else ((6)__); }
i ++ ;
}
}//sort
```

4. 应用题

(1) 对下面数据表，写出采用希尔排序算法排序的每一趟的结果，并标出数据移动情况。(125，11，22，34，15，44，76，66，100，8，14，20，2，5，1)。

(2) 设待排序的记录共 7 个，排序码分别为 8，3，2，5，9，1，6，采用直接插入排序。试以排序码序列的变化描述形式说明排序全过程（动态过程），要求按递减顺序排序。

(3) 对给定文件（28，07，39，10，65，14，61，17，50，21），选择第一个元素 28 进行划分，写出其快速排序第一遍的排序过程。

5. 编写程序算法

输入 50 个学生的记录（每个学生的记录包括学号和成绩），组成记录数组，然后按成绩由高到低的次序输出（每行 10 个记录）。排序方法采用选择排序。

第10章　文　　件

教学重点

- 基本概念：文件、顺序文件、索引文件、ISAM、VSAM、哈希文件、桶；
- 文件的概念及特点；
- 文件的分类。

在数据处理方面，特别是事务型的软件编制工作中，都涉及有关文件的知识。有效地组织数据，提供方便而又高效的利用数据信息的方法，是文件这一章所要讨论的内容。尽管数据管理技术早已从文件系统发展到数据库系统，但因为文件系统是数据库系统的基础，从专用、高效和系统软件研制角度看，文件系统仍有其不可取代的地位。正如高级语言出现后，汇编语言仍是某些软件项目开发的重要工具一样。

10.1　文件的基本概念

10.1.1　什么是文件

文件（File）是性质相同的记录的集合。文件的数据量通常很大，它被放置在外存上。数据结构中所讨论的文件主要是数据库意义上的文件，而不是操作系统意义上的文件。操作系统中研究的文件是一维的无结构连续字符序列，数据库中所研究的文件是带有结构的记录集合，每个记录可由若干个数据项构成。

记录（Record）是文件中存取的基本单位，数据项是文件可使用的最小单位。数据项有时也称为字段（Field），或者称为属性（Attribute）。其值能唯一标志一个记录的数据项或数据项的组合称为主关键字项，其他不能唯一标志一个记录的数据项则称为次关键字项，主关键字项（或次关键字项）的值称为主关键字（或次关键字）。

为讨论方便起见，我们仍不严格区分关键字项和关键字，即在不易混淆时，将主（或次）关键字项简称为主（或次）关键字，并且假定主关键字项只含一个数据项。

表10.1是一个简单的学生信息表，每个学生信息是一条记录，它由5个数据项组成。其中“学号”是主关键字项，它能唯一标志一条记录，其他数据只能作为次关键字项。

表 10.1　　学生信息表

学号	姓名	性别	年龄	备注
09010601	安太龙	男	21	
09010602	白彦超	男	21	
09010603	曹雷	男	22	
09010604	丁云鹏	男	21	

文件可以按照记录中关键字的多少，分成单关键字文件和多关键字文件。若文件中的记录只有一个唯一标志记录的主关键字，则称其为单关键字文件；若文件中的记录除了含有一个主关键字外，还含有若干个次关键字，则称其为多关键字文件。

文件又可分成定长记录文件和不定长记录文件。若文件中记录含有的信息长度相同，则称这类记录为定长记录，由这种定长记录组成的文件称作定长记录文件；若文件中记录含有的信息长度不等，则称作不定长记录文件。

10.1.2　文件的逻辑结构及操作

文件中各记录之间存在着逻辑关系，当一个文件的各个记录按照某种次序排列起来时(这种排列的次序可以是记录中关键字的大小，也可以是各个记录存入该文件的时间先后等)，各记录之间就自然地形成了一种线性关系。在这种次序下，文件中每个记录最多只有一个后继记录和一个前驱记录，而文件的第一个记录只有后继没有前驱，文件的最后一个记录只有前驱而没有后继。因此，文件可看成是一种线性结构。

文件上的操作主要有两类：检索和维护。

10.1.3　文件的存储结构

文件的存储结构是指文件在外存上的组织方式。采用不同的组织方式可得到不同的存储结构。基本的组织方式有四种：顺序组织、索引组织、哈希组织和链组织。文件组织的各种方式往往是这四种基本方式的结合。

几种常用的文件组织方式是：顺序文件、索引文件、哈希文件和多关键字文件。选择哪种文件组织方式，取决于对文件中记录的使用方式和频繁程度、存取要求、外存的性质和容量。

10.2　顺序文件

顺序文件（Sequential File）是指按记录进入文件的先后顺序存放、其逻辑顺序与物理顺序一致的文件。若顺序文件中的记录按其主关键字有序，则称此顺序文件为顺序有序文件；否则称为顺序无序文件。为了提高检索效率，常将顺序文件组织成有序文件。

（1）顺序文件的结构特点如下：

记录在文件中的排列顺序是由记录进入存储介质的次序决定的，即文件物理结构中记录的排列顺序和文件的逻辑结构中记录的排列顺序一致。

（2）顺序文件的操作特点如下：

① 便于进行顺序存取；

② 不便于进行直接存取，为取第 i 个记录，必须先读出前 i－1 个记录，对于磁盘上的等长记录的连续文件可以进行折半查找；

③ 插入新的记录只能加在文件的末尾；

④ 删除记录时，只做标记；

⑤更新记录必须生成新的文件。

10.3 索引文件

10.3.1 索引文件概述

1. 索引文件的概念

用索引的方法组织文件时，通常是在文件本身（称为主文件）之外另建一张表，它指明逻辑记录和物理记录之间的一一对应关系，这张表就叫做索引表，它和主文件一起构成的文件称为索引文件。

索引表中的每一项称为索引项，一般索引项都是由主关键字和该关键字所在记录的物理地址组成的。显然，索引表必须按主关键字有序，而主文件本身则可以按主关键字有序或无序，前者称为索引顺序文件，后者称为索引非顺序文件。

对于索引非顺序文件，由于主文件中记录是无序的，因此必须为每个记录建立一个索引项，这样建立的索引表称为稠密索引。对于索引顺序文件，由于主文件中记录按关键字有序，因此可对一组记录建立一个索引项，例如，让文件中每个页块对应一个索引项，这种索引表称为稀疏索引。通常可将索引非顺序文件简称为索引文件，本节只讨论这种文件。

索引文件在存储器上分为两个区：索引区和数据区，前者存放索引表，后者存放主文件。在建立文件过程中，按输入记录的先后次序建立数据区和索引表，这样的索引表其关键字是无序的，待全部记录输入完毕后再对索引表进行排序，排序后的索引表和主文件一起形成索引文件，如图 10.1 所示。

物理地址	学号	姓名	其他
1	0901	安太龙	
2	0902	白彦超	
3	0903	曹雷	
4	0904	丁云鹏	
5	0905	侯立山	

(a) 数据文件

物理地址	关键字	物理地址
10	1	1
11	5	2
12	3	3
13	8	4
14	4	5

(b) 排序前的索引区

物理地址	关键字	物理地址
10	1	1
11	3	3
12	4	5
13	5	2
14	8	4

(c) 排序后的索引区

图 10.1 索引文件示例

2. 索引文件的结构特点

索引文件的结构特点如下：

(1) 索引文件由“主文件”和多级“索引”组成。

(2) 索引中的每个记录由“关键字”和“指针”组成。

(3) 通常，索引文件中的主文件是无序文件，索引是按关键字排序的有序文件。

(4)“索引”是在输入数据建立文件时自动生成的。初建时的“静态索引”为无序文件，经过排序后成为有序文件。

3. 索引文件的操作特点

索引文件的操作特点如下：

(1) 检索方式为：直接存取和按关键字存取。“按关键字检索”将分两步进行：先查索引，然后根据索引中指针所指索取记录。

(2) 插入记录时，“记录”插入到主文件的末尾，而相应的“索引项”必须插入到索引的合适位置上。因此，最好在建立索引表时留有一定“空位”。

(3) 删除记录时，仅需删除索引表中相应的索引项即可。

(4) 更新记录时，应将更新后的记录插入到主文件的末尾，同时修改相应的索引项。

有两种典型的索引顺序文件：ISAM 文件和 VSAM 文件。

10.3.2　ISAM 文件

ISAM（Index Sequential Access Method，索引顺序存取方法）是一种专为磁盘存取设计的文件组织方法。

1. 文件的组织方式

主文件按柱面集中存放，同时建立三级索引：

(1) 磁道索引；

(2) 柱面索引；

(3) 主索引。

磁道索引项的结构如图 10.2 所示，ISAM 文件的示意图如图 10.3 所示。

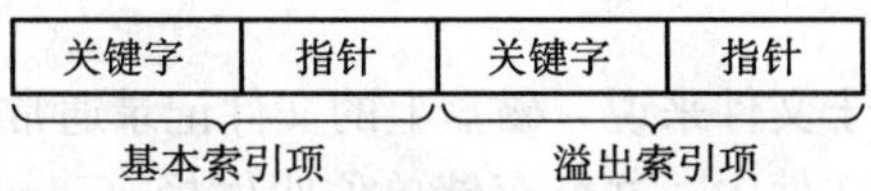

图 10.2　磁道索引项的结构图

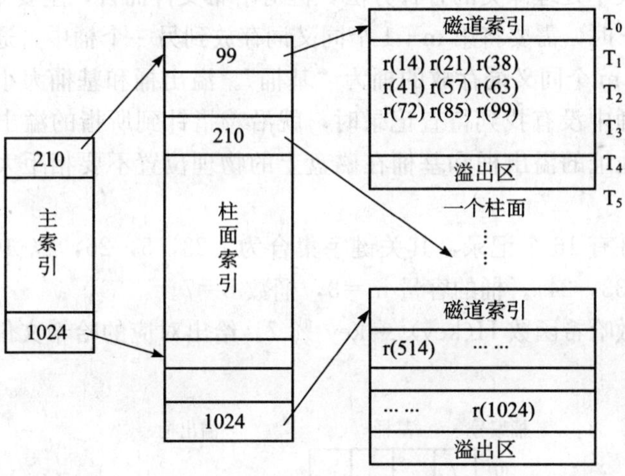

图 10.3　索引 ISAM 文件示意图

2. 操作的特点

(1) 存取。可有两种方式：

① 顺序存取，即依关键字最小至最大顺序存取。

② 按关键字存取，即从主索引开始，到柱面索引，再到磁道索引，最后取得记录，先后访问四次外存。

(2) 插入。将记录插入到某个磁道的合适位置上，将该磁道上关键字最大的记录移出到本柱面的溢出区中，修改本磁道的索引项（包括基本索引项和溢出索引项）。

(3) 删除。在被删除记录当前存储位置上做“删除标记”。

3. 文件重组

在经过多次的插入和删除操作之后，大量的记录进入文件的“溢出区”，而“基本存储区”中出现很多已被删去的记录空间，此时的文件结构很不合理。因此，对 ISAM 文件，需要周期地进行重整。

10.3.3 VSAM 文件

VSAM 是虚拟存储存取方法（Virtual Storage Access Method）的英文缩写。VSAM 文件是一种采用虚拟存储存取方法的文件。VSAM 文件的存储单位是控制区间和控制区域，这是一些逻辑存储单位，与柱面、磁道等实际存储单位并没有必然的联系。用户在存取 VSAM 文件的记录时，不需要考虑该记录的当前位置是在内存还是在外存，也不需要考虑何时执行对外存进行读/写的命令。可见，这种文件较 ISAM 文件更方便用户使用。

10.4 哈希文件

哈希文件也称为散列文件，是利用哈希存储方式组织的文件，亦称为直接存取文件。它类似于哈希表，即根据文件中关键字的特点，设计一个哈希函数和处理冲突的方法，将记录哈希到存储设备上。

与哈希表不同的是，对于文件来说，磁盘上的文件记录通常是成组存放的，若干个记录组成一个存储单位，在哈希文件中，这个存储单位叫做桶（Bucket）。假如一个桶能存放 m 个记录，则当桶中已有 m 个同义词的记录时，存放第 m+1 个同义词会发生“溢出”。处理溢出虽可采用哈希表中处理冲突的各种方法，但对哈希文件而言，主要采用链地址法。

当发生“溢出”时，需要将第 m+1 个同义词存放到另一个桶中，通常称此桶为“溢出桶”，相对地，称前 m 个同义词存放的桶为“基桶”。溢出桶和基桶大小相同，相互之间用指针链接。当在基桶中没有找到待查记录时，就沿着指针到所指的溢出桶中进行查找，因此，希望同一哈希地址的溢出桶和基桶在磁盘上的物理位置不要相距太远，最好在同一柱面上。

例如，某一文件有 16 个记录，其关键字集合为{23，5，26，1，10，18，27，12，7，9，4，19，6，16，33，24}。桶的容量 m=3，桶数 b=7。

用除留余数法做哈希函数 H(key) =key % 7。给出对应的哈希文件存储示意图，如图 10.4 所示。

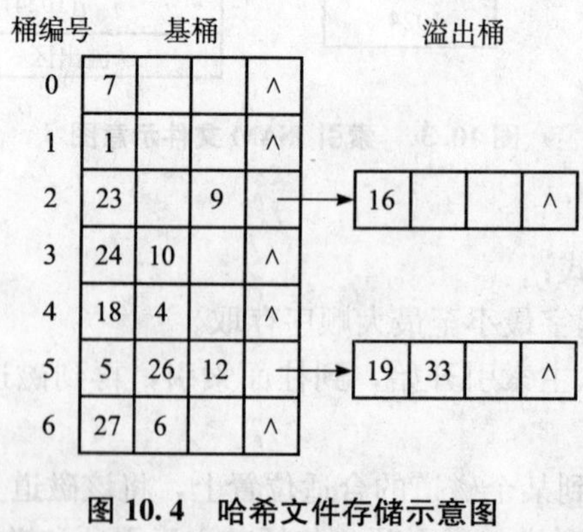

图 10.4 哈希文件存储示意图

在哈希文件中进行查找时，首先根据给定值求出哈希桶地址，将基桶的记录读入内存，进行顺序查找，若找到关键字等于给定值的记录，则检索成功；否则，读入溢出桶的记录继续进行查找。

在哈希文件中删去一个记录，仅需对被删除记录做删除标记即可。

哈希文件的优点是：文件随机存放，记录不需进行排序；插入、删除方便；存取速度快；不需要索引区，节省存储空间。

其缺点是：不能进行顺序存取，只能按关键字随机存取，且询问方式限于简单询问，并且在经过多次插入、删除后，还可能造成文件结构不合理，需要重新组织文件。

项 目 实 训

实训题目：文件的应用

实训目的：建立并存储一个主文件，并能够输出主文件和索引文件，同时能够按照“学号”关键字进行查找，可以实现清除文件记录的功能

实训内容：

1. 界面设计

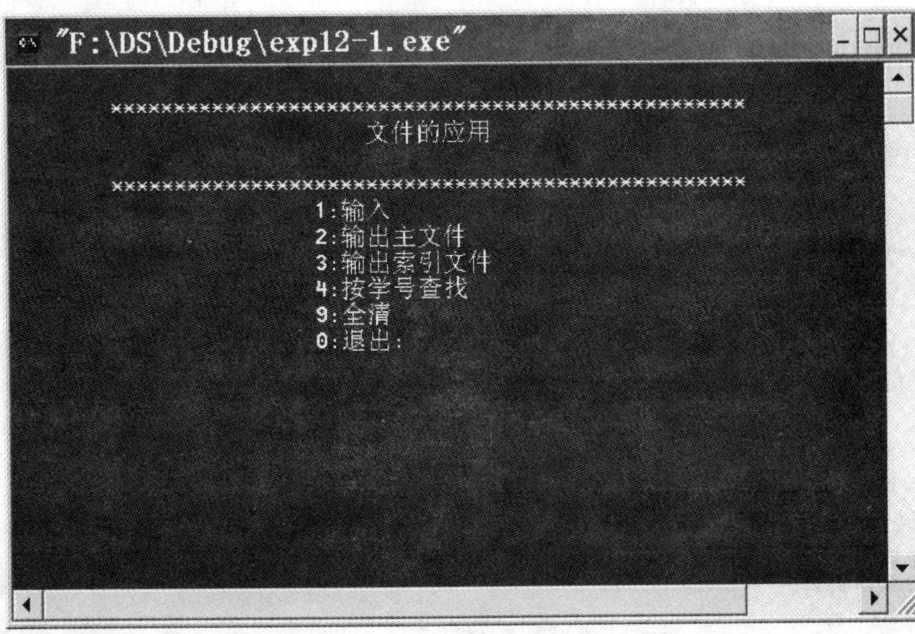

2. 代码编写

```
#include <stdio.h>
#include <string.h>
#include <malloc.h>
#define MaxRec 100                              //最多的记录个数
typedef struct Index                            //定义索引文件结构
{
    char num[8];                                //学号
    long offset;                                //主文件中的记录号
} Index;

typedef struct sdata                            //定义主文件结构
```

```
{
    char num[8];                          //学号
    char name[10];                        //姓名
    int sex;                              //性别
    int age;                              //年龄
    char addr[30];                        //地址
    char dep[20];                         //系别
    char spec[20];                        //专业
} Student;

/*清除主文件和索引文件全部记录*/
void DelAll ( )
{
FILE *mfile, *idxfile;
if ((mfile = fopen("main.dat","wb")) == NULL)
{
    printf(" >>不能打开主文件\n");
    return;
}
if ((idxfile = fopen("index.dat","wb")) == NULL)
{
    printf(" >>不能建立索引文件\n");
    return;
}
fclose(mfile);
fclose(idxfile);
}

/*对R[0..n-1]按递增有序进行直接插入排序*/
void InsertSort(Index R[ ],int n)
{
int i,j;
Index temp;
for (i=1;i<n;i++)
{
    temp = R[i];
    j = i-1;
    while (j>=0 && strcmp(temp.num,R[j].num)<0)
    {
        R[j+1] = R[j];                    //将关键字大于R[i].key的记录后移
        j--;
    }
    R[j+1] = temp;                        //在j+1处插入R[i]
}
}

/*建立索引文件*/
void CreatIdxFile ( )
{
FILE *mfile, *idxfile;
```

```
Index idx[MaxRec];
Student st;
int n = 0, i;
if ((mfile = fopen("main.dat","rb")) == NULL)
{
    printf(" 〉〉不能打开主文件\n");
    return;
}
if ((idxfile = fopen("index.dat","wb")) == NULL)
{
    printf(" 〉〉不能建立索引文件\n");
    return;
}
i = 0;
  while ((fread(&st, sizeof(Student), 1, mfile))! = NULL)
{
    strcpy(idx[i].num, st.num);
    idx[i].offset = ++n;
    i++;
}

/ * 对 idx 数组按 no 域值排序 * /
InsertSort(idx, n);
rewind(idxfile);
for (i = 0; i < n; i++)
    fwrite(&idx[i], sizeof(Index), 1, idxfile);
fclose(mfile);
fclose(idxfile);
}
/ * 添加一个主文件记录 * /
void InputMainFile ( )
{
FILE * mfile;
Student st;
mfile = fopen("main.dat","ab+");
if (mfile == NULL)
{
    printf(" 〉〉不能建立主文件\n");
    return;
}
printf(" 〉〉学号,姓名,性别,年龄,地址,系别,专业:");
scanf("%s%s%d%d%s%s%s", st.num, st.name, &st.sex, &st.age, st.addr, st.dep, st.spec);
if (fwrite(&st, sizeof(Student), 1, mfile)! = 1)
{
    printf(" 〉〉写主文件错误\n");
    return;
}
fclose(mfile);
}
void OutputMainFile ( )                                //输出主文件全部记录
```

```
{
    FILE * mfile;
Student st;
int i = 0;
mfile = fopen("main.dat","rb");
if (mfile == NULL)
{
    printf(" 〉〉不能读主文件\n");
    return;
}
  while ((fread(&st,sizeof(Student),1,mfile))! = NULL)
{
    printf(" 〉〉记录号 %d:", ++ i);
    printf(" %s %s %d %d %s %s %s\n",st.num,st.name,st.sex,st.age,st.addr,st.dep,st.spec);
}
fclose(mfile);
}
void OutputIdxFile ( )                                         //输出索引文件全部记录
{
    FILE * idxfile;
Index irec;
int i = 0;
idxfile = fopen("index.dat","rb");
if (idxfile == NULL)
{
    printf("不能读索引文件\n");
    return;
}
  while ((fread(&irec,sizeof(Index),1,idxfile))! = NULL)
    printf(" (学号:记录号) %s: %d\n",irec.num,irec.offset);
fclose(idxfile);
}

/ * 读索引文件数据存入 idx 数组中 * /
void ReadIndexFile(Index idx[MaxRec],int &len)
{
int j;
FILE * idxfile;
if ((idxfile = fopen("index.dat","rb")) == NULL)
{
    printf("索引文件不能打开\n");
    return;
}
fseek(idxfile,0,2);
j = ftell(idxfile);                                         //j 求出文件长度
rewind(idxfile);
len = j/sizeof(Index);                                      //len 求出文件中的记录个数
fread(idx,sizeof(Index),len,idxfile);
fclose(idxfile);
}
```

```
/*在索引文件中查找no对应的记录号*/
int SearchNum(Index idx[ ],int len,char no[ ])
{
int mid,low,high,comp;
low=0;high=len-1;
while (low<=high)                                   //二分查找
{
    mid=(low+high)/2;
    comp=strcmp(idx[mid].num,no);
    if (comp>0)
        high=mid-1;
    else if (comp<0)
        low=mid+1;
    else                                            //comp=0的情况
        return idx[mid].offset;
}
return -1;
}

/*输出指定学号的记录*/
void FindStudent ( )
{
char no[8];
FILE *mfile;
Index idx[MaxRec];
Student st;
int i,len;
mfile=fopen("main.dat","rb+");
if (mfile==NULL)
{
    printf("主文件中没有任何记录!\n");
    return;
}
ReadIndexFile(idx,len);                             //读取索引数组idx
printf("输入学号:");
scanf("%s",no);
i=SearchNum(idx,len,no);                            //在idx中查找
if (i==-1)
    printf("学号%s不存在\n",no);
else
{
    fseek(mfile,(i-1)*sizeof(Student),SEEK_SET);    //由序号直接跳到主文件的这个记录
    fread(&st,sizeof(Student),1,mfile);
    printf(">>%s %s %d %d %s %s %s\n",st.num,st.name,st.sex,st.age,st.addr,st.dep,st.spec);
}
fclose(mfile);
}
/*主函数,用于输出菜单及功能调用*/
void main ( )
```

```
{
int sel;
do
{
    printf("\n");
    printf("\t*************************************************\n");
    printf("\t\t\t\  文件的应用\n");
    printf("\n");
    printf("\t*************************************************\n");
    printf("\t\t\t1:输入 \n");
    printf("\t\t\t2:输出主文件\n");
    printf("\t\t\t3:输出索引文件\n");
    printf("\t\t\t4:按学号查找 \n");
    printf("\t\t\t9:全清 \n");
    printf("\t\t\t0:退出:\n");
    scanf(" %d",&sel);
    switch(sel)
    {
    case 9:
        DelAll ( );
        break;
    case 1:
        InputMainFile ( );
        CreatIdxFile ( );                       //同步修改索引文件
        break;
    case 2:
        OutputMainFile ( );
        break;
    case 3:
        OutputIdxFile ( );
        break;
    case 4:
        FindStudent ( );
        break;
    }
} while (sel! = 0);
}
```

专项练习 10

一、基本题

1. 填空题

(1) 文件可按其记录的类型不同而分成两类，即________和________文件。

(2) 数据库文件按记录中关键字的多少可分成________和________两种文件。

(3) 文件由________组成，记录由________组成。

(4) 物理记录之间的次序由指针相连表示的顺序文件称为________。

(5) 索引顺序文件既可以顺序存取，也可以________存取。

(6) 建立索引文件的目的是________。

(7) 索引顺序文件是最常用的文件组织之一，通常用________结构来组织索引。

(8) 散列检索技术的关键是________和 ________。

2. 选择题

(1) 在索引顺序文件中(　　)。

A. 主文件是无序的　　B. 主文件是有序的

C. 不适合随机查找　　D. 索引是稠密索引

(2) 散列文件的特点是(　　)。

A. 记录按关键字排序　　B. 记录可以进行顺序存取

C. 存取速度快，但占用较多的存储空间　　D. 记录不需要排序，存取效率高

(3) 用 ISAM 和 VSAM 组织文件属于(　　)。

A. 顺序文件　　B. 索引文件

C. 散列文件　　D. ISAM 和 VSAM 都属于索引顺序文件

(4) 散列文件也称为(　　)。

A. 顺序文件　　B. 索引文件　　C. 直接存取文件　　D. 间接存取文件

3. 应用题

(1) 什么是文件?

(2) 文件存储结构的基本形式有哪些? 一个文件采用其中一种存储结构时应考虑哪些因素?

(3) 什么是索引文件?

(4) 什么是索引顺序文件?

(5) 索引顺序存取方法(ISAM)中，主文件已按关键字排序，为何还需要主关键字索引?

二、专升本试题

1. 填空题

(1) 假设散列文件中一个桶能存放 m 个记录，则桶"溢出"的含义是，当需要插入新的记录时，该桶中________。

(2) 索引文件中的索引表指示记录的关键字与________之间一一对应的关系。

2. 选择题

(1) 采用 ISAM 或 VSAM 组织的文件是(　　)。

A. 索引非顺序文件　　B. 顺序文件　　C. 索引顺序文件　　D. 散列文件

(2) ISAM 文件和 VSAM 文件的区别之一是(　　)。

A. 前者是索引顺序文件，后者是索引非顺序文件

B. 前者只能进行顺序存取，后者只能进行随机存取

C. 前者建立静态索引结构，后者建立动态索引结构

D. 前者的存储介质是磁盘，后者的存储介质不是磁盘

(3) ISAM 文件的周期性整理是为了空出(　　)。

A. 磁道索引　　B. 柱面索引　　C. 柱面基本区　　D. 柱面溢出区

(4) 主关键字能唯一标志(　　)。

A. 一个记录　　B. 一组记录　　C. 一个类型　　D. 一个文件

(5) 稀疏索引是指在文件的索引表中(　　)。

A. 为每个字段设一个索引项　　B. 为每个记录设一个索引项

C. 为每组字段设一个索引项　　D. 为每组记录设一个索引项

(6) 若 f1 是指向某文件的指针，且已读到此文件的末尾，则函数 feof(f1)) 的返回值是________。

A. EOF　　B. 0　　C. 非零值　　D. NULL

习题答案

第1章 绪论

一、基本题

1. 填空题

(1) 线性结构　树形结构　网状结构　集合结构

(2) 顺序存储　链式存储　索引存储　散列存储

(3) 时间复杂度　空间复杂度

(4) 逻辑结构　物理结构　操作（运算）　算法

(5) 一　一　一对多　多对多

2. 选择题

(1)B　(2)C　(3)C　(4)D　(5)A

二、国家计算机等级考试试题

1. 填空题

(1) 逻辑

(2) 空间复杂度和时间复杂度

(3) 输入　输出

(4) 有穷性

2. 选择题

(1)C　(2)C　(3)C　(4)A　(5)D　(6)D　(7)B　(8)C

三、专升本试题

1. 填空题

(1) 数据元素　数据元素间关系

(2) 集合　线性结构　树形结构　图状结构或网状结构

(3) 数据的组织形式，即数据元素之间逻辑关系的总体，而逻辑关系是指数据元素之间的关联方式或称“邻接关系”

(4) 表示（又称映象）

(5) 逻辑特性　在计算机内部如何表示和实现　数学特性

2. 选择题

(1)B　(2)C　(3)C　(4)B　(5)D

第2章　线性表

一、基本题

1. 填空题

(1) 数据/data　　指针/next

(2) L-> next==NULL

(3) 插入　删除

(4) n-i-1

(5) i-1　i+1

2. 选择题

(1) A　(2) D　(3) B　(4) C　(5) B　(6) A　(7) B

(8) B　(9) D　(10) B　(11) D　(12) A

3. 程序填空题

(1) j+1　j　i　++或L-> length+1

(2) n　s-> next = L-> next　L-> next = s

(3) j++或j = j+1; p = p-> next　s-> next = p-> next　p-> next = s

三、专升本试题

1. 填空题

(1) p-> next=p-> next-> next

(2) 元素的个数

(3) n-i+1

2. 选择题

(1) D　(2) D　(3) D　(4) B　(5) C

3. 程序填空题

(1) newptr = = NULL　newptr-> = data　newptr　p = p-> next

4. 编写程序算法

(1)
```
void Delete(List& L, int i)
{
   for(int j = i - 1;j < L.size - 1; j ++ )
      L.list[j] = L.list[j + 1];                    //第 i 个元素的下标为 i - 1
      L.size--;
}
```

(2)
```
bool Find(LNode * HL, ElemType &item)
{
   LNode * p = HL;
   While(p)
      if (p-> data == item)
   {
     return true;
      }
   else
```

```
        p = p-> next;
    return false;
}
```

第3章　栈和队列

一、基本题

1. 填空题

(1) 队列　队尾

(2) F==R

(3) 栈

(4) 栈顶

(5) 假溢出时大量移动数据元素

(6) `s = (LinkedList)malloc(sizeof(LNode)); s-> data = x;s-> next = r-> next;r-> next = s;r = s;`

(7) 牺牲一个存储单元　设标记

(8) 栈

(9) `rear - front + m) % m`

(10) (R-P+N)% N

2. 选择题

(1)B　(2)B　(3)B　(4)D　(5)D　(6)B　(7)A　(8)A　(9)A

3. 程序填空题

(1) `++`或`= s-> top + 1`　`s-> top`

(2) `(q-> rear + 1) % MaxSize = = q-> front`　`(q-> rear + 1) % MaxSize`

4. 应用题

(1) 写出计算表达式 5+3 * (3/6-7) 时操作数和运算符栈的变化情况。

表达式 5+3 * (4/6-7) 的求值过程

步骤	运算符栈 OPTR	对象栈 OPND	读字符	主要操作
1	#	5	5+3 * (3/6-7) #	5 入栈 OPND
2	# +	5	+3 * (3/6-7) #	+入栈 OPTR
3	# +	5, 3	3 * (3/6-7) #	3 入栈 OPND
4	# + *	5, 3	* (3/6-7) #	* 入栈 OPTR
5	# + * (	5, 3	(3/6-7) #	(入栈 OPTR
6	# + * (	5, 3, 3	4/6-7) #	3 入栈 OPND
7	# + * (/	5, 3, 3	/6-7) #	/入栈 OPTR
8	# + * (/	5, 3, 3, 6	6-7) #	6 入栈 OPND
9	# + * (	5, 3, 0.5	-7) #	3, 6 出栈 OPND, /出栈 OPTR 求 4/6, 结果 0.5 入栈 OPND
10	# + * (-	5, 3, 0.5	-7) #	-入栈 OPTR
11	# + * (-	5, 3, 0.5, 7	7) #	7 入栈 OPND
12	# + * (	5, 3, -6.5	) #	0.5, 7 出栈 OPND, -出栈 OPTR 求 0.5-7, 结果-6.5 入栈 OPND

续前表

步骤	运算符栈 OPTR	对象栈 OPND	读字符	主要操作
13	＃＋ *	5，3，－6.5	＃	(出栈
14	＃＋	5，－19.5	＃	3，－6.5 出栈 OPND，* 出栈 OPTR 求 3 * －6.5，结果－19.5 入栈 OPND
15	＃	－14.5	＃	5，－19.5 出栈 OPND，* 出栈 OPTR，求 5＋－19.5，结果－14.5 入栈 OPND
16	＃	－14.5	＃	RERTURN（－14.5）

（2）对于一个具有 m 个单元的循环队列，写出求队列中元素个数的公式。

```
        sq-> rear - sq-> front          sq-> rear > = sq-> front
count =
        m - (sq-> front - sq-> rear)    sq-> rear < sq-> front
```

5. 编写程序算法

（1）循环队列的优点是什么？如何判别它的空和满？

优点：防止假溢出；

判别循环队列的空：return(sq-> rear > == sq-> front);

判别循环队列的满：return((sq-> rear + 1) % MAXSIZE == sq-> front)

（2）假设以带头结点的循环链表表示队列，并且只设一个指针指向队尾元素位置（注意不设头指针），试编写相应的置空队、判队空、入队和出队等算法。

```
typedef struct qnode
  {ElemType data;
  struct qnode * next;
  } QCNode;                    /* 链式循环链队列结点的类型 */
typedef struct
  {QCNode * rear;
  }LCQueue;                    /* 只设一个指向队尾元素的指针 */
```

①置空队算法：

```
void Init_LCQueue(LCQueue * Lcq )
    { p = (QCnode * )malloc(sizeof(QCNode)); /* 申请头结点 */
      p-> next = p;
    Lcq-> rear = p;
    }
```

②判队空算法：

```
int Empty_LCQueue(LCQueue * Lcq)
 {return Lcq-> rear-> next == Lcq-> rear; /* 或 Lq-> rear == NULL; */
 }
```

③入队算法：

```
void In_LCQueue(LCQueue * Lcq, ElemType x) /* 进队操作 */
  { LCQueue * p;
    p = (QCNode * )malloc(sizeof(QCNode)); /* 申请新结点 */
```

```
    p-> data = x; p-> next = Lcq-> rear-> next;
    Lcq-> rear-> next = p;
    Lcq-> rear = p;
  } /* In_LCQueue */
```

④出队算法：

```
int Out_LCQueue(LCQueue *Lq, ElemType *y)
  { LCQueue p;
    if (Empty_LCQueue(Lq) )
      { printf ("队空"); return OVERFLOW;
      }       /* 队空，出队失败 */
      else
        { p = Lcq-> rear-> next-> next; /* 队头第一个数据元素结点 */
          Lcq-> rear-> next-> next  = p-> next;
          *y = p-> data;              /* 队头元素放 y 中 */
          free (p);
              return OK;
        }
  }
```

二、国家计算机等级考试试题

1. 填空题

(1) 操作受限（或限定仅在表尾进行插入和删除操作）后进先出

(2) 3 1 2

2. 选择题

(1)C　(2)D　(3)B　(4)D

三、专升本试题

1. 填空题

(1) 只允许在端点处插入和删除元素

(2) (rear - front + m) % m

(3) SXSSXSXX

(4) data[++ top] = x

(5) 先进先出

(6) 先进先出

(7) s = (LinkedList)malloc(sizeof(LNode)); s-> data = x;s-> next = r-> next; r-> next = s; r = s;

2. 选择题

(1)C　(2)B　(3)B　(4)D　(5)D　(6)C　(7)B

3. 应用题

(1) CBA、ACB、ABC、BAC、BCA

(2) 将 arra [16] 数据元素倒置

(3) 三个：CDEBA，CDBEA，CDBAE

(4) 输入序列为 123456，不能得出 435612，其理由是，输出序列最后两元素是 12，前面 4 个元素（4356）得到后，栈中元素剩 12，且 2 在栈顶，不可能栈底元素 1 在栈顶元素 2

之前出栈。

得到135426的过程如下：1入栈并出栈，得到部分输出序列1；然后2和3入栈，3出栈，部分输出序列变为：13；接着4和5入栈，5，4和2依次出栈，部分输出序列变为13542；最后6入栈并退栈，得最终结果135426。

(5) 能得到出栈序列B、C、A、E、D，不能得到出栈序列D、B、A、C、E。其理由为：若出栈序列以D开头，说明在D之前的入栈元素是A、B和C，三个元素中C是栈顶元素，B和A不可能早于C出栈，故不可能得到D、B、A、C、E出栈序列。

4. 编写程序算法

(1) 假设一个算术表达式中包含圆括号、方括号和花括号，编写一个判别表达式中括号是否配对的算法。

```
Status AllBrackets_Test(char str)        /*判别表达式中三种括号是否匹配*/
{
InitStack(s);
for(p=str; *p;p++)
{
if(*p=='('||*p=='['||*p=='{')push(s,*p);
  else if(*p==')'||*p==']'||*p=='}')
  {
  if(StackEmpty(s))return ERROR;
  pop(s,c);
  if(*p==')'&&c!='(')return ERROR;
  if(*p==')'&&c!='[']return ERROR;
  if(*p==')'&&c!='{'}return ERROR;     /*必须与当前栈顶括号匹配*/
  }
  }/*for*/
  if(!StackEmpty(s))return ERROR;
  return OK;
  ]/*AllBrackets_Test*/
```

或

```
int PairBracket(char *S)
{    /*检查表达式中括号是否配对*/
    int i;
    SeqStack T;/*定义一个栈*/
    InitStack(&T);
    for(i=0;i<strlen(S);i++)
    {
        if(S[i]=='(')Push(&T,S[i]);/*遇'('时进栈*/
        if(S[i]==')')Pop(&T);/*遇')'时出栈*/
    }
    return !EmptyStack(&T);/*由栈空否返回正确配对与否*/
```

(2) 假设用一个数组Q[M]来表示队列，该队列只设一个队头指针front，不设队尾指针，用计数器count来记录队列中元素的个数。试编写出相应的置空队列、入队列和出队列的算法。

```
typedef struct queuenode{
    ElemType elem[MAXSIZE]; /* 队列中数据元素的存储空间 */
    int front,count; /* 队头指针、队中元素数量 */
  } CirQueue;/* 以上是结点类型的定义 */
  void Init_Queue (CirQueue *Q) /* 置空队 */
  { Q-> front = Q-> count = 0;
  }
  int Empty_Queue(CirQueue *Q) /* 判队空 */
  { return (Q-> count == 0);
  }
  int In_Queue (CirQueue *Q, ElemType x) /* 入队 */
    { if(Q-> count == MAXSIZE)
      { printf("队已满,不可以入队");
        return OVERFLOW};
      }
      Q-> elem[(sq-> front + sq-> count) % MAXSIZE] = x;
      sq-> count ++;
      return OK;
    }
   int Out_Queue(CirQueue *Q,ElemType *y) /* 出队 */
 { if(Empty_Queue(Q))
     { printf("队已空,无元素可以出队");
       return OVERFLOW);}
       *y = sq-> elem[sq-> front]; /* 读出队头元素 */
   sq-> front = (sq-> front + 1) % MAXSIZE;
   sq-> count--;
   return OK; }
   }
 int Front_Queue(CirQueue *Q, ElemType *y)      /* 取队头元素 */
     {  if(Empty_Queue(Q))
 {   printf("队空,无元素可取");
         return OVERFLOW);
       }
     *y = sq-> elem[sq-> front];                /* 读出队头元素 */
   return OK; }
 }
```

第4章　串

一、基本题

1. 填空题

(1) 10

(2) GOOD BYE!

(3) 01122312

(4) 子串

(5) 顺序串

(6) 求子串 SubStr（t，s，pos，len)

2. 选择题

(1)B (2)E (3)C (4)A (5)B (6)B (7)A (8)A (9)A

3. 程序填空题

(1) str.data[i] = s.data[i] str.data[s.length + i] = t.data[i]

(2) i-1 i+j-1 s.length-j

4. 编写程序算法

本题是字符串的插入问题，要求在字符串 s 的 pos 位置，插入字符串 t。首先应查找字符串 s 的 pos 位置，将第 pos 个字符到字符串 s 尾的子串向后移动字符串 t 的长度，然后将字符串 t 复制到字符串 s 的第 pos 位置后。

对插入位置 pos 要验证其合法性，小于 1 或大于串 s 的长度均为非法，因题目假设给字符串 s 的空间足够大，故对插入不必判溢出。

```
void insert(char *s,char *t,int pos)
//将字符串 t 插入字符串 s 的第 pos 个位置.
{int i=1,x=0; char *p=s,*q=t;     //p,q 分别为字符串 s 和 t 的工作指针
if(pos<1) {printf("pos 参数位置非法\n");exit(0);}
while(*p!='\0')&&i<pos) {p++;i++;} //查 pos 位置
    //若 pos 小于串 s 长度,则查到 pos 位置时,i=pos.
if(*p == '/0') {printf("%d位置大于字符串 s 的长度",pos);exit(0);}
else              //查找字符串的尾
  while(*p!= '/0') {p++; i++;}         //查到尾时,i 为字符'\0'的下标,p 也指向'\0'
while(*q!= '\0') {q++; x++; }          //查找字符串 t 的长度 x,循环结束时 q 指向'\0'
for(j=i;j>=pos;j--){*(p+x) = *p; p--;}//串 s 的 pos 后的子串右移,空出串 t 的位置
q--; //指针 q 回退到串 t 的最后一个字符
for(j=1;j<=x;j++) *p--= *q--;      //将 t 串插入到 s 的 pos 位置上
[算法讨论] 串 s 的结束标记('\0')也后移了,而串 t 的结尾标记不应插入到 s 中
```

二、国家计算机等级考试试题

1. 填空题

9

2. 选择题

(1)C (2)A (3)D F (4)B (5)D (6)B

三、专升本试题

1. 填空题

(1) YOU ARE RIGHT

(2) 由空格字符（ASCII 值 32）所组成的字符串　　空格个数

(3) 字符

(4) 任意多个连续的字符组成的子序列

(5) 5

(6) (m+n)

(7) 串的长度相等且两串中对应位置的字符也相等

(8) ‘xyxyxywwy’

(9) ∗s++ = ∗t++ 或(∗s++ = ∗t++)! = '\0'

(10) char s[]　j++　i >= j

(11) 模式匹配　模式串

(12) 其数据元素都是字符　顺序存储　链式存储　串的长度相等且两串中对应位置的字符也相等

2. 应用题

(1) 串是零个或多个字符组成的有限序列。从数据结构角度讲，串属于线性结构。与线性表的特殊性在于串的元素是字符。

(2) 空格是一个字符，其 ASCII 码值是 32。空格串是由空格组成的串，其长度等于空格的个数。空串是不含任何字符的串，即空串的长度是零。

(3) 最优的 T(m，n) 是 O(n)。串 S2 是串 S1 的子串，且在 S1 中的位置是 1。开始求出最大公共子串的长度恰是串 S2 的长度，一般情况下，T(m，n) =O(m∗n)。

(4) 朴素的模式匹配（Brute－Force）时间复杂度是 O(m∗n)，KMP 算法有一定改进，时间复杂度达到 O(m+n)。本题也可采用从后面匹配的方法，即从右向左扫描，比较 6 次成功。另一种匹配方式是从左往右扫描，但是先比较模式串的最后一个字符，若不等，则模式串后移；若相等，再比较模式串的第一个字符，若第一个字符也相等，则从模式串的第二个字符开始，向右比较，直至相等或失败。若失败，模式串后移，再重复以上过程。按这种方法，本题比较 18 次成功。

3. 编写程序算法

(1) [题目分析] 实现字符串的逆置并不难，但本题“要求不另设串存储空间”来实现字符串逆序存储，即第一个输入的字符最后存储，最后输入的字符先存储，使用递归可容易做到。

```
void InvertStore(char A[ ])
//字符串逆序存储的递归算法.
{ char ch;
static int i = 0;//需要使用静态变量
scanf (" %c",&ch);
if (ch! = '.')          //规定'.'是字符串输入结束标志
    {InvertStore(A);
    A[i++] = ch;//字符串逆序存储
    }
A[i] = '\0';          //字符串结尾标记
}//结束算法 InvertStore.
```

(2) 串 s'''可以看作由以下两部分组成：'caabcbca...a'和 'ca...a'，设这两部分分别叫串 s1 和串 s2，要设法从 s，s' 和 s''中得到这两部分，然后使用连接操作连接 s1 和 s2 得到 s'''。

```
i = index(s,s'); //利用串 s'求串 s1 在串 s 中的起始位置
s1 = substr(s,i,length(s) - i + 1); //取出串 s1
j = index(s,s''); //求串 s''在串 s 中的起始位置,s 串中'bcb'后是'ca...a'
s2 = substr(s,j+3,length(s) - j - 2); //形成串 s2
s3 = concat(s1,s2);
```

第5章 数组和广义表

一、基本题

1. 填空题

(1) 1168

(2) (a, b)、(c, d)

(3) (((a), b), c)、(d)

(4) 顺序存储结构

(5) 9572 1228

(6) 9174 8788

(7) 1100

(8) 1164 (公式: LOC(aijk) = LOC(a000) + [v2 * v3 * (i - c1) + v3 * (j - c2) + (k - c3)] * 1,其中1为每个元素所占单元数)

(9) 232

(10) 1340

(11) 1196

2. 选择题

(1)D (2)B (3)B (4) B (5)B (6)A (7)B (8)B (9)B

3. 程序填空题

A[i][j]< min= A[i][j]   p < m&& A[p][j]< min

4. 应用题

(1) 因含 5 * 6=30 个元素,因此 A 共占 30 * 4=120 个字节。

(2) a45 的起始地址为:

$$Loc(a45) = Loc(a00) + (i * n + j) * d = 1000 + (4 * 6 + 5) * 4 = 1116$$

(3) 按行优先顺序排列时

$$a25 = 1000 + (2 * 6 + 5) * 4 = 1068$$

(4) 按列优先顺序排列时:(二维数组可用行列下标互换来计算)

$$a25 = 1000 + (5 * 5 + 2) * 4 = 1108$$

5. 编写程序算法

```
/ * pM 是稀疏矩阵 C 的指针 * /
BOOL MatrixSub(SMatrix * pM, SMatrix M, SMatrix N,
                MatrixDT ( * sub)(MatrixDT,MatrixDT),
                    BOOL ( * equal)(MatrixDT, MatrixDT))
{
    int i,j,k,addrM,addrN;
    ThrElem * base;
    MatrixDT d;
    BOOL flg = TRUE;
    if(M. rows ! = N. rows || M. cols! = N. cols)
        flg = FALSE;
    else
```

```
{
    base = (ThrElem * )malloc((M. len + N. len) * sizeof(ThrElem));
    if(NULL = = base)
        exit(EXIT_FAILURE);
    i = j = k = 0;
    while(i < M. len && j < N. len)
    {
        addrM = M. base[i]. row * M. cols + M. base[i]. col;
        addrN = N. base[j]. row * N. cols + N. base[j]. col;
        if(addrM = = addrN)
        {
            d = ( * sub)(M. base[i]. value, N. base[j]. value);
            if(!( * equal)(d, COMMONELEM))
            {
                base[k]. row = M. base[i]. row;
                base[k]. col = M. base[i]. col;
              base[k ++ ]. value = d;
            }
            i ++ ;
            j ++ ;
        }
        else if(addrM < addrN)
        {
            base[k] = M. base[i ++ ];
            base[k ++ ]. value = ( * sub)(base[k]. value, COMMONELEM);
        }
        else
        {
            base[k ++ ] = N. base[j ++ ];
            base[k ++ ]. value = ( * sub)(COMMONELEM, base[k]. value);
        }
    }
    for(; i < M. len; i ++ )
    {
        base[k] = M. base[i ++ ];
        base[k ++ ]. value = ( * sub)(base[k]. value, COMMONELEM);
    }
    for(; j < N. len; j ++ )
    {
        base[k] = N. base[j ++ ];
        base[k ++ ]. value = ( * sub)(COMMONELEM, base[k]. value);
    }
    if(k > pM-> listsize)
        exit(EXIT_FAILURE);
    for(i = 0; i < k; i ++ )
        pM-> base[i] = base[i];
    free(base);
```

```
        pM->rows = M.rows;
        pM->cols = M.cols;
        pM->len = k;
        }
        return flg;
}
```

二、国家计算机等级考试试题

1. 填空题

(1) A [2, 3]

(2) 括号

(3) loc(A[0][0]) + (n * i + j) * k

(4) 第 1 行第 3 列

(5) ①270 ②27 ③2204

(6) i(i - 1)/2 + j (1 < = i, j < = n)

(7) (1)n(n + 1)/2 (2)i(i + 1)/2 (或 j(j + 1)/2) (3)i(i - 1)/2 + j (4)j(j - 1)/2 + i (1 < = i, j < = n)

(8) 1038 三对角矩阵按行存储：k = 2(i - 1) + j (1 < = i, j < = n)

(9) 33 (k = i(i - 1)/2 + j) (1 < = i, j < = n)

(10) 非零元很少（t << m*n）且分布没有规律

2. 选择题

(1)C (2)B (3)B (4)B (5)A (6)B (7)B (8)A

三、专升本试题

1. 填空题

(1) 1 300

(2) 行号 列号 元素值

(3) i * (i+1) /2+j+1

(4) head(head(tail(LS)))

(5) head(tail(tail(head(tail(head(A))))))

(6) head(tail(head(tail(H))))

(7) (b)

(8) (x, y, z)

(9) (d, e)

(10) GetHead(GetHead(GetTail(L)))

2. 选择题

(1)A (2)B (3)B (4)C (5)D (6)C

3. 判断题

(1) × (2) √ (3) √ (4) √ (5) ×

(6) √ (7) × (8) √ (9) × (10) ×

4. 应用题

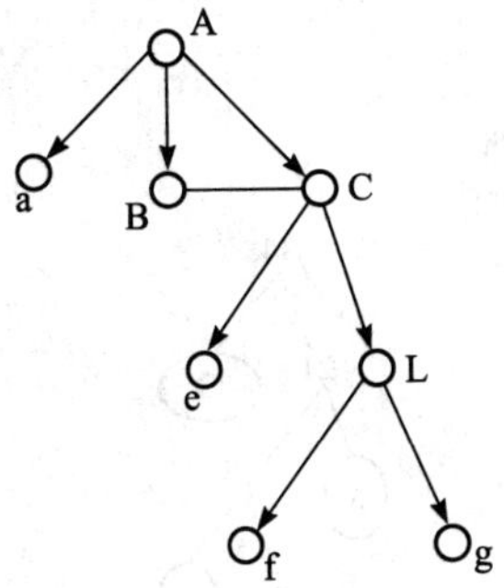

(a) 再入表

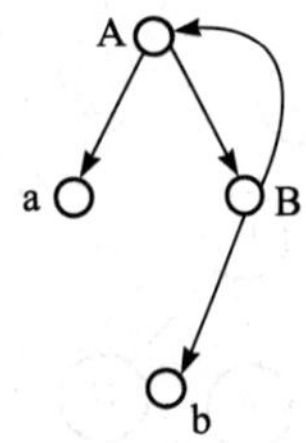

(b) 递归表

5. 编写程序算法

(1) 该函数的功能是：调整整数数组 a [ ] 中的元素并返回分界值 i，使所有<x 的元素均落在 a [1..i] 上，使所有≥x 的元素均落在 a [i+1..h] 上。

(2)

```
int f(int b[ ],int n) 或 int f(int b[ ],int n)
{
    {
int p,q;
  int p,q;
p=arrange(b,0,n-1,0);
p=arrange(b,0,n-1,1);
q= arrange(b,p+1,n-1,1);
q= arrange(b,0,p,0);
return q-p; return p-q;
}
}
```

第6章 树和二叉树

一、基本题

1. 填空题

(1) no= n2+1

(2) 9

(3) k 2k-1

(4) 4

(5) n+1

(6) 前驱 后继

(7) 6

(8) 50

2. 选择题

(1)C (2)A (3)C (4)C (5)C (6)D (7)C (8)A

(9)B (10)D (11)D (12)C (13)D (14)C (15)A (16)A

(17)B (18)B (19)A (20)A (21)D (22)D (23)C

3. 应用题

(1)

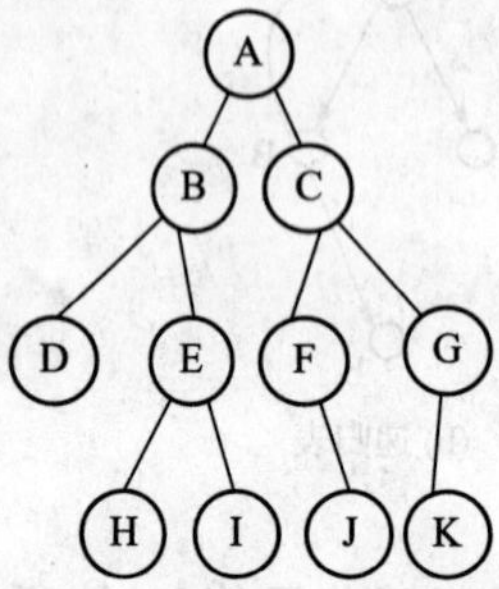

(2) 答案不唯一

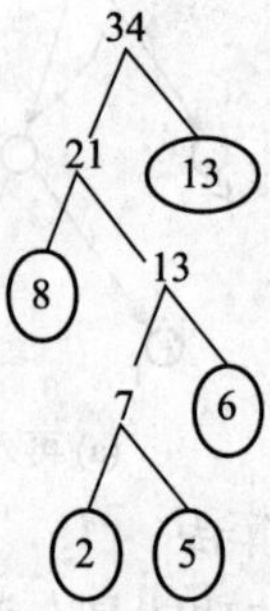

WPL=2×4+5×4+6×3+8×2+13×1=75

(3) 先序遍历：ABDEGHCFI

中序遍历：DBGEHAFCI

后序遍历：DGHEBFICA

二、国家计算机等级考试试题

1. 填空题

(1) 中序

(2) 250

2. 选择题

(1) B (2) B (3) C (4) B (5) A

三、专升本试题

1. 填空题

(1) 根结点 左子树 右子树

(2) 双亲链表表示法 孩子链表表示法 孩子兄弟表示法

(3) `p-> lchild= =null && p-> rchlid= =null`

(4) 9

(5) 12

(6) 2^{k-1} 2^k-1

(7) 2^{H-1} 2^H-1 $H=\lfloor \log_2 N \rfloor +1$

(8) 用顺序存储二叉树时，要按完全二叉树的形式存储，非完全二叉树存储时，要加“虚结点”。设编号为 i 和 j 的结点在顺序存储中的下标为 s 和 t，则结点 i 和 j 在同一层上的条件是$\lfloor \log_2 s \rfloor = \lfloor \log_2 t \rfloor$

(9)$\lfloor \log_2 i \rfloor = \lfloor \log_2 j \rfloor$

(10) N_2+1

(11) $2^{k+1}-1$　k+1

(12) $\lfloor N/2 \rfloor$

(13) 17.2^{k-2}

(14) 64

(15) N+1

2. 选择题

(1) B　(2) B　(3) E　(4) D　(5) B

(6) C　(7) C　(8) A　(9) A

3. 应用题

(1)

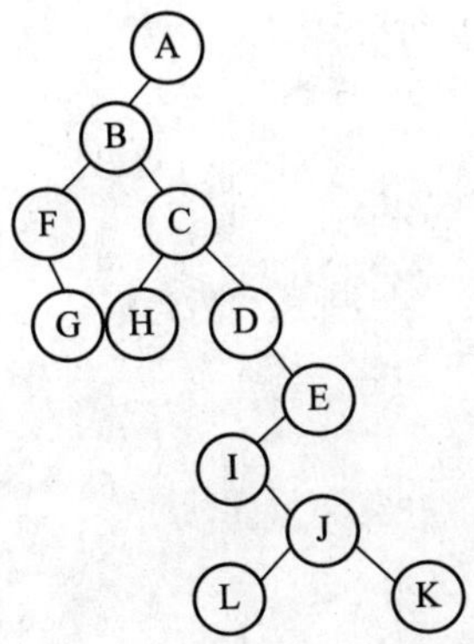

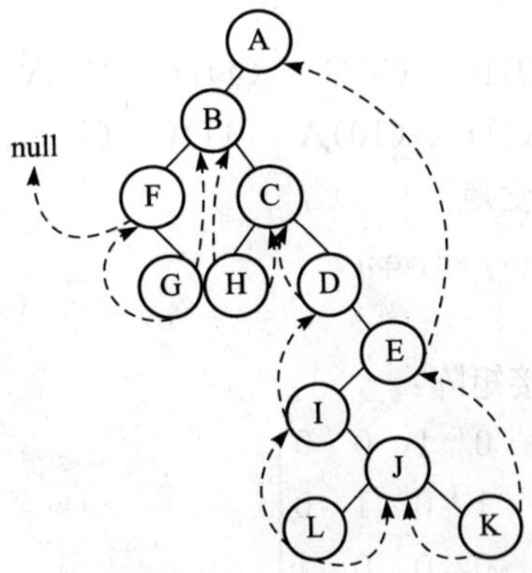


```
BiTree INORDER - PRIOR(N,X) //在中序线索二叉树上查找结点 N 的前驱结点 X
{if(n-> ltag= = 1){X = N-> lchild; return (X);}
else {p = N-> lchild;
while (p-> rtag= = 0) p = p-> rchild;
X = p;return(p);} }
```

(2) 字符 A，B，C，D 出现的次数为 9，1，5，3。其哈夫曼编码如下 A：1，B：000，C：01，D：001

4. 编写程序算法

先序遍历二叉树的非递归算法，要求进栈元素少，意味着空指针不进栈。

```
void PreOrder(Bitree bt)//对二叉数 bt 进行非递归遍历
{int top = 0; Bitree s[ ]; //top 是栈 s 的栈顶指针,栈中元素是树结点指针,栈容量足够大
    while(bt! = null || top > 0)
{while(bt! = null)
{printf(bt-> data); //访问根结点
  if(bt-> rchlid) s[ ++ top] = bt-> rchild; //若有右子女,则右子女进栈
  bt = bt-> lchild; }
if (top > 0) bt = s[top--];
}
```

第7章 图

一、基本题

1. 填空题

(1) n n

(2) n－1

(3) n

(4) n＊(n－1)

(5) 45

(6) 度　出度

2. 选择题

(1)A　(2)B　(3)C　(4)D　(5)A　(6)B　(7)C

(8)A　(9)D　(10)A　(11)C　(12)A　(13)C

3. 程序填空题

(1) DFS(G,p->adjvex)

4. 应用题

(1) ①邻接矩阵：

$$A=\begin{bmatrix}0&1&0&1&0&0\\1&0&1&0&1&0\\0&1&0&0&0&1\\1&0&0&0&1&0\\0&1&0&1&0&1\\0&0&1&0&1&0\end{bmatrix}$$

②从顶点V5出发的广度优先搜索遍历序列（答案不唯一）：

v5->v6->v3->v2->v1->v4 或：v5->v2->v1->v4->v3->v6

(2)

①邻接矩阵：

$$A=\begin{bmatrix}0&1&8&12&4\\1&0&3&0&8\\8&3&0&5&10\\12&0&5&0&2\\4&8&10&2&0\end{bmatrix}$$

②最小生成树

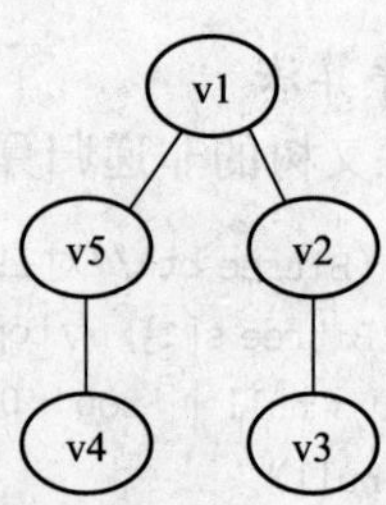

(3) 答案：①邻接矩阵

$$A=\begin{bmatrix}0&1&1&1&0\\1&0&1&0&1\\1&1&0&1&0\\1&0&1&0&1\\0&1&0&1&0\end{bmatrix}$$

②邻接表

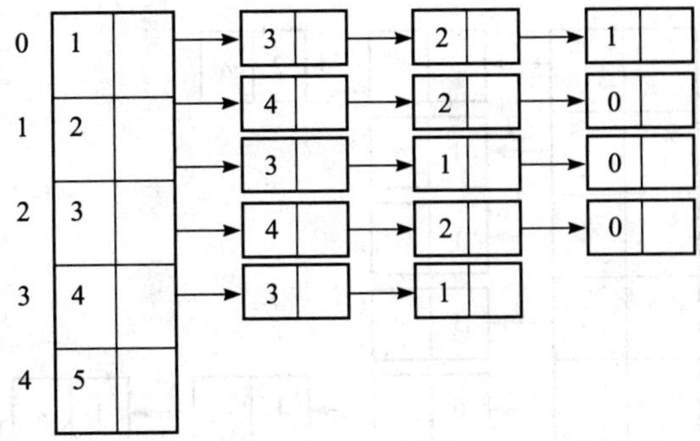

③从顶点 1 出发的广度优先搜索遍历序列：1-> 4-> 3-> 2-> 5

5. 编写程序算法

```
void DFS(ALGraph *G,int v)
{     ArcNode *p;
       visited[v]=1;                        /*置已访问标记*/
       printf("%d",v);                      /*输出被访问顶点的编号*/
       p=G->adjlist[v].firstarc;
                                            /*p指向顶点v的第一条弧的弧头结点*/
       while (p!=NULL)
       { if (visited[p->adjvex]==0) DFS(G,p->adjvex);
                                            /*若p->adjvex顶点未访问,递归访问它*/
p=p->nextarc;
                                            /*p指向顶点v的下一条弧的弧头结点*/
       }
}
```

三、专升本习题

1. 填空题

(1) 出度

(2) n−1

(3) 1 0

2. 选择题

(1) C (2) B (3) C (4) A (5) D

3. 判断题

(1) √ (2) × (3) × (4) × (5) × (6) ×

4. 应用题

(1) ①邻接矩阵：

$$\begin{bmatrix} 0 & 1 & 1 & 0 & 1 & 0 \\ 1 & 0 & 0 & 0 & 0 & 0 \\ 1 & 0 & 0 & 0 & 0 & 0 \\ 0 & 0 & 0 & 0 & 1 & 0 \\ 1 & 0 & 0 & 1 & 0 & 1 \\ 0 & 0 & 0 & 0 & 1 & 0 \end{bmatrix}$$

②邻接表

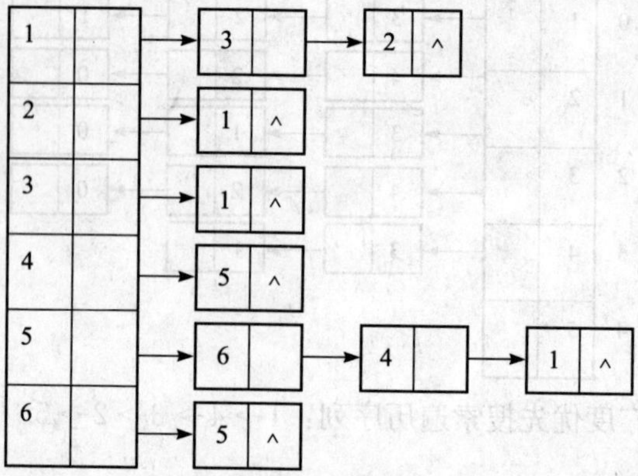

(2) 深度优先遍历序列：v1，v2，v3，v5，v4

广度优先遍历序列：v1，v3，v2，v4，v5

第8章　查找

一、基本题

1. 填空题

(1) 2.9

(2) n　n+1

(3) 4

(4) 6，9，11，12

(5) 5

(6) 26（第4层是叶子结点，每个结点两个关键字）

(7) 1，3，6，8，11，13，16，19

(8) 5　96

2. 选择题

(1) C　(2) C　(3) C　(4) A　(5) D　(6) C　(7) D　(8) B　(9) D

3. 程序填空题

(1) (low<=high)　K==A[mid].key　Binsch(A,mid+1,hight,K)　return -1

(2) 0　n-1　(low+high)/2　mid-1　mid+1

4. 应用题

(1)

0	1	2	3	4	5	6	7	8	9
SUN	MON	THU	FRI	WED	TUE	SAT			

ASLsucc = (1×4 + 2×2 + 3) / 7 = 11 / 7

(2)

0	1	2	3	4	5	6	7	8	9	10
K	TA	BA	M	D	CI	X			TN	I

ASL=20/9

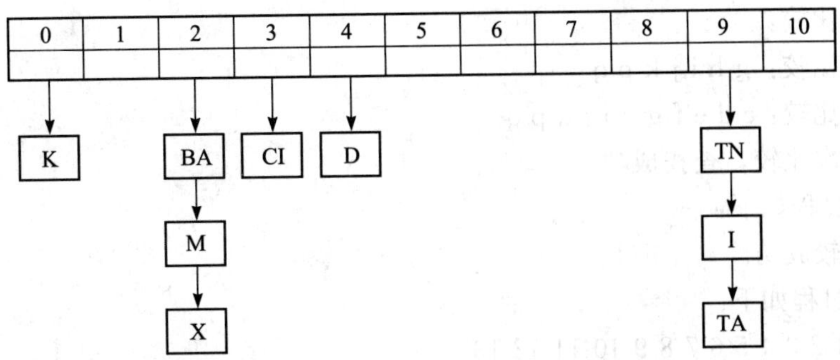

ASL＝15/9

二、国家计算机等级考试试题

1. 填空题

(1) 97

(2) 哈希查找法

(3) n　1

(4) 顺序　有序

(5) 2　4　3

(6) 哈希函数　解决冲突的方法　选择好的哈希函数　处理冲突的方法　均匀　简单

2. 选择题

(1) C，C　(2) B　(3) D　(4) D　(5) C　(6) D　(7) D，C　(8) C

三、专升本试题

1. 填空题

(1) m－1个

(2) AVL树（高度平衡树，高度平衡的二叉排序树），或为空二叉树，或二叉树中任意结点左子树高度与右子树高度差的绝对值小于等于1。

(3) 16

(4) $\lfloor \log_2 n \rfloor +1$

(5) 45　45　46（块内顺序查找）

(6) k（k+1）/2

(7) 30　31.5（块内顺序查找）

(8) 顺序存储或链式存储　顺序存储且有序　块内顺序存储，块间有序　散列存储

(9) （n+1）/2

2. 选择题

(1) D　(2) B　(3) C　(4) B　(5) C　(6) A　(7) D　(8) C

3. 判断题

(1) √　(2) ×　(3) ×　(4) √　(5) √　(6) ×　(7) ×　(8) ×

(9) ×　(10) √

4. 应用题

b的查找过程如下

下标：1 2 3 4 5 6 7 8 9 10 11 12 13

第一次比较：

第二次比较：g h i j k p q

第三次比较：c d e f g h i j k p q

经过三次比较，查找成功。

g的查找过程如下：

一次比较成功。

n的查找过程如下：

下标：1 2 3 4 5 6 7 8 9 10 11 12 13

第一次比较：

第二次比较：a b c d e f g

第三次比较：a b c d e f g h i j

第四次比较：a b c d e f g h i j p q

经过四次比较，查找失败。

第9章　排序

一、基本题

1. 填空题

(1) n　1

(2) n－1

(3) 比较　移动

(4) 简单选择排序　直接插入排序

(5) 免去查找过程中每一步都要检测整个表是否查找完毕，提高了查找效率

(6) n (n－1) /2

(7) 快速排序

(8) $O(n^2)$

2. 选择题

(1) D　(2) D　(3) A　(4) D　(5) B　(6) A　(7) B　(8) B　(9) D

3. 程序填空题

(1) `k = j   temp = R[i]   R[i] = R[k]   R[k] = temp`

(2) `n - 1   tmp = R[j]   R[j] = R[j - 1]   R[j - 1] = tmp`

4. 应用题

(1) 一趟快速排序结果：

初始记录	80	15	85	25	65	90	05	95
	05	15	85	25	65	90		95
	05	15		25	65	90	85	95
	05	15	65	25		90	85	95
	05	15	65	25	80	90	85	95

(2) 初始记录　60　40　20　80　30　10　50

[10]　60　40　20　80　30　50

[10 20] 60 40 80 30 50

[10 20 30] 60 40 80 50

[10 20 30 40] 60 80 50

[10 20 30 40 50] 60 80

(3)

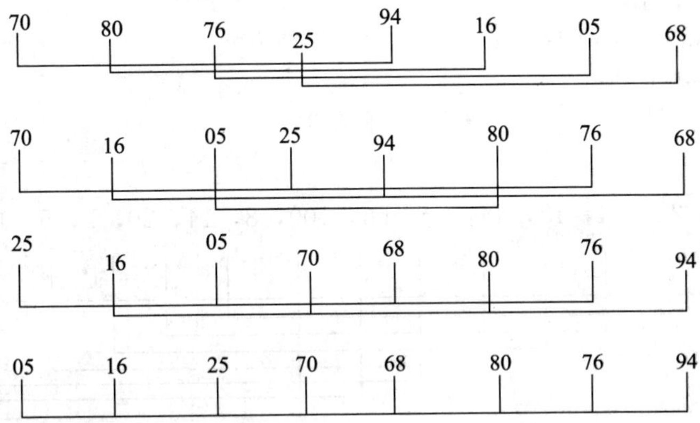

5. 编写程序算法

```
void BubbleSort2(int a[ ], int n)           //相邻两趟向相反方向起泡的冒泡排序算法
{ change = 1;low = 0;high = n - 1;          //冒泡的上下界
     while(low < high && change)
     { change = 0;                          //设不发生交换
       for(i = low;i < high;i ++ )          //从上向下起泡
         if(a[i]> a[i+1]){a[i]<--> a[i+1];change = 1;}
                                            //有交换,修改标志 change
       high--; //修改上界
       for(i = high;i > low;i--)            //从下向上起泡
         if(a[i]< a[i-1]){a[i]<--> a[i-1];change = 1;}
       low ++ ;                             //修改下界
     }//while
}//BubbleSort2
```

三、专升本试题

1. 判断题

(1)√　(2)×　(3)×　(4)×　(5)×　(6)×　(7)×　(8)√

(9)×　(10)×　(11)×

2. 选择题

(1) D　(2) C　(3) D　(4) A　(5) C

(6) D　(7) A　(8) A　(9) A　(10) B

3. 程序填空题

(1) 题中 p 指向无序区第一个记录，q 指向最小值结点，一趟排序结束，p 和 q 所指结点值交换，同时向后移 p 指针。答案：

```
! = null
p-> next
r! = null
r-> data < q-> data
r-> next
p-> next
```

(2) 答案：

```
i < n - i + 1
j < = n - i + 1
r[j].key < r[min].key
min! = i max == i
r[max]<--> r[n - i + 1]
```

4. 应用题

(1) 125，11，22，34，15，44，76，66，100，8，14，20，2，5，1

设 D=7

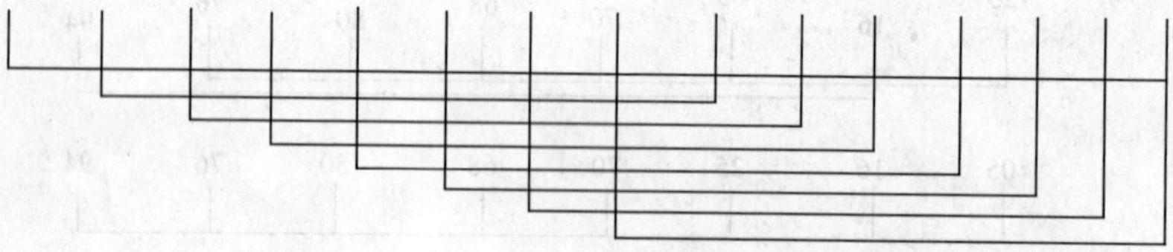

D=3　1，11，8，14，15，2，5，66，100，22，34，20，44，76，125

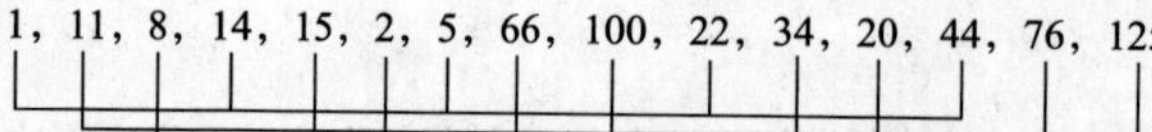

1，11，2，5，15，8，14，34，20，22，66，100，44，76，125

D=1　1，2，5，8，11，14，15，20，22，34，44，66，76，100，125

(2)

第一趟 (3) [8，3]，2，5，9，1，6

第二趟 (2) [8，3，2]，5，9，1，6

第三趟 (5) [8，5，3，2]，9，1，6

第四趟 (9) [9，8，5，3，2]，1，6

第五趟 (1) [9，8，5，3，2，1]，6

第六趟 (6) [9，8，6，5，3，2，1]

(3)

初始序列：[28]，07，39，10，65，14，61，17，50，21

21 移动：21，07，39，10，65，14，61，17，50，[ ]

39 移动：21，07，[ ]，10，65，14，61，17，50，39

17 移动：21，07，17，10，65，14，61，[ ]，50，39

65 移动：21，07，17，10，[ ]，14，61，65，50，39

14 移动：21，07，17，10，14，[28]，61，65，50，39

5. 编写程序算法

```
typedef struct
      { int num; float score; }RecType;
void SelectSort(RecType R[51], int n)
{ for(i = 1; i < n; i ++ )
```

```
  {                                //选择第 i 大的记录,并交换到位
  k = i;                           //假定第 i 个元素的关键字最大
       for(j = i + 1;j < = n;j ++ )  //找最大元素的下标
         if(R[j].score > R[k].score) k = j;
   if(i! = k) R[i] <--> R[k];      //与第 i 个记录交换
  }                                //for
       for(i = 1; i < = n; i ++ )    //输出成绩
         { printf(" % d, % f",R[i].num,R[i].score); if(i % 10 = = 0) printf("\n");}
  }                                //SelectSort
```

第10章　文件

一、基本题

1. 填空题

（1）操作系统文件　数据库

（2）单关键字文件　多关键字文件

（3）记录　数据项

（4）串联文件

（5）随机

（6）提高查找速度

（7）树

（8）构造散列函数　解决冲突的方法

2. 选择题

（1）B　（2）D　（3）B　（4）C

3. 应用题

（1）文件是由大量性质相同的记录组成的集合，按记录类型不同可分为操作系统文件和数据库文件。

（2）文件的基本组织方式有顺序组织、索引组织、散列组织和链组织。文件的存储结构可以采用将基本组织结合的方法，常用的结构有顺序结构、索引结构、散列结构。

①顺序结构，相应文件为顺序文件，其记录按存入文件的先后次序顺序存放。顺序文件本质上就是顺序表。若逻辑上相邻的两个记录在存储位置上相邻，则为连续文件；若记录之间以指针相连接，则称为串联文件。顺序文件只能顺序存取，要更新某个记录，必须复制整个文件。顺序文件连续存取的速度快，主要适用于顺序存取，批量修改的情况。

②带索引的结构，相应文件为索引文件。索引文件包括索引表和数据表，索引表中的索引项包括数据表中数据的关键字和相应地址，索引表有序，其物理顺序体现了文件的逻辑次序，实现了文件的线性结构。索引文件只能是磁盘文件，既能顺序存取，又能随机存取。

③散列结构，也称计算寻址结构，相应文件称为散列文件，其记录是根据关键字值经散列函数计算确定其地址，存取速度快，不需索引，节省存储空间。不能顺序存取，只能随机存取。

其他文件均由以上文件派生而得。

文件采用何种存储结构应综合考虑各种因素，如：存储介质类型、记录的类型、大小和关键字的数目以及对文件做何种操作。

(3) 在主文件外，再建立索引表指示关键字及其物理记录的地址间的一一对应关系。这种由索引表和主文件一起构成的文件称为索引文件。索引表依关键字有序。主文件若按关键字有序称为索引顺序文件，否则称为索引非顺序文件（通常简称索引文件）。索引顺序文件因主文件有序，一般用稀疏索引，占用空间较少。常用索引顺序文件有 ISAM 和 VSAM。ISAM 采用静态索引结构，而 VSAM 采用 B+树的动态索引结构。索引文件既能顺序存取，也能随机存取。

(4) 在索引文件中，若（数据区）主文件中关键字有序，则文件称为索引顺序文件。

(5) ISAM 是专为磁盘存取设计的文件组织方式。即使主文件关键字有序，但因磁盘是以盘组、柱面和磁道（盘面）三级地址存取的设备，因此通常对磁盘上的数据文件建立盘组、柱面和磁道（盘面）三级索引。在 ISAM 文件上检索记录时，先从主索引（柱面索引的索引）找到相应柱面索引。再从柱面索引找到记录所在柱面的磁道索引，最后从磁道索引找到记录所在磁道的第一个记录的位置，由此出发在该磁道上进行顺序查找直到查到为止；反之，若找遍该磁道而未找到所查记录，则文件中无此记录。

三、专升本试题

1. 填空题

(1) 已满

(2) 物理记录

2. 选择题

(1) C　(2) C　(3) D　(4) A　(5) D　(6) C

参考文献

[1] 谭浩强. C程序设计（第三版）. 北京：清华大学出版社，2005
[2] 严蔚敏，吴伟民. 数据结构. 北京：清华大学出版社，1997
[3] 严蔚敏，陈文博. 数据结构. 北京：机械工业出版社，1990
[4] 邓文华，戴大蒙. 数据结构. 北京：清华大学出版社，2004
[5] 严蔚敏，吴伟民，米宁. 数据结构题集（C语言版）. 北京：清华大学出版社，2009
[6] 李春葆. 数据结构（C语言篇）习题与解析. 北京：清华大学出版社，2000
[7] 顾元刚. 数据结构简明教程. 南京：东南大学出版社，2003
[8] 杨秀金. 数据结构. 西安：西安电子科技大学出版社，2000
[9] 郭福顺，王晓芬，李莲治. 数据结构（修订本）. 大连：大连理工大学出版社，1997
[10] 潘道才，陈一华. 数据结构. 成都：电子科技大学出版社，1994

教育部高职高专计算机教指委规划教材

序号	标准书号	书　名	主　编	定价(元)	备　注
1	ISBN 978-7-300-12890-0	大学计算机基础教程	舒望皎、王瑛舒雅	26.00	配备教学资源
2	ISBN 978-7-300-	计算机信息技术基础与实训教程	王洪香、孟祥瑞	27.00	即将出版
3	ISBN 978-7-300-12889-4	C 语言程序设计项目教程	吕新平	29.80	配备教学资源
4	ISBN 978-7-300-13434-5	数据结构与算法	田晶、金鑫	28.00	配备教学资源
5	ISBN 978-7-300-12888-7	计算机组装与维修案例教程·浙江省高校重点教材建设（高职高专）	张海波	28.00	配备教学资源
6	ISBN 978-7-300-	计算机网络技术项目教程	向隅	29.00	即将出版
7	ISBN 978-7-300-11722-5	ASP. NET 网络程序设计	崔连和	28.00	配备教学资源
8	ISBN 978-7-300-13432-1	现代办公自动化项目教程（Windows XP＋Office2010）	靳广斌	29.00	配备教学资源
9	ISBN 978-7-300-11475-0	软件工程技术与实用开发工具	王伟	26.00	配备教学资源
10	ISBN 978-7-300-	软件测试技术与项目实训	于艳华	28.00	即将出版
11	ISBN 978-7-300-12061-4	Java 程序设计项目教程	张兴科、季昌武	29.80	配备教学资源
12	ISBN 978-7-300-12059-1	Java 网络程序设计项目教程——校园通系统的实现	王茹香	25.00	配备教学资源
13	ISBN 978-7-300-12060-7	JSP 动态网站设计项目教程	张兴科	28.00	配备教学资源
14	ISBN 978-7-300-12504-6	Dreamweaver CS 网页设计与实训教程	史晓红、章立	29.00	配备教学资源
15	ISBN 978-7-300-12887-0	SQL Server 2005 数据库案例教程	尹毅峰、李东	28.00	配备教学资源
16	ISBN 978-7-300-13435-2	Web 数据库设计项目教程	邵冬华	29.00	配备教学资源
17	ISBN 978-7-300-12759-0	企业级网站开发项目教程（ASP. NET）	陈义辉、沙继东	32.00	配备教学资源
18	ISBN 978-7-300-12891-7	动态网站开发技术项目教程（ASP. NET）	牛立成	29.00	配备教学资源
19	ISBN 978-7-300-13430-7	基于 C# 的 Windows 应用程序设计项目教程	刘昌明、郑卉	28.00	配备教学资源
20	ISBN 978-7-300-13246-4	数据库开发技术项目教程（SQL Server 2008＋C＃2008）	王跃胜	28.00	配备教学资源
21	ISBN 978-7-300-13431-4	Windows Server 操作系统维护与管理项目教程	王伟	29.00	配备教学资源
22	ISBN 978-7-300-13433-8	Linux 网络服务器搭建管理与应用	周奇	28.00	配备教学资源
23	ISBN 978-7-300-	数字电子技术及 EDA 设计项目教程	王艳芬、候聪玲	28.00	即将出版
24	ISBN 978-7-300-	Flash CS5 动画设计项目实践教程	周奇	29.00	即将出版
25	ISBN 978-7-300-12892-4	Premiere Pro CS4 视频编辑项目教程（彩印）	尹敬齐	38.00	配备教学资源
26	ISBN 978-7-300-12894-8	中文版 Photoshop 设计与制作项目教程(彩印)	张小志、高欢	35.00	配备教学资源
27	ISBN 978-7-300-12893-1	3ds Max 动画设计与制作项目教程（彩印）	许广彤	35.00	配备教学资源
28	ISBN 978-7-300-12886-3	网页美术设计（彩印）	许广彤	42.00	配备教学资源

全国高职高专计算机系列精品教材

序号	标准书号	书　名	主　编	定价(元)	备　注
1	ISBN 978-7-300-12039-3	网络管理与维护	马志彬	26.00	配备教学资源
2	ISBN 978-7-300-12437-7	计算机应用基础	沈美莉、陈孟建、池敏	32.00	
3	ISBN 978-7-300-12435-3	计算机应用基础实训	刘静	26.00	
4	ISBN 978-7-300-12458-2	C 语言程序设计	汪剑	25.00	
5	ISBN 978-7-300-12432-2	Java 实例应用教程	王建虹	26.00	
6	ISBN 978-7-300-12459-9	计算机组成原理	朱小军	25.00	
7	ISBN 978-7-300-12429-2	计算机网络技术实训教程	曹建春	28.00	
8	ISBN 978-7-300-12431-5	Dreamweaver 网页设计与制作案例教程	李敏	26.00	
9	ISBN 978-7-300-12428-5	计算机组装与维护	陈桂生	22.00	
10	ISBN 978-7-300-12434-6	多媒体应用技术基础教程	张明	20.00	
11	ISBN 978-7-300-12436-0	三维动画设计与制作	向华	28.00	
12	ISBN 978-7-300-12430-8	数据结构导论	蔡厚新	39.80	
13	ISBN 978-7-300-12438-4	操作系统概论	杨云	29.00	
14	ISBN 978-7-300-12433-9	二维动画制作技术	牟奇春	26.00	

图书在版编目（CIP）数据

数据结构与算法/田晶等主编. —北京：中国人民大学出版社，2011.5
教育部高职高专计算机教指委规划教材
ISBN 978-7-300-13434-5

Ⅰ.①数… Ⅱ.①田… Ⅲ.①数据结构 ②算法分析 Ⅳ.①TP311.12

中国版本图书馆 CIP 数据核字（2011）第 032184 号

教育部高职高专计算机教指委规划教材
数据结构与算法
主　编　田　晶　金　鑫
副主编　陈显刚　陈　锐　王　品
主　审　姜惠民

出版发行　中国人民大学出版社
社　　址　北京中关村大街 31 号　　　邮政编码　100080
电　　话　010－62511242（总编室）　　010－62511398（质管部）
　　　　　010－82501766（邮购部）　　010－62514148（门市部）
　　　　　010－62515195（发行公司）　010－62515275（盗版举报）
网　　址　http://www.crup.com.cn
　　　　　http://www.ttrnet.com(人大教研网)
经　　销　新华书店
印　　刷　北京昌联印刷有限公司
规　　格　185 mm×260 mm　16 开本　　版　　次　2011 年 7 月第 1 版
印　　张　17　　　　　　　　　　　　印　　次　2011 年 7 月第 1 次印刷
字　　数　420 000　　　　　　　　　　定　　价　29.00 元

教师信息反馈表

为了更好地为您服务，提高教学质量，中国人民大学出版社愿意为您提供全面的教学支持，期望与您建立更广泛的合作关系。请您填好下表后以电子邮件或信件的形式反馈给我们。

<table>
<tr><td>您使用过或正在使用的我社教材名称</td><td colspan="2"></td><td>版次</td><td></td></tr>
<tr><td>您希望获得哪些相关教学资料</td><td colspan="4"></td></tr>
<tr><td>您对本书的建议（可附页）</td><td colspan="4"></td></tr>
<tr><td>您的姓名</td><td colspan="4"></td></tr>
<tr><td>您所在的学校、院系</td><td colspan="4"></td></tr>
<tr><td>您所讲授课程名称</td><td colspan="4"></td></tr>
<tr><td>学生人数</td><td colspan="4"></td></tr>
<tr><td>您的联系地址</td><td colspan="4"></td></tr>
<tr><td>邮政编码</td><td></td><td>联系电话</td><td colspan="2"></td></tr>
<tr><td>电子邮件（必填）</td><td colspan="4"></td></tr>
<tr><td>您是否为人大社教研网会员</td><td colspan="4">□是　会员卡号：________
□不是，现在申请</td></tr>
<tr><td>您在相关专业是否有主编或参编教材意向</td><td colspan="4">□是　　□否
□不一定</td></tr>
<tr><td>您所希望参编或主编的教材的基本情况（包括内容、框架结构、特色等，可附页）</td><td colspan="4"></td></tr>
</table>

我们的联系方式：北京市海淀区中关村大街 31 号
中国人民大学出版社教育分社
邮政编码：100080
电话：010-62515913
网址：http：//www.crup.com.cn/jiaoyu/
E-mail：jyfs_2007@126.com